AF573263

**Studientexte**
**Basiscurriculum Berufs- und Wirtschaftspädagogik**

Herausgegeben von
Bernhard Bonz, Reinhold Nickolaus und Heinrich Schanz

---

Band 3

# Didaktik – Modelle und Konzepte beruflicher Bildung

Orientierungsleistungen für die Praxis

6. unveränderte Auflage 2022

von

Reinhold Nickolaus

Schneider Verlag Hohengehren
Baltmannsweiler 2022

Umschlag: Verlag

Gedruckt auf umweltfreundlichem Papier
(chlor- und säurefrei hergestellt).

**Bibliografische Information der Deutschen Nationalbibliothek**

Die Deutsche Nationalbibliothek verzeichnet diese Publikation in der Deutschen Nationalbibliografie; detaillierte bibliografische Daten sind im Internet über ›http://dnb.dnb.de‹ abrufbar.

ISBN 978-3-8340-1891-5

Schneider Verlag Hohengehren,
Wilhelmstr. 13, 73666 Baltmannsweiler

www.paedagogik.de


Printed in Germany – Druck: Esser, Bretten

# Inhaltsverzeichnis

# Geleitwort

Die Schriftenreihe „Studientexte Basiscurriculum Berufs- und Wirtschaftspädagogik“ – SBBW – ist thematisch eng am Basiscurriculum der Berufs- und Wirtschaftspädagogik orientiert, das als Grundlage der pädagogischen Ausbildung in Studiengängen zur Vorbereitung auf eine Berufstätigkeit im berufsbildenden Schulwesen, im betrieblichen Bildungs- und Personalwesen, in der beruflichen Weiterbildung, in der Bildungsverwaltung, im Bildungsmanagement und in der Bildungspolitik dient. Intention der einzelnen Lehrbücher ist es, in den jeweiligen Themenbereich einzuführen, d. h. die grundlegenden Fragestellungen aufzuzeigen, den Erkenntnisstand im Überblick zugänglich zu machen und zu eigenständiger Auseinandersetzung mit der Thematik anzuregen. Wesentliches Ziel der einzelnen Bände ist es, sowohl den wissenschaftlichen Zugang zu den Themen zu ermöglichen, als auch wichtiges Orientierungswissen für die pädagogische Praxis zur Verfügung zu stellen.

Die Schriftenreihe SBBW wendet sich in erster Linie an Studierende und Referendare des Lehramts für berufliche Schulen, aber auch an Lehrerinnen und Lehrer in beruflichen Schulen oder mit berufsbezogenen Lehrinhalten, an das Bildungspersonal in Betrieben und anderen Institutionen der Berufsbildung einschließlich der beruflichen Fort- und Weiterbildung,

In der Schriftenreihe SBBW sind folgende Bände vorgesehen:

1. Wissenschaftstheoretische Grundlagen der Berufs- und Wirtschaftspäda gogik
2. Institutionen der Berufsbildung
3. Didaktik – Modelle und Konzepte beruflicher Bildung
4. Methodik – Lern-Arrangements in der Berufsbildung
5. Berufliche Sozialisation
6. Lehr-Lerntheorien
7. Diagnostik und Evaluation beruflicher Lernprozesse
8. Schulpraktische Studien
9. Betriebliche Bildungsarbeit
10. Ideen- und Sozialgeschichte der beruflichen Bildung

Im vorliegenden 3. Band werden didaktische Modelle und Konzepte beruflicher Bildung dargestellt und unter dem Aspekt ihrer Orientierungsleistungen für die Praxis diskutiert. Zentrale Ergebnisse empirischer Studien zur Gestaltung von Lehr-Lernprozessen werden im Überblick vorgestellt.

Zur Erarbeitung sind in den einzelnen Kapiteln Aufgaben eingefügt, Hinweise zu deren Bearbeitung gibt der Autor in Kapitel 7. Das Glossar und das Sachwortverzeichnis erschließen vielfältige Fragen der Didaktik beruflicher Bildung unabhängig vom Aufbau des Buches.

Die Herausgeber der Schriftenreihe

Bernhard Bonz, Reinhold Nickolaus und Heinrich Schanz

# 1 Hinführung zum Thema: Der Zweck didaktischer Theorie

## 1.1 Zur praktischen Relevanz didaktischer Theorie in der beruflichen Bildung

Handeln ist ein zielorientiertes Tun, das, sofern es nicht auf mehr oder weniger automatischen Routinen beruht, in seinem Ablauf geistig vorweg genommen wird und durch die zweckorientierte Gestaltung von Ziel-Mittel-Relationen gekennzeichnet ist. Am Beispiel: Die Lehrkraft möchte verhindern, dass wie in der vorausgegangenen Lehreinheit die Motivation der Lernenden massiv absinkt und wählt dazu als Mittel die beispielorientierte Relevanzdarlegung zu den anstehenden Lehrinhalten, konfrontiert die Lernenden mit einer Herausforderung, bei deren Bearbeitung sie Erfolgserlebnisse haben, die sie ihrer eigenen Anstrengung zuschreiben können und für die sie soziale Anerkennung erfahren. Ziel des Tuns ist hier der Aufbau und die Aufrechterhaltung der Motivation, Mittel sind die Relevanzdarlegung, die Herausforderung mit dem Potential eigenen Kompetenzerlebens und soziale Anerkennung.

Für die Auswahl der Mittel, mit welchen ein Ziel erreicht werden soll, ist ein Wissen darüber nötig, unter welchen Bedingungen die Wahrscheinlichkeit der Zielerreichung steigt. Sofern dieses Wissen in wissenschaftlichen Theorien, d. h. der Kritik und Falsifikation ausgesetzten Theorien systematisiert ist, sprechen wir von „objektiven“ Theorien, die gegenüber individuellen Annahmen zu solchen Ziel-Mittel-Relationen (subjektive Theorien) den Vorteil haben, dass sie sich in einer kritischen Öffentlichkeit bewähren müssen. Ein zweckrationales, d. h. ein bezogen auf die Ziel-Mittel-Relation begründetes Handeln ist ohne den Rückgriff auf „subjektive“ und/oder „objektive“ Theorien nicht möglich. In diesem Sinne sind didaktische Theorien und Konzepte notwendige Elemente praktischen, zweckrationalen Handelns, wobei im Extremfall ausschließlich auf subjektive Theorien zurückgegriffen wird, die keiner Überprüfung durch Andere ausgesetzt sind.

Didaktische Theorien sind Aussagesysteme zur Gestaltung und Struktur von Lehr-Lernprozessen, die als Orientierungshilfen zur Planung und Analyse konkreter eigener (und fremder) Gestaltungsversuche herangezogen werden können. Ohne eine Vorstellung zum Zusammenhang angestrebter Lehr-Lernziele, darauf bezogener Inhalte, den Voraussetzungen der Lernenden und den gegebenen organisatorischen Randbedingungen des Lehr-Lernprozesses, d. h.

ohne didaktische Theorien ist die geistige Vorwegnahme des Lehr-Lernprozessverlaufs und damit ein begründetes pädagogisches Handeln nicht möglich. Ob ein Pädagoge zur Planung und Begründung seines Handelns allein auf subjektive Theorien zurückgreift oder sich dabei auch auf objektive Theorien stützt, hängt davon ab, ob geeignete objektive Theorien prinzipiell zur Verfügung stehen, ob diese den Lehrenden soweit bekannt sind, dass sie nicht nur nachvollzogen, sondern auch auf die jeweiligen Handlungskontexte angewandt werden können, ob positive Effekteinschätzungen zum theoriegeleiteten Handeln vorliegen, die Praktikabilität unter den gegebenen Bedingungen als positiv eingeschätzt wird und ein günstiges Aufwands- und Ertragsverhältnis unterstellt wird (*Nickolaus; Schnurpel* 2001).

Die hier angeführten Prämissen für die Nutzung objektiver Theorien zur Gestaltung und Analyse von Lehr-Lernprozessen sollen verdeutlichen, dass letztlich der Lehrende über die Nutzung objektiver Theorien entscheidet. Für die Legitimation seines Handelns gegenüber der Klientel, gesellschaftlichen Interessengruppen, der Öffentlichkeit und seinem Arbeitgeber bleiben diese objektiven Theorien allerdings auch dann relevant, wenn er sich in der praktischen Situation dafür entscheidet allein auf die subjektive Erfahrung zurückzugreifen. Spätestens in Konfliktsituationen, wie sie im Lehr-Lernprozessgeschehen alltäglich sind, erweist sich der alleinige Rekurs auf subjektive Theorien als hoch defizitär.

Professionelles pädagogisches Handeln, d. h. ein Handeln, das im Rückgriff auf das verfügbare Wissen und in Verantwortung gegenüber der Klientel begründet werden kann, setzt voraus, dass pädagogisch Handelnde selbst über das verfügbare Wissen verfügen und dasselbe situationsadäquat einsetzen können. Nicht der primäre Rekurs auf eigene Erfahrung und die Tradition, sondern der Rückgriff auf gesicherte, d. h. wissenschaftliche Erkenntnisse und deren erfahrungsbasierte, situationsadäquate Nutzung kennzeichnen professionelles Handeln, das (auch in Konfliktsituationen) auf dieser Basis begründet werden kann. Nun stehen tragfähige, objektive Theorien keineswegs für alle praktischen Handlungssituationen in der Weise zur Verfügung, dass das praktische Handeln in jeder Beziehung im Rückgriff darauf begründet werden könnte. Zudem findet der Praktiker häufig konkurrierende, z. T. auch widersprüchliche objektive Theorien vor, die ein begründetes theoriegeleitetes pädagogisches Handeln erschweren. Solche Widersprüche verweisen in der Regel auf hohe Komplexitäten von Handlungszusammenhängen, die nicht in „einfache Wahrheiten" aufzulösen sind. So ist beispielsweise davon auszugehen, dass es nicht den Königsweg zur Gestaltung von Lehr-Lernprozessen gibt, sondern in Abhängigkeit von

Zielen, Lernvoraussetzungen, Bedingungskonstellationen etc. sich z.B. je eigene Lehrmethoden als vorteilhaft erweisen. Mit anderen Worten: Es bleibt situationsspezifisch zu prüfen, welche Theorien Orientierung geben können. Lehrerinnen und Lehrer verweisen nach vorliegenden Untersuchungen zur Begründung eigenen Handelns primär auf eigene Erfahrungen, wissenschaftliche Erkenntnisse spielen nur bei einem geringen Anteil nach eigener Einschätzung eine Rolle bei der Konzeptualisierung und Durchführung pädagogischen Handelns. Das dürfte mit ursächlich sein für die massive in Frage Stellung pädagogischen Handelns von Lehrenden durch Eltern, Unternehmen etc., die wie die Lehrenden zur Begründung eigener Vorstellungen auf subjektive Erfahrungen rekurrieren.

Vor diesem Hintergrund stellt sich die Frage, welche Orientierungsleistung didaktische Theorie bereitstellt und ob bzw. inwieweit solche Theorien als Legitimationsbasis (professionellen) pädagogischen Handelns dienen können.

### Arbeitshinweise

- Versuchen Sie, bevor Sie weiter lesen, eigene Fragen entwickeln, zu dem was Sie über die Gestaltung von Lehr-Lernprozessen wissen möchten und lesen Sie dieses Lehrbuch in der Absicht, diese Fragen zu klären. Eine solche Focusierung kann zur Folge haben, dass Sie nur selektiv lesen und wichtige Informationen des Lehrbuches nicht aufnehmen. Bearbeiten Sie deshalb auch die folgende Aufgabe!
- Prüfen Sie nach der Lektüre der einzelnen Abschnitte, zu welchen anderen Fragen dieses Lehrbuch Antwort gibt und ob diese Antworten für die Gestaltung und Analyse von Lehr-Lernprozessen, bzw. in welcher Weise, auch für Sie hilfreich sein könnten.

## 1.2 Zu den Zielen und zum Aufbau dieses Lehrbuchs

Versucht man in der didaktischer Literatur Antworten auf die Frage zu finden, wie man Lehr-Lernprozesse gestalten soll, dann erweist sich dieses Vorhaben als unerwartet aufwändig und schwierig. Nicht nur kontroverse Vorstellungen zu den Leitzielen pädagogischen Handelns und eine kaum mehr überschaubare Fülle von Theorieentwürfen, sondern auch Schwierigkeiten, die praktische Bedeutsamkeit theoretischer Aussagen und Aussagesysteme zu erkennen, bereiten Probleme.

Dieses Lehrbuch soll behilflich sein eine erste Orientierung in einem unübersichtlichen und komplexen Feld zu gewinnen und die praktische Bedeutsamkeit theoretischer Aussagesysteme für das pädagogische Handeln zu erschließen. Dafür scheint es erstens vertretbar, wenn nicht gar notwendig, auf vieles zu verzichten, was Pädagogen im Laufe der Zeit an didaktischen Erkenntnissen gewonnen haben. Zweitens scheint es hilfreich, zumindest partiell den Konkretisierungsgrad didaktischer Theorien soweit zu erhöhen, dass deren praktische Relevanz an (selbst generierten) Beispielen erfahrbar wird. Deutlich begrenzt wird dieses zweite Anliegen durch den vorgegebenen Umfang des Lehrbuches.

Schwerpunkte der Darstellung und Reflexionen bilden ausgewählte, aktuelle didaktische Modelle und Konzepte beruflicher Bildung (Abschnitt 4), historische Entwicklungslinien werden nur insoweit thematisiert, als sie die Einordnung aktueller Entwürfe und deren Beurteilung erleichtern. Ein großer Teil der Ausführungen dieses Lehrbuches ist der Darstellung und Analyse didaktischer Theorien gewidmet. Das geschieht in der Absicht herauszuarbeiten, was man aus diesen Theorien gewinnen kann. Besonderer Wert wird darauf gelegt, die praktische Orientierungsleistung der theoretischen Modelle und Konzepte herauszuarbeiten. Vielfach ist es dafür hilfreich Anschlüsse an andere Theorieausschnitte und insbesondere empirische Grundlagen herzustellen, da so die Orientierungspotentiale erst hinreichend deutlich werden. Dies geschieht einerseits indem die referierten didaktischen Modelle kommentiert und angereichert werden und andererseits in den speziell dazu vorgesehenen Abschnitten 5 und 6.

Um eine Erarbeitung zu begünstigen, die Basis für die praktische Nutzung der theoretischen Modelle und Konzepte werden kann, wird am Ende, zum Teil auch zu Beginn der jeweiligen Abschnitte, zur Bearbeitung von „Anwendungsaufgaben“ angeregt, deren Bewältigung die praktische Relevanz aber auch die Grenzen der Theorien erfahrbar macht. Eine gründliche Bearbeitung begünstigt eine Verarbeitungstiefe, die sich für die Nutzbarmachung der Theorien als vorteilhaft erweist.

Für eine vertiefte Verarbeitung ist es auch möglich, selbst Fragen aufzuwerfen, deren Beantwortung in Auseinandersetzung mit dem Lehrbuch versucht werden kann.

Neben diesen von Ihnen selbst in Abschnitt 1.1 aufgeworfenen Fragen könnte das z. B. folgende sein:

- Weshalb gibt es so viele didaktische Theorien?
- Worin unterscheiden sich die Theorien und was sagen sie konkret aus?

- Welcher Geltungsanspruch ist mit diesen Theorien verbunden und für welche pädagogischen Entscheidungssituationen geben sie welche Hilfestellung?
- Was unterscheidet diese Theorien von Ihren eigenen Vorstellungen und welche zusätzlichen Anregungen sind daraus zu entnehmen?
- Welche ergänzenden Theorien sind für pädagogische Entscheidungsprozesse über die hier vorgestellten didaktischen Modelle und Konzepte hinaus notwendig?
- Wie können bei konkurrierenden Theorien Vor- und Nachteile gegeneinander abgewogen werden und was sind dafür geeignete Kriterien?
- Ist aus diesen Theorien so etwas wie ein Rezept zu gewinnen oder ist die Wissenschaft nicht in der Lage solche Rezepte zu liefern?
- Wo und wie können Sie zu offen bleibenden Fragen weitere Erkenntnisse gewinnen?

Hinweise zur Beantwortung dieser und auch anderer Fragen finden Sie, sofern Ihre Aufmerksamkeit darauf gerichtet ist, in diesem Lehrbuch in vielfältiger Weise.

Um Ihnen die Reflexion der Frage zu erleichtern, was denn die einzelnen Theorien an Hilfestellung für die pädagogische Praxis bieten, ist im folgenden ein Beispiel aus der beruflichen Praxis eines Lehrenden skizziert, zu dessen Reflexion Sie im Anschluss an einzelne Theorieausschnitte aufgefordert werden.

**Beispiel:** Eine Lehrkraft, die neu in den Schuldienst eingetreten ist und zuvor als Ingenieur gearbeitet hat, ist in der einjährigen Berufsfachschule mit der Aufgabe betraut Funktionszusammenhänge in mechatronischen Systemen zu vermitteln. Im Lehrplan sind Lernfelder (vgl. Abschnitt 4.2.5) in relativ abstrakter Form ausgewiesen, die „handlungsorientiert" unterrichtet werden sollen. Die Lehrkraft orientiert sich bei der Konkretisierung der Lehrinhalte an den Inhalten der eigenen Ausbildung und stellt die Sachverhalte vereinfacht dar. Wann immer möglich, erteilt sie an die Schüler auch Aufträge um Inhalte selbständig erarbeiten zu lassen, wie dies nach dem Lehrplan vorgesehen ist. Dazu werden Materialien und Leitfragen zu deren Bearbeitung bereitgestellt. Diese Form des Lernens kostet zwar etwas mehr Zeit als geplant, aber die Lernenden scheinen zufrieden und stören im Unterricht kaum. Nach acht Wochen ist die erste Arbeit angesetzt, die von einem erfahrenden Kollegen entworfen wurde, der in der Parallelklasse das Gleiche unterrichtet. Das Ergebnis der Klassenarbeit ist sehr unbefriedigend (Notendurchschnitt 4.5). Noch nicht einmal die einfachsten Aufgaben wurden von der Hälfte der Klasse gelöst. Die Lehrkraft fragt sich, was ist da wohl „schief gelaufen“? Was meinen Sie? (Halten Sie Ihre Gedanken schriftlich fest!) Wir kommen auf dieses Beispiel verschiedentlich zurück.

Sie können sich auch selbst Beispiele zu einem Ihnen vertrauten Themenfeld im Rückgriff auf die eigene Unterrichtserfahrung konstruieren und die im weiteren zum obigen Beispiel gestellten Aufgaben auf die eigenen Beispielkonstruktionen übertragen.

Auch wenn Sie den Informationsgehalt dieses Bandes voll ausschöpfen, werden manche Ihrer Fragen offen bleiben und nur durch vertiefende Studien, gegebenenfalls unter Heranziehung weiterer Bände der Lehrbuchreihe, geklärt werden können. Sollte es gelingen, Sie dazu anzuregen, dann wäre ein drittes Ziel dieses Lehrbuches erreicht.

Die Auswahl der in diesem Lehrbuch thematisierten didaktischen Modelle und Konzepte ist relativ schmal. Sie erfolgte im pragmatischen Bestreben auf begrenztem Raum besonders wichtig scheinende Theorien aufzugreifen. Mit Hinweisen auf weiterführende Literatur soll die Erschließung weiterer didaktischer Orientierungspotentiale erleichtert werden.

# 2 Erste Orientierungen im Gegenstandsfeld

Der Abschnitt bietet neben den in der Überschrift angekündigten Inhalten vor allem ein Strukturmodell des didaktischen Feldes, das die Möglichkeit bietet zu überprüfen, welche Ausschnitte in den verschiedenen didaktischen Theorien behandelt werden. Des Weiteren werden in einem Exkurs Lehr-Lernziele beruflicher Bildung thematisiert, welchen im didaktischen Handeln ein herausgehobener Stellenwert zukommt.

## 2.1 Begriffliche Orientierung

Das, was in der pädagogischen Literatur unter Didaktik abgehandelt wird, variiert stark. So thematisiert beispielsweise *Kron* in seiner Einführung in die Didaktik fünf Varianten, in welchen Didaktik **a)** als *Wissenschaft* des Lehrens und Lernens allgemein oder auch eingeschränkt als Wissenschaft des Unterrichts, **b)** als *Theorie des Unterrichts* (d.h. als Ergebnis von Wissenschaft) oder auch „nur" als Theorie der Bildungsinhalte oder als Theorie der Steuerung von Lernprozessen und **c)** Didaktik als *Anwendung* von Lehr-Lerntheorien gefasst wird. In den Entwicklungslinien didaktischen Denkens, die hier zur leichteren Einordnung aktueller didaktischer Theorien thematisiert werden, kommt lediglich Typ **b)** in den Blick, wobei diese Theorien als Reflex auf die jeweilige pädagogische Praxis und dessen Umfeld und das Bestreben, diese pädagogische Praxis zu erhellen oder auch zu gestalten, zu begreifen sind.

Didaktische Theorien, d.h. im hier zugrunde gelegten Verständnis Theorien des Lehrens und Lernens, können **erstens** auf die intrapersonalen Prozesse (intrapersonale Ebene: z.B. individuelle Wahrnehmung und Verarbeitung von Lehr-Lernsituationen), **zweitens** auf die Interaktion von Lehrenden und Lernenden (Mikroebene), **drittens** auf die Gestaltung von Lehrplänen, Ausbildungsordnungen etc. (Mesoebene) oder **viertens** auf die Funktion von institutionalisierten Lehr- Lernprozessen im gesellschaftlichen Kontext, z.B. die Absicherung gesellschaftlichen Qualifikationsbedarfs (Makroebene) bezogen sein (vgl. Abb. 1, S. 10). In der Regel werden in didaktischen Theorien mehrere Ebenen thematisiert, eine vollständige, integrative und tragfähige Theorie, in der differenzierte Aussagen zu allen Ebenen enthalten sind, ist m.W. allerdings nicht existent. Das bedeutet, dass es notwendig ist, sich unterschiedlicher, gegenseitig ergänzender Theorieansätze zu bedienen.

Für die Einordnung der einzelnen Theorien erweist sich das unten wiedergegebene Strukturschema (Abb. 1) zum Zusammenspiel der Strukturelemente und Prozesse systematischen Lehrens und Lernens als hilfreich. Unterschieden werden in diesem Strukturschema das im Anschluss an Lemperts Modell der beruflichen Sozialisation entwickelt wurde:

a) Bedingungen systematischer Lehr-Lernprozesse, die einerseits direkt die Wahrnehmung der Lernenden und deren Lernprozesse beeinflussen und andererseits von Seiten der Lehrenden (im dualen System von Lehrern und Ausbildern) bei der Gestaltung systematischer Lehr-Lernprozesse bedacht werden bzw. bedacht werden sollten. Die Bedingungen, die das Lehr-Lerngeschehen beeinflussen, sind hier in die Makro-, Meso- und Mikroebene ausdifferenziert, die wechselseitig in Beziehung stehen. Symbolisiert ist diese wechselseitige Beziehung durch die Pfeile zwischen den Bedingungsebenen. Zu beachten ist bei der Planung systematischer Lehr-Lernprozesse auch das informelle Lerngeschehen, das üblicherweise unter dem Schlagwort der beruflichen Sozialisation thematisiert wird (vgl. insbesondere Bd. 5 dieser Reihe). Angedeutet sind die Einflüsse der Lernbedingungen auf das informelle Lernen durch den direkten Pfeil von den Bedingungen zum Lerngeschehen.

b) Die Lehr-Lernprozesse selbst, wobei innerhalb des dualen Systems zumindest zwei Lehrorte existent sind, innerhalb derer mehr oder weniger abgestimmte Lehr-Lernarrangements von Seiten der Lehrkräfte (Ausbilder, Lehrer beruflicher Schulen) geplant und umgesetzt werden. Unterstellt wird hier, dass die Lehrenden als Experten des Lehrens und Lernens unter Berücksichtigung relevanter Bedingungen Lehr-Lernprozesse (Unterricht, Unterweisung) planen und gegebenenfalls Abstimmungen innerhalb eines Lehrorts oder auch zwischen den Lehrorten vornehmen. Die Planung bezieht sich auf die sogenannten Entscheidungsfelder (Ziele, Inhalte, Interaktionen, Medien, Methoden, Kontroll- und Beurteilungssysteme), für die eine mit den Pfeilen angedeutete gegenseitige Abhängigkeit (Interdependenz) unterstellt wird. Der Lernprozess selbst, d.h. die Wahrnehmung von systematisch arrangierten Lehrangeboten einerseits und informeller Einflüsse aus der Lebenswelt andererseits, sowie deren Verarbeitung, die gegebenenfalls eine Erweiterung von Verhaltensdispositionen zur Folge hat, vollzieht sich individuumsintern und kann von außen nur angeregt werden. Zentral sind hierbei die individuellen Verarbeitungsprozesse und Strategien.

c) Folgen systematischer Lehr-Lernprozesse
Hier werden im Anschluss an *Lempert* berufsspezifische gegenstandsbezogene Qualifikationen und Kompetenzen, arbeitsbezogene soziale Kom-

petenzen und allgemeine Persönlichkeitsmerkmale unterschieden. Die Ausgestaltung der Lehr-Lernprozesse erfolgt in der Regel bezogen auf intendierte Folgen. Inwieweit die angestrebten Qualifikationen, Kompetenzen und allgemeinen Persönlichkeitsmerkmale auch erreicht werden, soll über Kontroll- und Beurteilungssysteme, deren Ausgestaltung z. T. in der Hand der Lehrenden liegt oder bei zentralen Prüfungen und Tests von diesen vorgefunden wird, überprüft werden.
Bezüge zwischen Bedingungen systematischer Lehr-Lernprozesse, den Lehr- Lernprozessen selbst und den Folgen systematischer Lehr-Lernprozesse sind ebenfalls durch Pfeile angedeutet. Dabei wird modellhaft unterstellt, dass:

- der Ausbilder bzw. Lehrer auf Basis eigener Expertise das Lehrgeschehen im Hinblick auf Ziele, Inhalte, Beurteilung, Methoden, Interaktionen und Medien unter Berücksichtigung der relevanten Bedingungen plant
- das Lehrgeschehen von dem Lernenden wahrgenommen und verarbeitet wird und damit Folgen für die Person selbst hat
- diese Folgen ihrerseits auf die Wahrnehmung und Verarbeitung des weiteren Lehr-Lerngeschehens zurückwirken (z. B. indem sich die Lernmotivation verändert)
- die Folgen des Lehr-Lerngeschehens aber auch global auf die Bedingungen des Lehr-Lerngeschehens zurückwirken, indem z. B. bei unzureichender Zieleinlösung im Unterricht Lehrpläne verändert oder neue Schulformen eingerichtet werden
- die Bedingungen auch unbeabsichtigte Wirkungen auf das Lerngeschehen haben und
- zwischen den Lehrorten mehr oder weniger ausgeprägte Kooperationen bestehen (gestrichelter Pfeil).

Eine didaktische Theorie, die geeignet wäre, das gesamte in diesem Strukturschema skizzierte Beziehungsgefüge abzubilden, ist nicht existent. Das ist wohl primär auf die hohe Komplexität und Vielfalt der realen Ausprägungen zurückzuführen. Die verschiedenen Theorieansätze erhellen je eigene Ausschnitte des Gesamtzusammenhangs. Vor diesem Hintergrund ist es erstrebenswert, einen Überblick zu gewinnen, welche Theorien und Konzepte zu den einzelnen Ausschnitten Orientierung bieten.

Vor allem in den Modellen allgemeiner Didaktik werden häufig, wie im obigen Strukturmodell, lediglich grundlegende Bedingungs- und Entscheidungsfelder

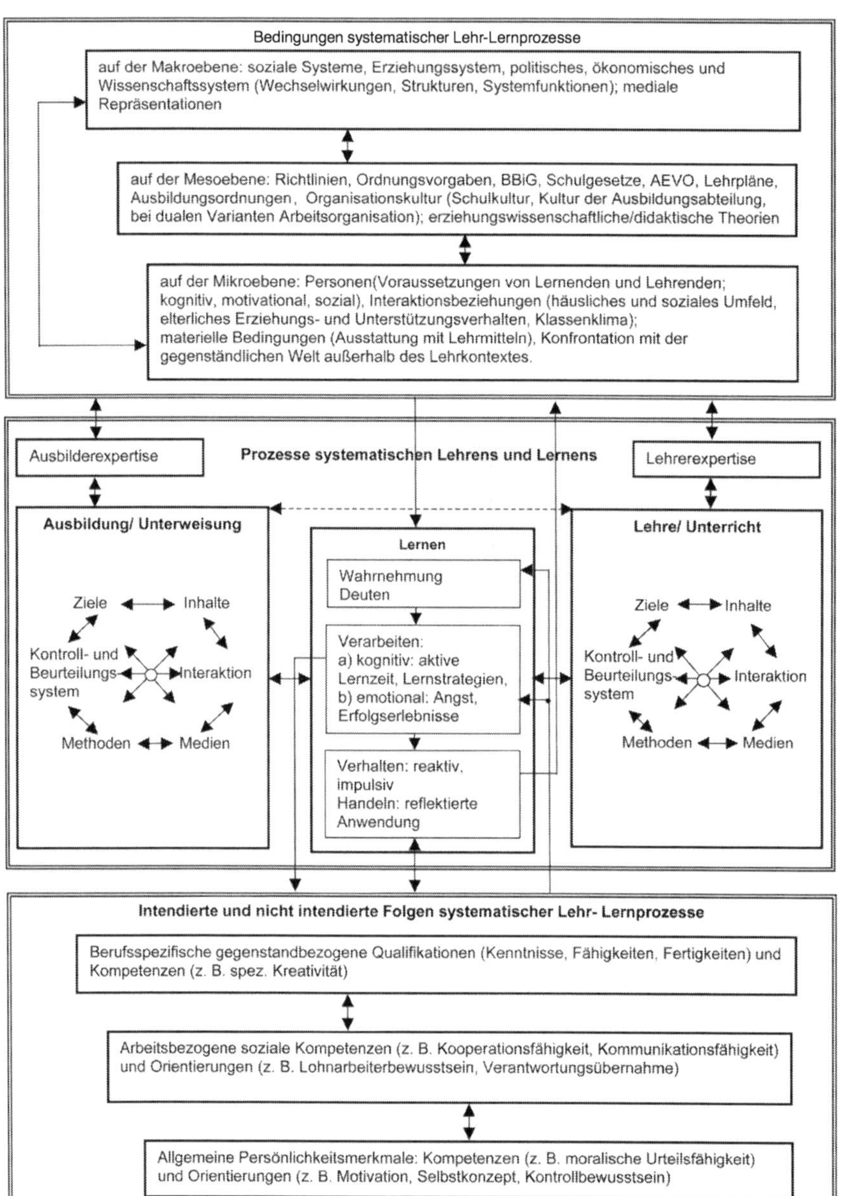


Abb. 1 Strukturmodell systematischer Lehr-Lernprozesse in der dualen Berufsbildung

didaktischen Handelns und deren Wechselwirkungen thematisiert. Wenig ergiebig sind diese Modelle in aller Regel für die Klärung des konkreten Interaktionsgeschehens im Lehr-Lernprozess und den Einfluss dieses Interaktionsgeschehens auf das Lernergebnis, die an die Fachdidaktiken verwiesen, jedoch auch dort nicht immer befriedigend geleistet wird. Als hilfreich für die Planung und Analyse des Interaktionsgeschehens erweisen sich Theorien zur methodischen Gestaltung von Lehr-Lernprozessen (vgl. Bd. 4 der Lehrbuchreihe), Lehr-Lerntheorien (vgl. Bd. 6) aber auch Sozialisationstheorien (vgl. Bd. 5).

Zur Klärung der Lernprozesse (Wahrnehmung, Verarbeiten, Verhalten) geben vor allem die Lerntheorien Orientierung. Lernen wird hier (in pädagogischem Sinne) verstanden als Verbesserung von Verhaltensdispositionen, die sich indirekt (als unbeabsichtigte Folgen von Erfahrungen / Handlungen), direkt (als Folge absichtsvoller Lernhandlungen), oder durch von außen angestoßene Impulse (Lehre) ergeben können (*Roth* 1973). Lehrerhandeln zielt darauf ab durch Impulse oder die Schaffung eines günstigen Umfeldes gewünschte Lernprozesse in Gang zu setzen. Einem direkten Zugriff durch den Lehrenden ist der Lernprozess jedoch nicht zugänglich.

## 2.2 Entwicklungslinien und Bezugspunkte didaktischen Denkens in der beruflichen Bildung

Die im obigen Strukturschema skizzierten Bezüge zwischen den Bedingungen systematischer Lehr-Lernprozesse, den Lehr- Lernprozessen selbst und deren Folgen wurden bzw. werden in der didaktischen Theoriebildung in der Regel selektiv berücksichtigt. Maßgeblich für den selektierenden Focus sind die sich wandelnden gesellschaftlichen Bedingungen einerseits und die darin eingebettete Entwicklung der Berufs- und Wirtschaftspädagogik andererseits.

Am Beispiel: Im Verlaufe des 19. Jahrhunderts erwies sich die rein betriebliche Ausbildung zunehmend als unzureichend, um gesellschaftliche Bedarfslagen zu decken. Dies gab Anlass, Fortbildungsschulen, die Vorläufer der heutigen Berufsschulen, einzurichten, um die betriebliche Lehre bedarfsbezogen zu ergänzen. Korrespondierend mit diesem gesellschaftlichen Problem sind die berufs- und wirtschaftspädagogischen Abhandlungen jener Zeit vor allem bestimmt durch programmatische Aussagen, in welchen ökonomische und politische Bedarfslagen (Bedingungen auf der Makroebene) zum Ausgangspunkt genommen wurden um eine Erweiterung des Erziehungssystems (neue Schulformen) einzufordern (Bedingungen auf der Makroebene), welchen über Schulgesetze und Lehrpläne Funktionen zugewiesen wurden (Bedingungen auf der

Mesoebene) wie z. B. die Vermittlung berufsrelevanten Wissens, oder die Integration der Unterschichtjugend in die durch die Arbeiterbewegung in Frage gestellte Gesellschaftsform oder auch die Sicherung des Mittelstandes als staatserhaltende Kraft durch die Förderung dessen Konkurrenzfähigkeit mittels beruflicher Qualifizierung (*Greinert* 1975, *Nickolaus* 1987). Die einzelne Person mit ihren Voraussetzungen, Erwartungen und Ansprüchen sowie die materiellen Bedingungen (Bedingungen Mikroebene) traten gegenüber den Bedingungen auf der Makro- und Mesoebene zurück, bzw. kamen als entwicklungshemmende Faktoren zur Sprache. Elaborierte Aussagen zur Gestaltung der Lehr-Lernprozesse in der beruflichen Bildung sind aus der damaligen Zeit kaum aufzufinden, geschweige denn, dass man in der Lage gewesen wäre gesicherte Aussagen zum Wechselspiel von Bedingungen, Lehr-Lernprozessen und deren Folgen zu machen.

Der Einzelne und die Förderung seiner Entwicklung als wichtige Bezugspunkte didaktischen Denkens und Handelns, erhielten erst in den klassischen Berufsbildungstheorien (Bedingungen Mesoebene; (beabsichtigte) Folgen systematischer Lehr- Lernprozesse) von *Kerschensteiner*, *Spranger* und *Fischer* Anfang des 20. Jahrhundert jenen Stellenwert, der für das heutige pädagogische Denken typisch ist. Von zentraler Relevanz für die heutige didaktische Theoriebildung zur beruflichen Bildung ist das in diesen Theorien in je eigener Weise thematisierte Problem, den Anspruch des Individuums auf individuelle Entfaltung einerseits und gesellschaftliche Ansprüche auf bedarfsbezogene Funktionserfüllung andererseits, d. h. die Geltungsansprüche unterschiedlicher Bedingungen systematischer Lehr- Lernprozesse auszubalancieren.

Bei der Ausgestaltung von Lehrplänen / Ausbildungsordnungen etc. (Bedingungen Mesoebene) ist generell zu klären, welche Prinzipien für die Auswahl von Zielen und Inhalten und deren Strukturierung leitend sein sollen. Typisch ist dafür die Konfrontation der Handlungssystematik des Praktikers (welche Handlungen führt der Praktiker aus und was muss er dazu wissen? – *Situationsprinzip)* mit der wissenschaftlich begründeten Fachsystematik (welches Wissen stellt die Wissenschaft für ein Themenfeld bereit? – *Wissenschaftsprinzip* bzw. Fachprinzip), die in den konzeptionellen Vorstellungen zum Teil einseitig als orientierungsleitend präferiert oder auch spezifisch ausbalanciert werden. Als drittes Prinzip dient das *Persönlichkeitsprinzip*, d. h. die Vorstellung, die Entwicklung der Lernenden zu fördern. Im Bereich der dualen Berufsausbildung kommt als Grundfrage hinzu, wie die verschiedenen betrieblichen, überbetrieblichen und schulischen Lehrangebote aufeinander bezogen werden können und sollen (in Abb. 1 angedeutet durch ←– – – –→ ).

*Reinisch* zeigt an historischen Beispielen, dass sich didaktische Konzepte, in welchen einseitige Präferenzen zugunsten des Situations- oder des Wissenschaftsprinzips gesetzt werden, als nicht tragfähig erweisen bzw. früher oder später in einer Pendelbewegung durch entgegensetzte Vorstellungen abgelöst wurden (*Reinisch* 2003). Das Persönlichkeitsprinzip wird in der beruflichen Bildung zwar in programmatischen Aussagen z. T. in den Vordergrund gerückt, in der Praxis erweist sich dessen Einlösung jedoch in aller Regel als Herausforderung, da im Zweifelsfalle den Qualifikationsanforderungen der Arbeitswelt ein dominanter Stellenwert eingeräumt wird. Ob von einer Koinzidenz ökonomischer und pädagogischer Vernunft im Hinblick auf die Bildungsarbeit in den Unternehmen auszugehen ist, ist in der Berufs- und Wirtschaftspädagogik umstritten. Die Frage nach der „Arbeitsteilung" der Lehr-Lernorte wird ebenso kontrovers diskutiert. Insbesondere der Stellenwert und Aufgabenzuschnitt der Berufsschule im dualen System gibt Anlass zu kritischen Positionierungen[1]. Prinzipiell können auf curricularer Ebene vier Grundvarianten des Verhältnisses von betrieblicher und schulischer Ausbildung unterschieden werden[2]:

a) Das sogenannte Gleichlaufcurriculum
Unterstellt wird in diesem Modell, dass die theoretischen Kenntnisse der Berufsschule und die praktischen Fertigkeiten, die im Betrieb erworben werden sollen, eindeutig zuzuordnen seien und gleichlaufend, in Einzelelemente aufgeteilt, in Schule und Betrieb vermittelt werden können. Dass das Modell der systematischen „didaktischen Parallelität" zumindest mit Ausschnitten der Realität wenig gemein hat, kann unterstellt werden, da systematische Kooperationen auf didaktisch-methodischer Ebene eher selten sind. Unreflektiert bleibt bei dieser Variante häufig die Prämisse harmonischer Zielorientierung beider Lehrorte.

b) Das sogenannte abgestimmte Curriculum
Hier wird davon ausgegangen, dass die Inhalte nicht fein säuberlich zu trennen seien und eine Mischzone existiert, die sowohl von Schule und Betrieb abgedeckt wird oder werden kann. Entscheidend für die Zuordnung curricularer Inhalte zu den Lehrorten könnte das Kriterium „optimale Vermittlungsmöglichkeit" sein. Eine generelle Passung der Lehrinhalte wird hier im Gegensatz zum Modell a) nicht mehr unterstellt. Der Umfang der curricula-

---

1 Z. B. zur Rolle der Berufsschulen im Prüfungsgeschehen; vgl. z. B. die Stellungnahme des BLBS zum Gesetzentwurf Berufsbildungsreformgesetz vom 09.06.04 oder auch die Stellungnahme der GEW vom 16.06.04.

2 Ausführlicher dazu siehe *Nickolaus* 1998, *Lipsmeier* 1991

ren Mischzone ist zunächst unbestimmt. Eine Ausweitung dürfte er vor allem dann erfahren, wenn handlungsorientierte Vermittlungsformen eingesetzt werden.

c) Das sogenannte Differenzcurriculum
Diese Variante hat nach Einschätzung *Lipsmeiers* vor allem im Anschluss an die Neuordnungsdiskussion faktisch an Bedeutung gewonnen. Ausgangsprämisse ist hier die Annahme, die betriebliche Berufsausbildung sei dominant und für das Gesamtcurriculum verantwortlich, wogegen der Berufsschule nur eine curriculare Restfunktion zukomme, angereichert mit einigen allgemeinen Fächern.

d) Das sogenannte „autonome Curriculum“
Zentrales Merkmal ist hier eine gewisse Autonomie des betrieblichen und schulischen Auftrags, was nicht ausschließt, dass von dieser Autonomie auch derart Gebrauch gemacht wird, dass bewusst Bezüge zum jeweils anderen Lernbereich hergestellt werden. Diskrepanzen im Ziel- und Inhaltsbereich sind jedoch nicht ausgeschlossen. Das denkbare Spektrum zu realisierender Varianten ist hier m. E. groß und schließt Varianten innerhalb dessen, was wir duales System nennen, aber auch schulische Varianten mit betrieblichen Praktika ein.

Bezogen auf die historische Entwicklung lassen sich vielfältige Beispiele finden, die als Beleg für die faktische Relevanz des Differenzcurriculums genutzt werden können[3]. Das autonome Curriculum wurde z. B. in den 60er und 70er Jahren des vorigen Jahrhunderts im Rahmen der Berufsbildungsreform von Vertretern kritisch–emanzipatorischer Berufsbildung eingefordert. Die Entscheidung, welches Modell präferiert werden soll, setzt ein Referenzkriterium voraus, das geeignet ist, eine Wertung der einzelnen Varianten vorzunehmen. Nutzt man dazu die Norm pädagogisches Handeln am Wohl des Educanden zu orientieren (individuelle Bezugsnorm bzw. Persönlichkeitsprinzip – Bedingung Mikroebene) und stellt in Rechnung, dass eine positive Entwicklung des Individuums durch Arbeitsbedingungen begünstigt wird, die Gelegenheit geben zur Ausübung komplexer abwechslungsreicher Tätigkeiten, zur Nutzung von Experimentierchancen und zur Teilhabe an demokratischen Entscheidungen (vgl. Bedingung Makroebene, Bd. 5 der Lehrbuchreihe), dann wären jene curricula-

[3] Das gilt z. B. für die curricularen Fixierungen der gewerblichen Fortbildungsschulen in Württemberg im 19. Jh., die mit der Absicht konstituiert wurden, die betriebliche Ausbildung zu ergänzen. Allgemeine Fächer sollten darüber hinaus als wünschenswert erachtete soziale Orientierungen anbahnen und stabilisieren (*Nickolaus* 1987).

ren Zuschnitte auszuschließen, bei deren Implementation die zur Bewältigung und Herstellung solcher Arbeitsbedingungen notwendigen Kompetenzen prinzipiell in Frage gestellt sind. Da Arbeitszuschnitte in den Unternehmen primär ökonomischen und nur nachrangig humanitären Kalkülen folgen, kommen nur Modelle in Frage, die der Berufsschule zumindest im Konfliktfall auch jenseits primärer betrieblicher Interessen eine Orientierung an der individuellen Bezugsnorm ermöglichen.

Wie oben ausgeführt, fand diese individuelle Bezugsnorm, d. h. der Anspruch des Individuums auf individuelle Entfaltung, erst in den 20er Jahren des vorigen Jahrhunderts Eingang in die Theoriebildung beruflicher Bildung. In die gleiche Zeit fallen allerdings auch Ansätze, die im Anschluss an tayloristisches Gedankengut darauf abzielten durch einen spezifischen Zuschnitt des Berufsschulcurriculums und der Unterrichtsprozesse den Facharbeiter zum „willfährigen Werkzeug des Ingenieurs" in der betrieblichen Praxis zu machen, um darüber die Produktivität der Wirtschaft zu fördern (*Nickolaus* 1987, S. 242 f.). Der Umgang mit diesem Zielkonflikt und seiner Implikationen für das Verhältnis von betrieblicher Ausbildung und Berufsschule ist ein wesentliches Merkmal didaktischer Theoriebildung für die berufliche Bildung.

Typisch ist über die unterschiedlichen Epochen hinweg, dass der Berufsschule häufig ergänzende Funktionen zugedacht werden, die Ergänzung der betrieblichen Ausbildung im Berufsfachlichen und die Ergänzung der beruflichen Ausbildung durch soziale und politische Erziehung. Letztere wird je nach gesellschaftspolitischer Konstellation anders akzentuiert, als Verwurzelung in Blut und Boden und in Dienststellung für die „Volksgemeinschaft" in der NS Zeit oder als Befähigung zu politischer Mitverantwortung in der Nachkriegszeit. Die Ergänzungsfunktion im Berufsfachlichen wird besonders deutlich im Konstruktionsprozess von Lehrplänen für die Berufsschule, der im Reflex auf die jeweilige Ausbildungsordnung, d. h. das Ordnungsinstrument betrieblicher Ausbildung, erfolgt. Im konzeptionellen Denken sind die Leitideen zur didaktischen Ausrichtung der Berufsschule spätestens seit der Berufsbildungsreform der 70er Jahre allerdings darüber hinausreichend an der Vorstellung beruflicher Mündigkeit orientiert, die berufliche Tüchtigkeit und darüber hinaus Kompetenzen einschließt an der Gestaltung beruflicher Arbeitsbedingungen zu partizipieren.

Zur Ausgestaltung der **Lehr-Lernprozesse** findet man bei *Pätzold* die Einschätzung, dass bis in die Weimarer Republik hinein für die Unterrichtsgestaltung an den beruflichen Schulen die Vorstellungen der Herbartianer zur Sequenzierung des Unterrichts leitend waren, deren pedantische Beachtung zumindest in der

Lehrerausbildung einer Lehrergeneration Form und Richtung gegeben habe (*Pätzold* 1992, S. 12). Die Sequenzen des Unterrichts wurden von den Herbartianern als Formalstufen bezeichnet, die aufeinander folgend durchlaufen werden sollten. So sollte z. B. nach der Vorstellung von Rein der Unterricht die Stufen Vorbereitung, Darbietung, Verknüpfung, Zusammenfassung und Anwendung durchlaufen (z. B. *Kron* 2000, S. 79 ff.).

Reformpädagogisches Denken, das im Ausgang des 19. Jahrhunderts und zu Beginn des 20. Jahrhunderts einen Kontrapunkt zur „Buchschule" und dem starren Formalismus der Herbartianer setze, fand auch in das didaktische Denken zur beruflichen Bildung Eingang. Exemplarisch stehen dafür die Vorstellungen Kerschensteiners zur „Arbeitsschule", die eine integrative Verknüpfung praktischer und theoretischer Arbeit als gleichwertige Teile des Bildungsprozesses sichern sollte. Die methodischen Vorstellungen Kerschensteiners zur Arbeitsschule weisen enge Bezüge zu den gegenwärtig präferierten didaktischen Konzepten der Handlungsorientierung und des Lernfeldkonzepts (s. u.) auf. Im einen wie im anderen Fall sollen die selbständige geistige Durchdringung des Arbeitsprozesses, die geistige Vorwegnahme der Arbeitshandlung, die Reflexion der Arbeitsbedingungen, die sukzessive Verwirklichung des Arbeitsziels und deren Kontrolle und die abschließende Selbstprüfung des Ergebnisses und Arbeitsprozesses wesentliche Stadien des Lernprozesses darstellen (*Kötteritz* 1981, S. 96 ff.). Das bedeutet, nicht das entlang der Formalstufen vom Lehrer gelenkte Unterrichtsgeschehen, sondern die an einem realen Problem orientierte selbständige Erschließung von Wissen und Fähigkeiten standen im Mittelpunkt.

*Hartmann*, der wesentlichen Einfluss auf die Berufsbildungsreform der 20er Jahre des 20. Jahrhunderts in Württemberg nahm, präferierte hingegen einen konsequenten fragend-entwickelnden Unterricht, der eine „Denkschulung" des Facharbeiters bzw. die fachwissenschaftlich geleitete Durchdringung der Berufsarbeit sichern sollte. Mit der Einführung der gewerblichen Jugend in die fachwissenschaftliche Denkweise schien es *Hartmann* möglich die künftigen Facharbeiter mit jenem Verfahrenswissen auszustatten, das über systematische Klärungen der für eine rationale Ausgestaltung des Arbeitsprozesses relevanten Fragen (was ist herzustellen, welche Materialien sind am besten geeignet, welcher Materialaufwand ist erforderlich, welche Herstellungsverfahren sind am günstigsten, wie ist die Arbeitsteilung vorzunehmen, mit welchem Arbeitsaufwand ist zu rechnen, was ist zur bestmöglichen Verwertung zu tun?) (*Hartmann* 1928, *Pätzold* 1992, S. 202) eine ingenieurmäßige Bearbeitung praktischer Aufgaben auch auf Facharbeiterebene und im Handwerk fördern wollte.

Gemeinsam war den beiden Ansätzen der Anspruch die Handlungskompetenz im beruflichen Feld (und darüber hinaus) zu fördern, höchst unterschiedlich waren hingegen die Annahmen, auf welchem Wege dieses Ziel zu erreichen sei. In der weiteren Entwicklung des didaktischen Denkens begegnet uns dieses Phänomen immer wieder.

Mit der „Frankfurter Methodik" und der didaktischen Reduktion fanden in der Nachkriegszeit konzeptionelle Vorstellungen Eingang in Theorie und Praxis, von welchen zumindest die didaktische Reduktion bis in die Gegenwart hinein immer wieder aufgegriffen wurde[4]. *Kern* der didaktischen Reduktion ist die Komplexitätsreduktion von Lehrgegenständen, so dass diese für die Lernenden verständlich werden. Die Frankfurter Methodik enthält eine spezifische Sequenzierung des Lehrplans in einen adressatenbezogenen überberuflichen Unterbau sowie einen von der Sachsystematik bestimmten Oberbau sowie eine lernpsychologisch ausgerichtete Gestaltung des Unterrichtsverfahrens, gegliedert in eine Anschauungs-, Vergeistigungs- und Anwendungsphase. Idealtypisch wird unterstellt, die Auszubildenden sollten in der Schule erst dann mit einem fachlichen Problem konfrontiert werden, wenn ihnen dasselbe im Arbeitsprozess begegnet ist (*Pätzold* 1992, S. 20 ff.). Während in diesem Ansatz versucht wird, dem Situationsprinzip und dem Fachprinzip einen ähnlichen Stellenwert einzuräumen, wurde in den 70er Jahren wieder verstärkt auf eine umfassende Wissenschaftsorientierung des Unterrichts an den Berufsschulen gesetzt, allerdings mit dem Anspruch einhergehend, so am ehesten auf die Praxis vorbereiten zu können. Bezugspunkt war dafür häufig der „Strukturplan für das Bildungswesen", in dem der Deutsche Bildungsrat auch für die berufliche Bildung eine verstärkte Berücksichtigung der Wissenschaftsorientierung einforderte. Begründet wurde dies mit

- den Annahmen der Verwissenschaftlichung der Arbeits- und Produktionsbedingungen und -prozesse
- lernförderlichen Effekten der Wissenschaftsorientierung des Unterrichts in motivatonaler Hinsicht und für die Lernfähigkeit sowie
- der Hoffung, damit zur Chancengleichheit beizutragen, indem auch in der beruflichen Bildung die in den Wissenschaften übliche Hinterfragung der Aussagen bereits Geltung erhalten sollte[5].

---

[4] Siehe dazu den von *Ahlborn* und *Pahl* herausgegebenen Bd., in dem auch ein Überblick zur Rezeption des Ansatzes, der auf *Heering* zurückgeht, gegeben wird (*Ahlborn*; *Pahl* 1998). Zur Frankfurter Methodik siehe *Pätzold* 1992.

[5] Im Überblick siehe *Reetz* 1976, S. 804 ff.

Als exemplarischer Umsetzungsversuch dieses Denkens ist der Kollegschulversuch in NRW zu nennen. Für die Curriculumgestaltung wurde im Rahmen des Kollegschulversuchs das Instrument des didaktischen Strukturgitters entwickelt. Mit solchen Strukturgittern, die in der Folgezeit in verschiedenen Versionen vorgelegt wurden, sollten Referenzpunkte für die Lernzielfindung und Begründung bereitgestellt werden (*Reinisch* 2003). Gegenübergestellt wurden in solchen Strukturgittern z. B. übergreifende Leitziele und für das Berufsfeld relevante Gegenstandsfelder, die in einem reflektierten Konstruktionsprozess aufeinander bezogen werden sollen. *Reinisch* unterstellt, mit diesem Ansatz liege auch ein Instrument vor, das eine integrative Berücksichtigung des Situationsprinzips, des Wissenschaftsprinzips und des Persönlichkeitsprinzips ermögliche (ebd.). Aus der Zeit der Bildungsreform stammt auch die zentrale normative Leitlinie, die heute in nahezu allen konzeptionellen Entwürfen leitend ist, die berufliche Mündigkeit.

Kritik an dieser Neuakzentuierung wurde z. B. von *Zabeck* schon frühzeitig eingebracht, der die Tragfähigkeit der obigen Annahmen in Zweifel zog (*Zabeck* 1973) und die konkrete berufliche Tätigkeit als zentralen didaktischen Bezugspunkt berücksichtigt sehen wollte. Die *Zabecksche* Positionierung wurde wiederum von *Reetz* mit dem Verweis auf den Beitrag von *Mertens* in Frage gestellt. *Mertens* hatte im Anschluss an prognostische Probleme, die künftigen Qualifikationsanforderungen zu bestimmen und die schnellere Verfallszeit arbeitsprozessbezogenen Wissens gegenüber übergreifender Qualifikationen dafür plädiert, künftig „Schlüsselqualifikationen“ (SQ) zu vermitteln, die dem Einzelnen die Erschließung neuen Wissens ermöglichen sollten (s. u.). Implizit bedeutet dies, dass die konkreten Arbeitsprozesse nur bedingt als Referenzpunkt für die Gestaltung von Curricula geeignet sind, da sie (zum Teil) einem schnellen Wandel unterworfen sind. Von *Reetz* wurde dies als Argument für eine wissenschaftsorientierte Curriculumgestaltung genutzt (*Reetz* 1976, S. 807). In der weiteren Entwicklung didaktischen Denkens wurde unterstellt, solche „SQ“ seien eher durch handlungsorientiert ausgerichtete Lehr-Lernprozesse zu erreichen. Ausdruck fand dies in den gegenwärtig die Debatten bestimmenden konzeptionellen Vorstellungen des „Handlungslernens“ und dem Lernfeldkonzept.

Gemeinsam ist all diesen theoretischen Entwürfen eine fehlende bzw. unzureichende empirische Absicherung. Die Vorstellung von *Achtenhagen*, eine fundierte didaktische Theorie habe (möglichst abgesicherte) Aussagen für unterrichtliches Handeln dahingehend bereitzustellen, welche Handlungen unter welchen Bedingungen, von welchen Personen, mit welchen Aussichten auf

Erfolg ausgeführt werden können (*Achtenhagen* 1981, S. 275), wird in all den konzeptionellen Vorstellungen von den Anfängen bis zur Gegenwart letztlich nicht befriedigend eingelöst. Notwendig wäre dafür eine empirische Überprüfung, die vermutlich zur Einschränkung bzw. Ausdifferenzierung des Geltungsanspruchs der Aussagesysteme führen würde.

Zu den **Folgen von Lehr-Lernprozessen** findet man in der didaktischen Literatur vor allem Bemühungen Lehrziele zu klassifizieren und zu operationalisieren. Systematische Untersuchungen zur Zieleinlösung sind vergleichsweise selten und entstanden erst in neuerer Zeit (vgl. insbesondere Abschnitt 5).

In diesem knappen Abriss zur Entwicklung didaktischen Denkens in der beruflichen Bildung einerseits und dessen Verortung im obigen Strukturmodell andererseits blieben wesentliche Beiträge unberücksichtigt[6]. Ebenso unvollständig ist diese Übersicht notgedrungen im Hinblick auf die Konkretisierung der verschiedenen Positionen. Sofern nicht nur ausgewählte markante Merkmale, wie hier geschehen, sondern die gesamten Aussagesysteme berücksichtigt werden, verwischt in aller Regel der Eindruck einer eindeutigen Einordnung, wie sie hier z. T. unterstellt wurde. Als Hilfestellung für die Verortung der unten ausführlicher dargestellten konzeptionellen Vorstellungen, dürfte der Überblick dennoch hilfreich sein.

## Aufgaben

1. Versuchen Sie das mit den unterschiedlichen Begriffsvarianten der Didaktik abgedeckte Gegenstandsfeld genauer zu beschreiben und stellen Sie die Ergebnisse vergleichend gegenüber.
2. Suchen Sie in Ihrem eigenen Erfahrungsbereich Beispiele für einen konsequent an der Fachsystematik ausgerichteten Unterricht und versuchen Sie, die praktische Relevanz des dort Behandelten abzuschätzen.
3. Suchen Sie in Ihrem eigenen Erfahrungsbereich Beispiele für einen konsequent an der Lösung praktischer Probleme ausgerichteten Unterricht. Versuchen Sie abzuschätzen, welche Kompetenzen und welches Wissen Sie in diesem Unterricht erworben haben.
4. Welche Argumente können aus Abschnitt 2 für die Begründung didaktischer Leitvorstellungen gewonnen werden?
5. Welche Phänomene und Interessen stellen eine harmonische Zielorientierung in der betrieblichen und schulischen Berufsausbildung im Rahmen des „dualen Systems" in Frage?

6 So z. B. die didaktischen Entwürfe von *Achtenhagen* 1981, *Reetz* 1984)

6. Versuchen Sie das, was berufliche Mündigkeit kennzeichnet, näher zu bestimmen.
7. Erstellen Sie eine Übersicht zu den (aufeinander folgenden) didaktischen Grundvorstellungen in der beruflichen Bildung und analysieren Sie, soweit dies auf der Basis der in Abschnitt 2 enthaltenen Aussagen möglich ist, welche Relevanz jeweils dem Situations-, dem Wissenschafts- und dem Persönlichkeitsprinzip zukommt.

## 2.3 Ziele in der beruflichen Bildung und Versuche zur Klassifikation von Lehr-Lernzielen

In den didaktischen Modellen und Konzepten finden z. T. unterschiedliche Ziele Verwendung.

Für die Lehr-Lernprozessplanung sind Lehr-Lernziele zentral, da Entscheidungen in anderen didaktischen Entscheidungsfeldern (Inhalte, Methoden, Lernzielkontrollen, Medien) davon in hohem Maße berührt sind. Lehrende in Bildungsinstitutionen finden in aller Regel mehr oder weniger konkretisierte Lehrziele vor (Bedingungen Mesoebene), die interpretiert, konkretisiert/operationalisiert werden müssen und nach Möglichkeit einzulösen sind.

Unterschieden werden unterschiedliche Zielebenen:

- die Leitzielebene (z. B. Berufliche Tüchtigkeit oder darüber hinausgehend Berufliche Mündigkeit oder Berufliche Handlungsfähigkeit, die berufsspezifische gegenstandsbezogene Qualifikationen/Kompetenzen, arbeitsbezogene soziale Kompetenzen und allgemeine Persönlichkeitsmerkmale einschließt),
- die Grobzielebene, z. B. Soziale Kompetenz mit den Teilkompetenzen Dialogfähigkeit (Interpretations- und Artikulationsfähigkeit), Koordinationsfähigkeit (Konsens- und Konfliktfähigkeit) und Kooperationsfähigkeit (Teamfähigkeit und Fähigkeit, Verantwortung zu übernehmen), die in unterschiedlichen situativen Kontexten, wie z. B. in Zweierbeziehungen, in Arbeitsteams, im politischen Raum, je eigene Akzentuierungen erfordern und
- die Feinzielebene (z. B. Verstehen eines bestimmten Textes, Kenntnis bestimmter Kommunikationsregeln, Fähigkeit Fehler in einem bestimmten technischen System zu finden).

Das mit den Lehr-Lernzielen verbundene Anspruchniveau kann erheblich variieren und zur Erreichung anspruchsvoller Lehr-Lernziele ist gegebenenfalls eine schrittweise Annäherung nötig. Zur Unterscheidung unterschiedlicher Anspruchsniveaus und Anspruchsbereiche wurden verschiedene Zielklassifikationen gebildet. Eine erste Möglichkeit besteht darin, zwischen den im Anspruch steigenden Zielebenen der Reproduktion, Reorganisation, dem Transfer und der Problemlösefähigkeit zu unterscheiden. Reproduktion bedeutet, dass von den Lernenden erwartet wird, etwas korrekt wiederzugeben, die Reorganisation erfordert die Fähigkeit (einen komplexeren Sachverhalt), mit eigenen Worten darzustellen und zu strukturieren. Mit Transfer ist gemeint, dass das Wissen (in unterschiedlichen Kontexten) angewendet werden kann und darüber hinaus schließt Problemlösefähigkeit die Fähigkeit ein, in unbestimmten Situationen Probleme näher zu bestimmen und zu analysieren und im Rückgriff auf vorhandenes Wissen bzw. neu zu gewinnendes Wissen Lösungen aufzufinden. Vor allem in den 60er und 70er Jahren wurden im Kontext des Behaviorismus auch feinere Klassifikationssysteme entwickelt, die nach wie vor für die Analyse und Planung von Lehr-Lernprozessen hilfreich sind. Am bekanntesten wurden die Lernzieltaxonomien von *Bloom* u. a. zum kognitiven und affektiven Lernzielbereich. Im kognitiven Lernzielbereich unterscheiden *Bloom* u. a. die folgenden, aufeinander aufbauenden Lernzielstufen:

**Wissen** (Wissen von konkreten Einzelheiten, terminologisches Wissen, Wissen einzelner Fakten, Wissen der Wege und Mittel mit konkreten Einzelheiten zu arbeiten, Wissen von Konventionen, Wissen von Trends und zeitlichen Abfolgen, Wissen von Klassifikationen und Kategorien, Wissen von Kriterien, Wissen von Methoden, Wissen von Verallgemeinerungen und Abstraktionen eines Fachgebietes. Wissen von Prinzipien und Verallgemeinerungen, Wissen von Theorien und Strukturen).

**Verstehen** (Erfassen und Begreifen von Bedeutungen, übersetzen in eine andere Sprache oder Form, Interpretieren (erklären oder Zusammenfassen einer Nachricht), Extrapolieren (Ableiten von Folgerungen, Implikationen, Effekten).

**Anwendung** (Gebrauch von Abstraktionen in besonderen und konkreten Situationen)

**Analyse** (Zerlegung in Teile, so dass deren Beziehungen deutlich werden; Analyse von Elementen, Beziehungen, ordnenden Prinzipien).

**Synthese** (Zusammenfügen von Elementen/Teilen zu einem Ganzen; Synthese einer einzelnen konkreten Ganzheit/Erstellen einer

Nachricht, Synthese einer komplexen konkreten/abstrakten Ganzheit/Entwerfen eines Plans für bestimmte konkrete Handlungen/Ableitung einer Folge abstrakter Beziehungen bzw. Erkenntnisse).

**Bewertung** (Kriterienbezogene Bewertung, Urteilen aufgrund innerer Evidenz, Beurteilen aufgrund äußerer Kriterien).

(*Bloom* u.a. 1973, S. 71 ff., zusammenfassend S. 217 ff.)

Im affektiven Bereich sind es die Ziele:

**Bewusstheit** (Eine Sache – ohne Bewertung – zur Kenntnis nehmen, Aufnahmebereitschaft, z.B. Bereitschaft zum Zuhören, gerichtete oder selektive Aufmerksamkeit)

**Reagieren** (Aufmerksamkeit wird gezielt auf etwas gelenkt, Einwilligen in Verhaltenserwartungen, Bereitschaft – freiwillig – zu reagieren, Befriedigung beim Reagieren empfinden)

**Werten** (Akzeptanz eines Wertes, Bevorzugung eines Wertes, Bindung an einen Wert)

**Ausbildung einer Wertordnung** (Konzeptbildung für einen Wert – was macht einen Wert aus, welche Merkmale kennzeichnen ihn, Organisation eines Wertsystems)

**Bestimmtsein durch Werte** (Feste Verankerung eines Wertsystems im Individuum, Entwicklung eines verallgemeinerten Wertesystems, Bildung einer Weltanschauung),

(*Krathwohl; Bloom; Masia* 1975, S. 87 ff., zusammenfassend S. 164 ff.)

Als dritten Lernzielbereich weisen *Bloom* u.a. den Bereich manipulativer oder motorischer Fertigkeiten aus, der hier nicht weiter ausdifferenziert wird. Einige Hinweise dazu finden sich in Abschnitt 3.1. Hilfreich sind solche Zieltaxonomien in vielfältiger Weise. Sie erleichtern den Gedankenaustausch über Zielprobleme, regen zur Reflexion von Zielen an, können zur reflektierten Zielplanung und Erfolgskontrolle oder auch der Analyse von Ordnungsvorgaben oder konkreter Lehr-Lernprozesse genutzt werden.

In den aktuellen didaktischen Debatten spielen diese fein ausdifferenzierten Zieltaxonomien keine zentrale Rolle mehr. Ursächlich dafür ist u.a. die Einschätzung, die Orientierung an ausdifferenzierten, möglichst operationalisierten Zielen habe in der Praxis zur Vernachlässigung der anspruchsvolleren Ziele geführt. Stattdessen wird häufig mit Zielkategorien operiert, die auf der Leitzielebene anzusiedeln sind, wie berufliche Handlungskompetenz, ausdifferenziert in Fach-, Personal- und Sozialkompetenz (vgl. Abschnitt 4.2.4), deren Konkretisierung den Lehrenden obliegt. Ohne die Konkretisierung (und Operationalisierung) dieser Zielkomplexe ist die für die Steuerung von Lehr-Lernprozessen erforderliche Diagnostik allerdings nicht möglich.

Für die Einordnung verschiedener Zieltypen ist es auch hilfreich, deren Akzentuierung im Verlaufe der Zeit zu beachten.

Während etwa bis in die 70er Jahre des 20. Jahrhunderts auf der Leitzielebene ein relativ vager Bildungsbegriff Verwendung fand und sich die weitere Konkretisierung auf Inhaltsangaben beschränkte, wurden in den 70er Jahren Lehrpläne erlassen, in welchen im Rückgriff auf Lernzieltaxonomien, wie sie oben beispielhaft dargestellt wurden, den Lehrenden bis in die Feinzielebene hinein verbindliche Ziele vorgegeben wurden. Etwa zeitgleich wurde zunehmend der Qualifikationsbegriff zur Kennzeichnung von Lehr-Lernzielen benutzt. Zentraler Unterschied zum Bildungsbegriff war die dominante Bezugsnorm, welche beim Qualifikationsbegriff Anforderungen von außen darstellen, welchen ein Individuum genügen soll, beim Bildungsbegriff hingegen die möglichst allseitige Entfaltung des Individuums. Mit dem Konstrukt der Schlüsselqualifikation (Abschnitt 4.2.3) wurde die enge Anbindung an Anforderungen von außen partiell aufgelöst. Seit den 90ern wird nahezu durchgängig der Kompetenzbegriff (vgl. Erläuterung im Glossar) zur Beschreibung von Lehr-Lernzielen genutzt. Im Mittelpunkt steht hier wieder das Verhaltens- bzw. Handlungspotential einer Person, das zwar zur Bewältigung von äußeren Anforderungen nötig, aber in seinem Zuschnitt nicht allein auf die Bewältigung äußerer Anforderungen begrenzt wird.

In der Lehr-Lernforschung werden gegenwärtig auch neue Ausdifferenzierungen der Wissensdimensionen genutzt und z. B. zwischen deklarativem (Wissen über Elemente eines Sachgebietes und deren Zusammenhänge), prozeduralem Wissen (Wissen über Verfahrensweisen – Methodenkompetenz) und Problemlösefähigkeit unterschieden. Auf *Anderson; Krathwohl* geht eine zweidimensionale Lehr-Lernzieltaxonomie zurück, in der sich einerseits jene Dimensionen, wie sie *Bloom* u. a. unterschieden wieder finden und andererseits die neuen Formen der Ausdifferenzierung des Wissens verwendet werden.

**Wissensdimensionen** **Dimensionen der kognitiven Prozesse**

| | erinnern | verstehen | anwenden | analysieren | evaluieren | erschaffen |
|---|---|---|---|---|---|---|
| deklaratives Wissen | | | | | | |
| konzeptionelles Wissen | | | | | | |
| prozedurales Wissen | | | | | | |
| metakognitives Wissen | | | | | | |

Abb. 2: Zweidimensionale Lehr-Lernzieltaxonomie (*Anderson*; *Krathwohl* 2001, S. 28)

Die einzelnen Felder dieser Matrix können jeweils inhaltlich näher bestimmt werden. Am Beispiel: Metakognitives Wissen zur Analyse eines Sachverhaltes ist Wissen, das zur Steuerung der eigenen kognitiven Prozesse während (und vor) des Analysevorganges nötig ist. Vor allem bei Analyseproblemen kann dieses Wissen sehr hilfreich sein, um sich zu vergewissern, was tue ich, welche anderen Analysemöglichkeiten, Kriterien etc. gibt es, wie kann ich bei Misserfolgen meine Motivation aufrecht erhalten etc. Bei Lernprozessen, die in erhöhtem Maße von den Lernenden selbst gesteuert werden sollen, ist solch metakognitives Wissen von hoher Bedeutung, da ohne solches Wissen die Steuerung des Lernprozesses nicht möglich ist.

Die vielfältigen Versuche der Zieldefinitionen und Zielklassifizierungen scheinen auf den ersten Blick möglicherweise verwirrend. Hilfreich für die Gewinnung eigener Klarheit dürfte der Versuch sein, die verschiedenen Varianten aufeinander zu beziehen. Am Beispiel: Wenn man Kompetenz bezeichnet als das Vermögen einer Person ein Regelsystem zur Erbringung von Leistungen in unterschiedlichen Kontexten anzuwenden und wie oben geschehen berufliche Handlungskompetenz ausdifferenziert in Fach-, Personal- und Sozialkompetenz, dann stellt sich die Frage, was sich denn z. B. hinter dem Begriff der Fachkompetenz verbirgt. Zur (vorläufigen[7]) Klärung dieser Frage scheinen zwei Bezugspunkte zielführend: a) die Merkmale des Kompetenzbegriffs und b) die von *Bloom* bzw. *Anderson; Krathwohl* entwickelten Klassifikationssysteme. Die Anwendung von Regelsystemen eines Faches, z. B. der Knoten- und Maschenregel in der Elektrotechnik setzt einerseits die Kenntnis (unterste Zielstufe bei *Bloom*; deklaratives Wissen bei *Anderson; Krathwohl*) dieser Regeln einschließ-

[7] Vorläufig deshalb, da die empirische Prüfung dieses Modells noch aussteht. Ausführlicher zur Kompetenzdefinition siehe auch Kap. 4.2.4

lich des Wissens der Anwendungsverfahren (prozedurales Wissens) und andererseits bei einer flexiblen situationsadäquaten Anwendung auch deren Verständnis voraus. Die Anwendung kann bei bekannten Anwendungssituationen gegebenenfalls nach „Schema F“ erfolgen, in neuen Anwendungssituationen, in welchen z. B. eine neue Schaltung entwickelt oder analysiert (höherwertige Zielstufen bei *Bloom* und *Anderson; Krathwohl*) werden soll, sind die fachlichen Regeln flexibler anzuwenden, d. h. es steht kein nur nachvollziehbarer Schematismus der Regelanwendung zur Verfügung. An diesem Beispiel wird deutlich, dass die abstrakten Begrifflichkeiten mit Hilfe der feineren Ausdifferenzierung von *Bloom* u. a. konkretisiert werden können.

In den verschiedenen didaktischen Modellen und Konzepten werden die hier im Überblick vorgestellten Möglichkeiten der Zieldifferenzierung je spezifisch genutzt. In praktischer Absicht steht der Anreicherung der Modelle / Konzepte durch ausdifferenziertere Zielbeschreibungen als im Original gegebenenfalls enthalten in der Regel nichts entgegen.

## Aufgaben

1. Formulieren Sie zum Thema der Lehr- Lernziele jeweils eine Aufgabe, die auf dem Niveau der Reproduktion, der Reorganisation und dem Transfer anzusiedeln ist. Versuchen Sie diese Aufgaben selbst zu lösen.
2. Versuchen Sie zu den verschiedenen Lernzielstufen kognitiver Lehr-Lernziele jeweils ein Beispiel zu nennen.
3. Suchen Sie einen Lehrplan oder eine Ausbildungsordnung, die in Ihrer zukünftigen Arbeit eine Rolle spielen könnte und analysieren sie diese im Rückgriff auf die Bloomsche Taxonomie. (Welche Zieltypen kommen vor? Welches Niveau dominiert?)
4. Formulieren Sie jeweils eine Aufgabenstellung in der a) Wissen von Fakten, b) Wissen von Abstraktionen und c) die Fähigkeit zur Analyse abverlangt wird.
5. Beschreiben Sie mit eigenen Worten den Unterschied zwischen Qualifikation und Kompetenz. Welchem Lernzielniveau entspricht diese Aufgabe?
6. Füllen Sie die Felder der Lehr- Lernzieltaxonomie von *Anderson; Krathwohl* durch beispielhafte Beschreibungen.
7. Welche Möglichkeiten geben Ihnen diese Lehrziel-Klassifizierungen um das in Abschnitt 1.2 behandelte Beispiel zu reflektieren?

# 3 Didaktische Modelle und Konzepte im Überblick

Zwischen der didaktischen Theoriebildung in der allgemeinen und beruflichen Didaktik lassen sich Parallelen erkennen, die z. B. in der Wissenschaftsorientierung und der Aufnahme kritisch emanzipatorischen Gedankengutes in den 70er Jahren des 20. Jahrhunderts Ausdruck fanden. Die Relevanz allgemeiner Didaktikmodelle für die berufliche Bildung findet allerdings nicht nur in solchen Parallelentwicklungen, sondern primär im Anspruch allgemeiner Modellbildung Ausdruck, für die Gestaltung und Analyse von Lehr- Lernprozessen bzw. Unterricht generell Geltung zu besitzen.

Vor diesem Hintergrund scheint die Aufnahme allgemeiner Modelle in eine Einführung zur Didaktik beruflicher Bildung angezeigt. Das in der Nachkriegszeit entwickelte Spektrum solch allgemeiner Modelle der Didaktik ist äußerst breit. Besonderes Gewicht kommt wohl der bildungs- und lerntheoretischen Didaktik zu, die in ihren Weiterentwicklungen Impulse aus anderen Ansätzen aufnahmen (vgl. Schaubild 3):

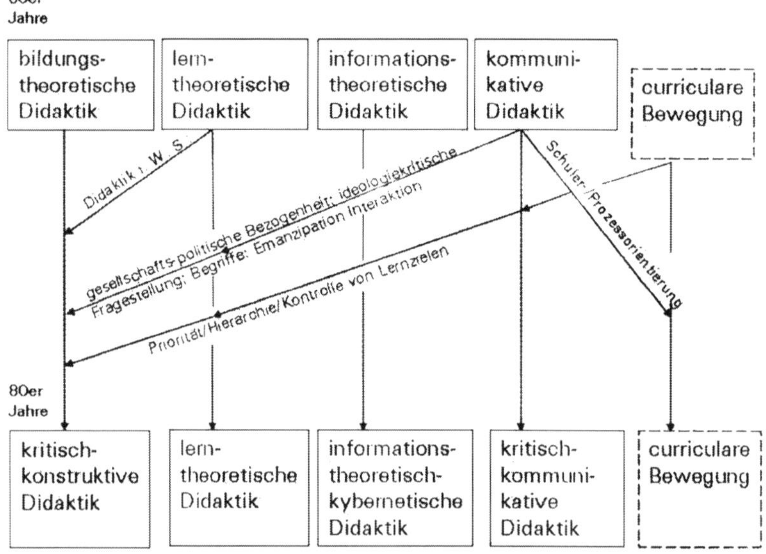


Abb. 3: Hauptlinien gegenseitiger Beeinflussung didaktischer Positionen (*Peterßen* 1992, S. 77)

Der Aussagegehalt dieser Didaktiken unterscheidet sich insbesondere in den Ursprungsfassungen in den 60er Jahren erheblich. Das gilt für den Umgang mit Normfragen ebenso wie für die Orientierungsleistungen, die damit bereitgestellt wurden. So bietet beispielsweise die bildungstheoretische Didaktik der 60er Jahre primär Hinweise zur Inhaltsauswahl, die lerntheoretische Didaktik Hinweise darauf, was bei der Gestaltung von Lehr- Lernprozessen zu berücksichtigen ist und die kommunikative Didaktik Anregungen zur Gestaltung der Interaktionsakte im Unterricht. In der bildungstheoretischen Didaktik dient als normativer Bezugspunkt der Bildungsgedanke, in der lerntheoretischen Didaktik wird bewusst auf normative Vorgaben für die Gestaltung von Lehr- Lernprozessen verzichtet und in der kommunikativen Didaktik ist die Förderung der Emanzipation leitend. Einen Sonderstatus nimmt die informationstheoretische Didaktik ein, die mit dem Anspruch antritt, für vorgegebene Lernziele optimale Handlungsweisen zu erarbeiten, die analog zu Regelkreisen konzipiert wurden. In Abschnitt 4.1 dieses Bandes werden lediglich die lern- und bildungstheoretische Didaktik ausführlicher thematisiert, da diesen einerseits die größte praktische Relevanz zu kommen dürfte und andererseits wesentliche Anstöße aus anderen Didaktiken in deren Weiterentwicklung Eingang fanden.

Sowohl das Spektrum allgemeindidaktischer Modelle als auch jenes berufsbezogener didaktischer Ansätze ist so breit, dass eine umfassende Darstellung in diesem Lehrbuch nicht möglich ist. Dies nötigt einerseits zu einer Auswahl und legt andererseits nahe, zunächst einen Überblick zur Verfügung zu stellen, der dem Leser die Möglichkeit gibt vernachlässigte Ansätze bedarfsbezogen selbst zu erschließen.

## 3.1 Theorien / Modelle allgemeiner Didaktik

*Kron* (2000) listet in seiner Einführung zur allgemeinen Didaktik 30 Theorien/ Modelle auf, die hinsichtlich ihrer inhaltlichen Ausrichtung in drei Gruppen unterteilbar sind. In der ersten Gruppe spielt der Bildungsbegriff als Leitgedanke eine wichtige Rolle. Zugeordnet werden hier 9 Theorien/Modelle, von welchen die bildungstheoretische Didaktik und die kritisch-konstruktive Didaktik, die beide von *Klafki* vorgelegt wurden, gemessen an der Rezeption, die herausragende Rolle spielen.

In der zweiten Gruppe wird statt auf den Bildungs- auf den Lernbegriff bzw. den Lernprozess oder auch auf Lernziele Bezug genommen: Hier ordnet *Kron* 14 Theorien/Modelle ein, die sich z. T. erheblich unterscheiden. Mit am stärksten rezipiert wird wohl die lerntheoretische Didaktik von *Heimann; Ott; Schulz*

(1965) und die von *Schulz* vorgelegte Weiterentwicklung, die er als Lehrtheoretische Didaktik bezeichnet (*Schulz* 1980, 1986). In gängigen Einführungen, die wohl auch in der Lehrerausbildung eine wesentliche Rolle spielen, werden aus dieser Gruppe häufig auch die curriculare Didaktik (*Möller* 1986) und die kybernetisch-informationstheoretische Didaktik von *Cube* ausführlicher behandelt (*von Cube* 1970). Zugeordnet ist zu dieser Gruppe auch die psychologische Didaktik *Aeblis* (*Aebli* 1963).

Die dritte Gruppe firmiert bei *Kron* (2000) unter dem Kriterium der Interaktion. Gemeinsam ist diesen Modellen / Theorien die Betonung der sozialen Beziehungen im Lehr- Lernprozess bzw. das auf Sinnverstehen ausgerichtete und aufeinander bezogene Handeln der am Unterricht beteiligten Akteure. Zugeordnet sind hier 7 Modelle / Theorien, von welchen wohl die kritisch-kommunikative Didaktik die prominenteste darstellt (*Schäfer; Schaller* 1976; *Winkel* 1980), die ihrerseits als Weiterentwicklung der kommunikativen Didaktik zu begreifen ist.

Von den hier hervorgehobenen didaktischen Modellen / Theorien kommt der kritisch-konstruktiven Didaktik Klafkis und der lehrtheoretischen Didaktik von *Schulz* die größte Bedeutung zu. In diese beiden Modelle fanden, wie oben bereits skizziert, auch wesentliche Gedanken der curricularen Didaktik und der kritisch-kommunikativen Didaktik Eingang, so dass es vertretenswert scheint, diesen Modellen in diesem Band besondere Aufmerksamkeit zu widmen. Die kybernetisch-informationstheoretische Didaktik, die curriculare Didaktik und die lerntheoretische Didaktik von *Heimann; Otto; Schulz* sind wissenschaftstheoretisch der empirischen Pädagogik zuzuordnen. Das bedeutet, dass auf den Anspruch, für die pädagogische Praxis Lehrziele zu begründen, bewusst verzichtet wird. Orientierungsleistungen zur Lehrzielproblematik werden in diesen Ansätzen vor allem zur Klassifizierung und Operationalisierung von Lehrzielen erbracht.

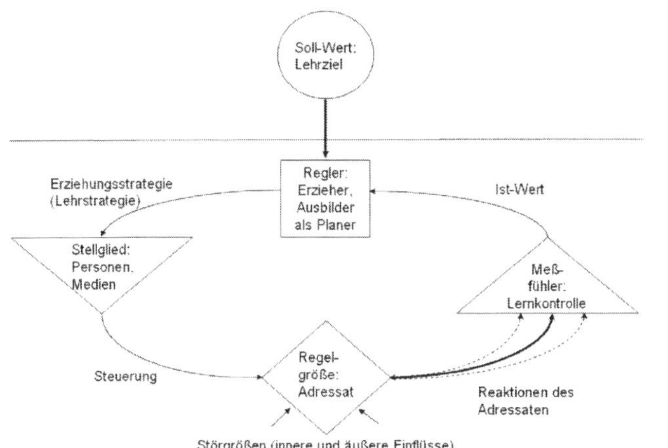


Abb. 4: Das kybernetisch-informationstheoretische Didaktikmodell (*Cube*, v. 1986, S. 49)

Den Kern der kybernetisch-informationstheoretischen Didaktik stellt ein Regelkreis dar, in den das Lehrziel von außen als Sollgröße eingebracht wird und in dem der Lehrende als „Regler" in Orientierung an dem Sollwert eine Lehrstrategie entwickelt und in der Personen und Medien als „Stellglieder" genutzt werden um den Lehr-Lernprozess zu steuern. Eventuell auftretende Ereignisse, die sich ungeplant dysfunktional auf das Lehr-Lerngeschehen auswirken (z.B. abweichendes Verhalten der Adressaten), werden als Störgröße einbezogen. Die Reaktionen der Adressaten bzw. deren Lernfortschritte werden systematisch als Istwerte erfasst und mit dem Sollwert verglichen. Sofern Abweichungen zwischen Ist- und Sollwert bestehen, beginnt der Durchlauf des Regelkreises erneut, wobei Neujustierungen der Stellglieder vorgenommen werden.

Im Mittelpunkt der curricularen Didaktik, die *Möller* auch als lernzielorientierte Didaktik bezeichnet (*Möller* 1986, S. 63), stehen operationalisierte Lernziele. Für die verschiedenen Lernzieltypen wurden Ordnungsschemata (Lernzieltaxonomien) erarbeitet, die eine hierarchische Einordnung der Lernziele erlauben[8]. Zur Entscheidung für auszuwählende Lernziele werden als mögliche Kriterien ausgewiesen: gesellschaftliche Anforderungen, basale menschliche Bedürfnisse, Bedeutsamkeit für das Fach und Erreichbarkeit (ebd. S. 70). Zur Relation von Lernzielen und Lehrmethoden greift *Möller* auf die von *Gage; Berliner* erstellte Ziel-Methoden-Matrix zurück (und verweist darüber hinaus auf Ergeb-

[8] Z.B. Wissen, Verstehen, Anwendung, Analyse, Synthese, Bewertung als aufsteigende Lehrziele (*Möller* 1987, S. 68, im Anschluss an *Bloom*), vgl. auch Abschnitt 2.3

nisse der ATI – Forschung (Aptitude – Treatment – Interaction)), aus der uns bekannt ist, dass sich je nach Ausprägung von Schülermerkmalen (Ängstlichkeit, kognitive Fähigkeiten) andere Lehrmethoden als vorteilhaft erweisen können (*Möller* 1986, S. 72 f.).

| Kategorien der Unterrichtsziele | Lehrmethoden | | | | |
|---|---|---|---|---|---|
| | Vortrag | Diskussion | Individuell ausgerichtet | Humanistisch | Unterrichtsgespräch |
| *Kognitive Ziele* | | | | | |
| 1. Kenntnisse | B | C | A | C | B |
| 2. Verständnis | B | B | A | C | B |
| 3. Anwendung | C | A | A | B | B |
| 4. Analyse | C | A | A | B | B |
| 5. Synthese | C | A | A | B | B |
| 6. Bewertung | D | A | C | B | B |
| *Affektive Ziele* | | | | | |
| 1. Aufnehmen | B | A | A | A | B |
| 2. Reagieren | D | A | B | A | B |
| 3. Werte bilden | B | A | D | A | B |
| 4. Organisation von Werten | B | B | D | A | B |
| 5. Charakterisierung durch Werte | D | B | D | A | B |
| *Psychomotorische Ziele* | | | | | |
| 1. grobe Körpermotorik | D | D | A | C | D |
| 2. Koordinierte Feinmotorik | D | D | A | C | D |
| 3. Nichtverbale, kommunikative Haltungen | D | B | C | A | B |
| 4. Sprachverhalten | D | A | C | B | B |
| A = ausgezeichnet; B = gut; C = mäßig; D = schlecht | | | | | |

Abb. 5: Annahmen zur Ziel- Methodenrelation (*Gage; Berliner* 1977, zitiert nach *Möller* 1986, S. 72)

Als zwingender Teil des Lehr-Lernprozesses erfolgt in der curricularen Didaktik die Lernzielkontrolle, deren Umsetzung durch eine operationalisierte Lernzielform erleichtert wird.

Im praktischen Feld werden der kybernetisch-informationstheoretische und der curriculare Ansatz gegenwärtig eher punktuell rezipiert. Weitaus größeres Gewicht kommt den Ansätzen von *Schulz* und *Klafki* zu, die unten ausführlich behandelt werden.

## Aufgaben

1. Versuchen Sie für die in der Ziel-Methoden Matrix angeführten Lernzieltypen jeweils ein konkretes Beispiel zu formulieren.
2. Setzen Sie sich mit dem oben skizzierten Regelkreis von *Cube* zur Steuerung von Lehr-Lernprozessen auseinander. Versuchen Sie jeweils die einzelnen Elemente des Regelkreises mit Beispielen zu konkretisieren (z. B. mit welchen „Messfühlern" kann eine Lernkontrolle durchgeführt werden). Wenn Unklarheiten und Zweifel bleiben, formulieren Sie diese und versuchen Sie dieselben durch die Lektüre von Originalliteratur auszuräumen.
3. In der von *Kron* (2000) vorgenommenen und hier wiedergegebenen Klassifikation didaktischer Modelle wird u. a. der Bildungs- und Lernbegriff zur Zuordnung von Modellen genutzt. Welche Implikationen könnten mit der Wahl des Bildungs- oder des Lernbegriffs als Leitorientierung für eine Didaktik verbunden sein?
4. Welche Methoden würden Sie im Anschluss an die obige Matrix zur Förderung der Analysefähigkeit nutzen?

## 3.2 Übersicht zu Theorien und Modellen beruflicher Didaktik

In diesem Abschnitt finden Sie eine Übersicht zu bereichs- und fachspezifischen Didaktiken, die vermutlich nicht alle Ihr Interesse finden.

**Aufgabe:** Erstellen Sie während der Lektüre des folgenden Abschnitts eine Übersicht zu den angeführten bereichs- bzw. fachspezifischen didaktischen Konzepten und den Quellen, die einen ersten Zugang zu den für Sie eventuell relevant werdenden Bereichen erschließen.

Wie im Bereich allgemeiner Didaktik gibt es auch hier eine Fülle von Theorien, Modellen und konzeptionellen Vorstellungen, die nur noch begrenzt in einem Lehrbuch dieses Umfangs zugänglich gemacht werden kann. Für Klassifikationsversuche liegt der Gedanke nahe, einerseits die oben ausgewiesenen Kriterien der Situationsorientierung, Wissenschaftsorientierung und Persönlichkeitsorientierung heranzuziehen und andererseits nach Gegenstandsfeldern z. B. zwischen Theorien der Wirtschaftsdidaktik und Technikdidaktik zu unterscheiden. Relativ häufig wurden die Aussagesysteme allerdings bezogen auf enger geschnittene Gegenstandsfelder entwickelt, so z. B. eingegrenzt auf die „Fachdidaktik Metalltechnik“[9], die „Unterrichtsmethodik Elektrotechnik“[10], die Didaktik der Technik[11] oder die Didaktik des Rechnungswesens (z. B. *Achtenhagen* 1990, *Reinisch* 1994) oder auf Didaktiken „allgemein bildender“ Fächer beruflicher Schulen[12] oder zugeschnitten auf Querschnittsthemen wie die „Didaktik einer sozio-informationstechnischen Bildung von *Euler* (*Euler* 1994). Daneben gibt es zahlreiche Partialtheorien, die Erkenntnisse zu ausgewählten Aspekten wie z. B. dem Motivationsgeschehen im wirtschaftskundlichen[13] oder auch elektrotechnischen[14] Unterricht bereitstellen. Für die Strukturierung beruflicher Didaktiken wird auch vorgeschlagen zwischen Didaktiken der Ausbildungsberufe, der Berufsfelder oder der Berufsausbildung allgemein zu unterscheiden[15]. In der didaktischen Forschung unterstellt man gegenwärtig die Notwendigkeit domänenspezifischer Aussagesysteme. Das bedeutet, dass bei der Gestaltung von Lehr- Lernprozessen im Bereich ökonomischen, elektrotechnischen, metalltechnischen usw. Wissens je eigene theoretische Modelle zu entwickeln und zu prüfen wären. *Bonz; Ott* nahmen in ihre Übersicht zu Fachdidaktiken des beruflichen Lernens je eigene Beiträge zu den Fachdidaktiken Elektrotechnik; Bau, Holz- und Gestaltungstechnik; Wirtschaft- und Verwaltung, Ernährung und Hauswirtschaft, Pflege, Gesundheit, Kosmetologie, politische Bildung für berufliche Schulen und Sozialpädagogik auf (*Bonz; Ott* 1998). Zur Fachdidaktik Metall wurde kurze Zeit später von *Bader*; *Bonz* ein eigener Band herausgebracht (*Bader; Bonz* 2001).

Zur historischen Entwicklung didaktischen Denkens im Bereich beruflicher Bildung geben beispielsweise *Pätzold* 1992, speziell nur Wirtschaftsdidaktik *Czycholl* 1974 oder zur Didaktik des Rechnungswesens *Reinisch* 1994 aufschlussreiche Übersichten. In den gegenwärtigen Entwürfen, Konzepten etc. sind eher vereinzelt engere Verbindungen zu den historischen Entwürfen erkennbar. Am deutlichsten wurde wohl reformpädagogisches Denken in den beiden letzten Jahrzehnten aktualisiert. Vor allem im praktischen Feld sind auch Vorstellungen zur methodischen Unterrichtsgestaltung in Form fragend-entwickelnden Unterrichts, wie sie z. B. *Hartmann* in den 20er Jahren des vorigen Jahrhunderts entwickelte, nach wie vor wirksam.

[9] Zur aktuellen Diskussion vgl. z. B. *Bader; Bonz* 2001

[10] Vgl. z. B. die aus DDR-Zeiten stammende Publikation von *Rose; Thomas* 1986

[11] Vgl. z. B. Zinn; Tenberg; Pittich 2018

[12] Vgl. z. B. *Henkel* 1991 zur Politischen Bildung oder *Grundmann* 1990 für den Deutschunterricht

[13] Vgl. z. B. *Sembill* u. a. 1998, *Prenzel* u. a. 1996, 1998

[14] Vgl. z. B. *Nickolaus; Heinzmann; Knöll* 2005

[15] In Anlehnung an *Pahl* 2002, S. 55

Unübersehbar haben die didaktischen Entwicklungen der 70er Jahre heute noch Einfluss auf die didaktische Theoriebildung. Das gilt z. B. für curriculumtheoretische Arbeiten jener Zeit, hervorzuheben sind dabei die Arbeiten von *Robinsohn* und dem Deutschen Bildungsrat, die von Seiten der Berufs- und Wirtschaftspädagogik aufgenommen und bezogen auf das eigene Gegenstandsfeld ausgestaltet wurden. Aus dieser Zeit stammt auch der weitgehende Konsens zum Leitziel beruflicher Bildung, das mit (beruflicher) Mündigkeit umschrieben werden kann. Inhaltlich ist damit die Vorstellung verbunden, in der Berufsausbildung seien jene Kompetenzen zu entwickeln, die einerseits nötig sind um die vorgefundenen Anforderungen im Beruf und der Gesellschaft zu bewältigen und andererseits darüber hinaus zur aktiven Partizipation an der Weiterentwicklung beruflicher und gesellschaftlicher Bedingungen befähigen.

Die aktuelle Diskussion wird berufsfeldübergreifend stark durch das Lernfeldkonzept[16] und das Konzept der Handlungsorientierung[17] bestimmt. Vorausgegangen war diesen eine intensive Diskussion zur Vorstellung, auf die nur schwer prognostizierbaren und einem beständigen Wandel unterworfenen Qualifikationsanforderungen durch die Vermittlung von „Schlüsselqualifikationen“[18] vorzubereiten. Zum Teil in Konkurrenz – zum Teil auch ergänzend zu diesen gegenwärtig dominierenden berufsfeldübergreifenden konzeptionellen Vorstellungen sind einerseits ebenfalls berufsfeldübergreifende Alternativkonzepte auszumachen, wie der Strukturgitteransatz der Münsteraner Schule (*Blankertz, Kutscha, Kell* u. a.) oder die didaktische Reduktion (*Hering* Nachdruck 1998, *Grüner* 1978), andererseits gibt es vielfältige berufsfeldspezifische oder auch fachspezifische Ansätze (s. o.).

Im gewerblich-technischen Bereich unterscheidet *Lipsmeier* (*Lipsmeier* 1995) z. B. zwischen einer integrativ-ganzheitlichen, einer wissenschaftsorientierten, einer strukturtheoretischen, einer gestaltungsorientierten, einer systemtheoretischen Technikdidaktik und zwei Varianten, in welchen mit der Betonung experimentellen bzw. problemlösenden Lernens Merkmale des Unterrichtsprozesses in den Vordergrund gerückt werden[19]. Nach wie vor kommt auch der didaktischen Reduktion, die von *Grüner* als Kernstück der Didaktik bezeichnet wurde, wesentliche Bedeutung zu. Ausdruck findet das zum Beispiel in dem von

[16] *Bader; Schäfer* 1998, *Huisinga; Lisop; Speier* 1999, *Sloane* 2001, vgl. auch Abschnitt 4.2.5

[17] Vgl. Abschnitt 4.2.4

[18] *Mertens* 1974, *Reetz* 1990, vgl. Abschnitt 4.2.4

[19] Der von *Bonz; Ott* 2003 herausgegebene Übersichtsband zu Theorieansätzen der Technikdidaktik weist mit der „ganzheitlichen“ Technikdidaktik von *Ott* einen weiteren Ansatz aus (Bonz/Ott 2003).

*Ahlborn; Pahl* (1998) herausgegebenen Sammelband zur didaktischen Vereinfachung, in dem sie das Werk Herings aus der heutigen Perspektive würdigen.

Für das Berufsfeld Wirtschaft liegen z. B. von *Achtenhagen* (1984), *Huisinga; Lisop* (1999), *Reetz* (1984), *Sesink* (1994), *Speth* (2004) *Twardy* (1983), *Zabeck* (1984), *Euler* (2004) konzeptionelle Vorstellungen vor. Einen Überblick zur Entwicklung wirtschaftsdidaktischen Denkens bis zur Mitte der 70er Jahre des vorigen Jahrhunderts gibt z. B. *Czycholl* (1974). In aktuellen Übersichten zur Wirtschaftsdidaktik werden z. T. primär das Lernfeldkonzept und das Konzept der Handlungsorientierung, d. h. berufsfeldübergreifende Ansätze aufgenommen, ergänzt durch Ansätze aus der Instruktionspsychologie, in welchen die effektive Gestaltung von Lehr- Lernprozessen im Vordergrund steht (*Rebmann* 1998). Zum Teil wird das Spektrum der skizzierten Ansätze deutlich erweitert, wie bei *Huisinga; Lisop*, die über die von *Rebemann* thematisierten Ansätze hinaus den Strukturgitteransatz der Münsteraner Schule, bzw. einschlägige Adaptionen für die berufliche Bildung (*Kutscha* 1976), Dauenhauers Vorstellungen zur Auswahl von Lehrinhalten und deren Aufbereitung (*Dauenhauer* 1978), das Curriculumkonzept von *Reetz*, den Schlüsselqualifikationsansatz von *Mertens*, die antizipierende Didaktik von *Zabeck*, Didaktik als Entscheidungstheorie von *Achtenhagen* und schließlich die arbeitsorientierte Exemplarik von Lisop und *Huisinga* skizzieren.

Der größte Teil der hier angeführten didaktischen Ansätze wurde vor allem im Blick auf die Gestaltung von Lehr- Lernprozessen an beruflichen Schulen entwickelt. Eher randständig wurden dabei Lehr- Lernprozesse im betrieblichen Teil der Berufsausbildung thematisiert. In der handwerklichen bzw. kleinbetrieblichen Ausbildung kommt nach wie vor dem traditionellen „Imitationslernen" gestützt durch bedarfsbezogene Anleitungen erhebliche Bedeutung zu. Seit den 70er Jahren des 20. Jahrhunderts wurde diese Form des Kompetenzerwerbs (über die schulische Ergänzung hinaus) durch mehr oder weniger umfangreiche systematische Ausbildungselemente ergänzt, die in überbetrieblichen Ausbildungseinrichtungen angeboten werden. Konzeptionell orientierte sich die Ausbildung in den überbetrieblichen Einrichtungen ähnlich wie in der systematischen Ausbildung von Groß- und Mittelbetrieben an der Vier-Stufen-Methode, die in den 80er Jahren einerseits weiterentwickelt und andererseits zunehmend durch projektorientierte Ansätze ergänzt wurde. Die zunehmende Berücksichtigung projektorientierter Ansätze in der systematischen betrieblichen Ausbildung lässt sich über die Berufsfelder hinweg seit den 80er Jahren feststellen. Die Ausprägungsformen wie z. B. Übungsfirmen / Juniorenformen, Projektausbildung, Leittextmethode, Lerninseln etc. sind vielfältig, gemeinsam ist ihnen die vollständige Bearbeitung mehr oder weniger komplexer Aufträge. Die Planung und Fertigung funktionsfähiger und brauchbarer technischer Produkte, die Bearbeitung von Geschäftsprozessen etc. variieren zwar in Abhängigkeit von den Berufsfeldern, gemeinsam ist ihnen jedoch der Gedanke, den Auszubildenden an möglichst „ganzheitlichen" auch Theorie- und Praxis verbindenden Arbeits- bzw. Lernaufgaben den Erwerb von Handlungskompetenz zu ermöglichen. Berührt ist von diesen Entwicklungen auch das Verhältnis schulischer und betrieblicher Ausbildung, da die traditionelle Arbeitsteilung in Frage gestellt wird. Übersichten zu Konzepten betrieblicher Ausbildung geben *Greinert* (1997) und *Schelten* (2005) und *Dehnbostel* (2010).

Neuerdings richtet sich das Interesse verstärkt auf das Lernen im Arbeitsprozess (vgl. z.B. *Fischer* 2000; Severing 2003) und das „Lernen von Organisationen" (Organisationslernen). Letzteres wird vor allem im Kontext beständiger Wandlungsprozesse in den Unternehmen thematisiert, die ohne Verhaltensänderungen auf individueller und institutioneller Ebene nicht bewältigt werden können.

In den neueren didaktischen Ansätzen findet sich häufig „konstruktivistisches" Gedankengut. Im Konstruktivismus wird unterstellt, dass jedes Individuum eine je eigene Konstruktion der Wirklichkeit vornimmt (*Siebert* 1999; *Riedl* 2011). Lernen wird vor diesem Hintergrund als aktiver und konstruktiver Prozess gedeutet. Den Lehrenden wird dabei die Aufgabe zugedacht, günstige Rahmenbedingungen zu arrangieren, die es den Lernenden erleichtern, ihren Lern- bzw. Konstruktionsprozess voran zu treiben. Beispielhaft steht dafür das in diesem Band behandelte Konzept der Handlungsorientierung.

Von der Menge der hier angeführten konzeptionellen Vorstellungen werden in diesem Band ausschließlich berufsfeldübergreifende Varianten vorgestellt, zu berufsfeldspezifischen Ansätzen kann hier nur auf die oben angeführte Literatur verwiesen werden. Diese Einschränkung scheint zweckmäßig, da nur so eine etwas ausführlichere Darstellung möglich wird, die auch die Orientierungspotentiale des Einzelansatzes sichtbar werden lässt.

Ausgewählt wurden dazu folgende Konzepte:

- Wissenschaftsorientierte Ansätze unter besonderer Berücksichtigung der didaktischen Reduktion
- Der gestaltungsorientierte Ansatz
- Das Konzept der SQ und der Handlungsorientierung und
- das Lernfeldkonzept.

Da in all diesen Konzepten, einschließlich den allgemeinen didaktischen Modellen, nur begrenzt die Gestaltung der Interaktionsprozesse im Unterricht und in Darstellungen zu Lehrmethoden eher strukturelle Merkmale als deren Implikationen für das Interaktionsgeschehen thematisiert werden, für Lehrende ein Wissen über das Interaktionsgeschehen jedoch unerlässlich scheint, wird in einem weiteren Kapitel (5.2) dieser Thematik ergänzend nachgegangen.

### Aufgabe

Prüfen Sie, ob zu den von Ihnen zu Beginn des Kapitels für Sie als besonders relevant erachteten Bereichen Hinweise in diesem Abschnitt vorhanden waren und verschaffen Sie sich einen Überblick, was in den angeführten, für Sie eventuell relevanten Veröffentlichungen behandelt wird, bzw. zu welchen didaktischen Problemen Sie dort Orientierung finden können.

# 4 Ausgewählte Modelle und Konzepte der Didaktik und ihre Orientierungsleistungen

Die einzelnen Modelle und Konzepte bieten je eigene Orientierungsleistungen für das praktisch-pädagogische Handeln. Ziel Ihrer Lektüre könnte vor diesem Hintergrund z. B. sein, am Ende einzelner Abschnitte zu reflektieren, welche praktische Bedeutsamkeit die darin enthaltenen Aussagen besitzen bzw. besitzen könnten. Als hilfreich dürfte sich auch erweisen zu prüfen, inwieweit die in Abb. 1 enthaltenen Elemente und deren Beziehungen thematisiert werden und ob das in Abschnitt 1.2 skizzierte Beispiel vor dem Hintergrund des jeweiligen Theorieanschnitts ertragreich reflektiert werden kann. Kopieren Sie sich dazu Abb. 1 und das in Abschnitt 1.2 skizzierte Beispiel, damit Sie die Bezüge vor Augen haben.

## 4.1 Modelle der allgemeinen Didaktik und ihre Orientierungsleistungen zur Gestaltung und Analyse beruflicher Lehr-Lernprozesse und einschlägiger Theorien

**Aufgaben**

1. Überlegen Sie, nach welchen Kriterien Sie selbst Lehrinhalte auswählen würden und begründen Sie die Wahl der Kriterien.
2. Welche Aspekte sollten nach Ihrer Einschätzung bei der Gestaltung von Lehr- Lernprozessen / Unterricht generell berücksichtigt werden? (Bearbeiten Sie beide Aufgaben vor der Lektüre der folgenden Abschnitte schriftlich!)

### 4.1.1 Bildungstheoretische Didaktik (*Klafki*)

Die bildungstheoretische Didaktik ist geisteswissenschaftlichen Ursprungs und wurde in ihrer aktuellen Ausformung vor allem von Wolfgang *Klafki* entwickelt. *Klafki* legte zwei Theorieentwürfe vor, die „Bildungstheoretische Didaktik" und die „kritisch-konstruktive Didaktik", wobei letztere als Weiterentwicklung der Bildungstheoretischen Didaktik zu sehen ist, in die zentrale Aspekte anderer Theorieentwürfe, wie z. B. jener der Lerntheoretischen Didaktik (s. u.) und der kritisch-kommunikativen Didaktik einflossen. Im Mittelpunkt steht bei der bildungstheoretischen Didaktik die Frage, nach welchen Gesichtspunkten Bildungsinhalte bestimmt und ausgewählt werden können. Zentraler Bezugspunkt ist dafür die Vorstellung, die Bildung des Individuums zu fördern, die sich durch die Begegnung des Menschen mit der kulturellen Wirklichkeit vollzieht. Die in früheren bildungstheoretischen Vorstellungen vorfindliche Entgegensetzung formaler Bildung als Ausformung von körperlichen, seelischen und geistigen Kräften (Fähigkeiten) und materialer Bildung als die Aneignung von Wissen, versucht *Klafki* zu überwinden, indem er an die Stelle des „Entweder oder“ ein „Sowohl als auch“ setzt, mit dem Verweis, die Aneignung von Inhalten (Wissen) gehe immer auch mit der Ausbildung von Kräften bzw. Fähigkeiten einher und umgekehrt sei die Ausbildung von Kräften nur über die Auseinandersetzung mit Inhalten möglich. Für die Verknüpfung von materialer und formaler Bildung verwendet *Klafki* den Begriff der kategorialen Bildung, die sich nach seinen Vorstellungen in einer doppelseitigen Erschließung[20] vollzieht (*Klafki* 1963, S. 27 ff.).

Wenn sich die kategoriale Bildung des Menschen durch die Begegnung mit der Wirklichkeit vollzieht, so stellt sich für den Pädagogen, der diesen Prozess fördern will, die zentrale Frage, mit welchen Ausschnitten der Wirklichkeit, d. h. mit welchen Inhalten die Lernenden konfrontiert werden sollen. Zur weiteren Klärung dieser Frage, die nie endgültig geklärt werden kann, da sich die kulturelle Wirklichkeit beständig verändert, stellt *Klafki* in Form der Didaktischen Analyse einen „Leitfaden“ zur Verfügung, den Lehrende bei der Vorbereitung von Lehreinheiten oder auch zu deren nachträglicher Analyse nutzen können.

Dieser Leitfaden besteht aus fünf Leitfragen, die ihrerseits weiter ausdifferenziert werden.

I. Welchen größeren bzw. welchen allgemeinen Sinn- oder Sachzusammenhang vertritt und erschließt dieser Inhalt? Welches Urphänomen oder Grundprinzip, welches Gesetz, Kriterium, Problem, welche Methode, Technik oder Haltung lässt sich in der Auseinandersetzung mit ihm exemplarisch erfassen? (Exemplarität)

II. Welche Bedeutung hat der betreffende Inhalt bzw. die an diesem Thema zu gewinnende Erfahrung, Erkenntnis, Fähigkeit oder Fertigkeit bereits im geistigen Leben der Kinder meiner Klasse, welche Bedeutung sollte er – vom pädagogischen Gesichtspunkt aus gesehen – darin haben? (Gegenwartsbedeutung)

III. Worin liegt die Bedeutung des Themas für die Zukunft der Kinder? (Zukunftsbedeutung)

[20] Dem Mensch erschließt sich die Wirklichkeit und zugleich wird er für die Wirklichkeit erschlossen.

IV. Welches ist die Struktur des (durch die Fragen I, II und III in die spezifisch pädagogische Sicht gerückten) Inhaltes? (Inhaltliche Struktur)

V. Welches sind die besonderen Fälle, Phänomene, Situationen, Versuche, (Personen, Ereignisse, Formelemente), in oder an denen die Struktur des jeweiligen Inhaltes den Kindern dieser Bildungsstufe, dieser Klasse interessant, fragwürdig, begreiflich, „anschaulich" werden kann? (Zugänglichkeit) (*Klafki* 1963, S. 135 ff.).

Dem ersten Fragekomplex liegt der Gedanke zugrunde, dass in systematischen Lehr-Lernprozessen nicht alles Wissenswerte gelehrt werden kann und sich deshalb unabweisbar die Frage stelle, welche Lehrinhalte geeignet seien Ausschnitte der Realität exemplarisch zu erschließen.

Der zweite und dritte Fragekomplex resultiert aus dem Bestreben die zentrale Leitnorm des Ansatzes einzulösen, nämlich didaktisches Handeln in Verantwortung gegenüber dem Heranwachsenden auszugestalten. Die Verantwortung gegenüber dem Lernenden schließt für *Klafki* ein, dass dessen Anspruch auf eine erfüllte Gegenwart ernst genommen wird und er zugleich auf die Zukunft vorbereit werden muss (*Klafki* 1963, S. 101 ff.).

Bezogen auf den vierten Fragekomplex verweist *Klafki* darauf, dass die Auseinandersetzung mit ausgewählten Inhalten nur dann bildend wirken könne, wenn einerseits an der Verständnisebene des Lernenden angeknüpft und andererseits die Struktur des Inhaltsbereichs angemessen berücksichtigt wird (ebd. S. 138). Die obige allgemeine Frage zur inhaltlichen Struktur wird von *Klafki* durch Teilfragen untersetzt:

1. Welches sind die einzelnen Momente des Inhalts als eines Sinnzusammenhanges?
2. In welchem Zusammenhang stehen diese einzelnen Momente (logisch bzw. faktisch)?
3. Ist der betreffende Inhalt geschichtet? Hat er verschiedene Sinn- und Bedeutungsschichten und in welchem Zusammenhang stehen diese?
4. In welchem größeren sachlichen Zusammenhang steht dieser Inhalt und was muss sachlich vorausgegangen sein?
5. Welche Eigentümlichkeiten des Inhalts werden den Lernenden den Zugang zur Sache vermutlich schwer machen?
6. Was hat als notwendiger, festzuhaltender Wissensbesitz (Mindestwissen) zu gelten, wenn der im Vorausgegangenen bestimmte Bildungsinhalt als angeeignet, als „lebendiger", „arbeitender" geistiger Besitz gelten soll?

Die Bedeutung der von *Klafki* aufgeworfenen Frage nach strukturellen Merkmalen eines Inhalts kann auch lernpsychologisch verdeutlicht werden, da sich einerseits „Strukturiertheit" als Qualitätsmerkmal von Unterricht generell empirisch als lernrelevant bestätigen lässt und andererseits die Struktur des Ausgangswissens der Lernenden, in die das zu Lernende eingefügt (Assimilation) oder die durch das neu zu Lernende restrukturiert wird (Akkomodation) als mächtiger Prädiktor des Lernerfolgs fungiert.

Zum fünften Fragekomplex nach der Zugänglichkeit knüpft *Klafki* an *Roth* an bzw. an dessen Vorschlag die Lernenden möglichst mit der Originalsituation zu konfrontieren, aus der eine Erkenntnis hervorging. Verbunden ist damit die Erwartung positiver motivationaler Effekte. Auch diese Frage wird von *Klafki* weiter untersetzt:

1. Welche Sachverhalte, Phänomene, Situationen, Versuche etc. sind geeignet, die auf das Wesen des jeweiligen Inhalts, auf seine Struktur gerichtete Fragestellung in den Lernenden zu wecken, jene Fragestellung, die gleichsam den Motor des Unterrichtsverlaufes darstellen soll?
2. Welche Anschauungen, Hinweise, Situationen, Versuche etc. sind geeignet, den Lernenden dazu zu verhelfen, möglichst selbständig die auf das Wesentliche der Sache, des Problems gerichtete Fragestellung zu beantworten?
3. Welche Situationen und Aufgaben sind geeignet, das am exemplarischen Beispiel, am elementaren Fall erfasste Prinzip einer Sache, die Struktur eines Inhalts fruchtbar werden, in der Anwendung sich bewähren und damit üben zu lassen? (ebd., S. 140 ff.).

## Kommentar

Mit diesen Leitfragen steht ein wertvoller Orientierungsrahmen zur Verfügung, der generell hilfreich für die Analyse und Planung von Lehr-Lernprozessen sein kann, indem der Blick auf zentrale, einer Klärung bedürftige Aspekte gelenkt wird. Die Klärung dieser Fragen muss notwendigerweise immer wieder bezogen auf die jeweilige Situation erfolgen.

Eine wesentliche Schwäche des Ansatzes besteht darin, dass letztlich vieles offen bleibt, das nicht allein über systematisierende, logische Überlegungen und subjektive Erfahrungen erschlossen werden kann, sondern empirische Analysen notwendig macht, die der Lehrende i. d. R. nicht selbst durchführen kann und die er zum Teil auch in der wissenschaftlichen Literatur nicht in der Form auffindet, wie er sie für praktische Entscheidungen benötigt. So hat sich z. B. die Frage nach der Exemplarität als hoch komplex erwiesen, denn selbst wenn an speziellen Inhalten prinzipiell allgemeine Sinn- oder Sachzusammenhängen erkannt werden können, ist keineswegs gesichert, dass diese auch erkannt werden. Ergebnisse aus der Lehr-Lernforschung zeigen vielmehr, dass Lernende erhebliche Probleme haben, Wissen, das in einem situativen Kontext erworben wurde (z. B. das Vorgehen bei Fehleranalysen in technischen Systemen) auf andere Kontexte, z. B. andere technische Systeme zu übertragen. Im Anschluss an theoretische Überlegungen und empirische Befunde geht man gegenwärtig davon aus, die Transferfähigkeit des Wissens sei abhängig von:

- dem Niveau des Wissens bzw. der Wissenstiefe (Verständnis) und der Art des Lernens, wobei sich problemorientiertes Lernen für den Transfer als vorteilhafter erweise als faktenorientiertes Lernen.
- Authentischen Anwendungsaufgaben, wobei zu beachten bleibt, dass rein kontextualisierte Information den Transfer behindern kann.
- Multiplen Kontexten zur Flexibilisierung des Wissens.
- Abstrakten Problemrepräsentationen, die vom Konkreten zum Abstrakten erworben werden.
- Dem Ausmaß gemeinsamer Elemente von Lern- und Transferaufgaben.
- Metakognitionen, die den Lernenden die Möglichkeit geben, ihre Lern- und Lösungsstrategien zu überwachen, zu reflektieren und zu verbessern, wobei sich diese in hohem Maße als domänenabhängig erweisen.
- Der Motivation, die aufzubringen ist, um sich mit der Lösung auseinander zu setzen, und
- den (relevanten) Vorerfahrungen der Lernenden, die aktiviert werden müssen (*Bendorf* 2002, S. 161 ff.).

Die Absicherung dieser Annahmen ist z. T. noch nicht in jeder Hinsicht befriedigend[21] und die konkrete Umsetzung ist eine ernste Herausforderung, zu deren Bewältigung weitere Forschungen nötig sind.

Auch die erste Teilfrage zur Gegenwartsbedeutung bedarf der empirischen Fundierung. Als höchst komplex erweist sich in der Praxis das in der Leitfrage zur Gegenwartsbedeutung angedeutete Spannungsfeld zwischen vorfindlichen und

[21] So ergaben sich z. B. in einer Untersuchung zur Problemlösefähigkeit in der gewerblich-technischen Grundbildung ungünstigere Transferleistungen der handlungsorientiert unterrichteten Auszubildenden (*Nickolaus; Heinzmann; Knöll* 2005) und in einer Studie zur Förderung des mathematischen Verständnisses in der Grundschule zeigten jene Klassen, in welchen ein Interventionsprogramm, das durch abstrakt-symbolische Aktivitäten gekennzeichnet war, günstigere Lernzuwächse als Lernende, die mit einem handlungsorientiert-alltagsnahen Interventionsprogramm beaufschlagt wurden (*Hasemann; Stern* 2002).

pädagogisch wünschenswerten Bedeutungszuschreibungen (bei den Lernenden), die im pädagogischen Alltag z. B. in Form von Motivationsproblemen der Lernenden in Erscheinung treten. In dualen Varianten beruflicher Bildung verfügen die Lernenden über eigene, betriebsspezifische Erfahrungen zur Gegenwartsbedeutung schulischer Lehrangebote, die vermutlich mit dafür verantwortlich sind, dass in der betrieblichen Ausbildung die Motivationsausprägung in der Regel günstiger ist als in der Berufsschule (*Prenzel* u. a. 1996, 1998). Zur Abhängigkeit der Motivation von den Lernbedingungen siehe auch Abschnitt 5.

Zur Zukunftsbedeutung von Lerninhalten bieten im Bereich beruflicher Bildung die Arbeiten zur Qualifikationsentwicklung Orientierung, die *Mertens*[22] 1974 so zusammenfasste, dass es nicht möglich sei künftige Qualifikationsanforderungen zu prognostizieren, weshalb jene Fähigkeiten und Kenntnisse (SQ) zu vermitteln seien, die die Möglichkeit eröffnen das einem beständigen Wandel unterworfene Wissen selbst zu erschließen (s. u.). Die Forschungsergebnisse der letzten Dekaden dokumentieren einerseits einen strukturellen Wandel, der global zu quantitativen Verschiebungen der Beschäftigtenanteile im primären, sekundären und tertiären Sektor führt und durch wachsende Anteile akademischer sowie sinkender Anteile angelernter Beschäftigten gekennzeichnet ist (*Reinberg* 1999; Datenreport zum Berufsbildungsbericht 2017). Zur qualitativen Entwicklung der Anforderungen liegen ebenfalls zahlreiche Untersuchungen vor, die geeignet sind, für didaktische Entscheidungen Orientierung zu geben[23].

Einen neuen Schub erhielt die Forschung zur Entwicklung der Qualifikationsanforderungen durch die unter dem Schlagwort Industrie 4.0 zusammengefassten Entwicklungsprozesse in der Arbeitswelt. Gekennzeichnet sind diese u. a. durch systematische IT gestützte Vernetzungen der Informations- und Produktionsabläufe, die zugleich mit geänderten Anforderungen an die Beschäftigten auf allen Qualifikationsebenen einhergehen (vgl. z. B. *acatech* 2016).

Während Mitte der 80er Jahre u. a. im Anschluss an Untersuchungen von *Kern*; *Schumann* (1984) und *Baethge*; *Overbeck* (1986) die Annahme leitend war, dass die Anforderungen an die Beschäftigten sowohl im Produktionsbereich als auch im Dienstleistungsbereich verursacht durch Veränderungen in der Arbeitsorga-

[22] *Mertens* 1974. *Mertens* war damals Direktor des Instituts für Arbeitsmarks- und Berufsforschung.

[23] Zu den neueren Debatten im Kontext von Industrie 4.0 siehe z. B. *acatech* 2016; *Spöttl* 2016; *Zinke; Schenk; Wasiljew* 2014; zu den die didaktischen Entwicklungen stark beeinflussenden Annahmen in den 90er Jahren und um die Jahrtausendwende siehe z. B. *Frackmann* 2001, die u. a. fachübergreifenden Kompetenzen und der Fähigkeit, eigenständig den Wandlungsprozess zu bewältigen, größere Bedeutung zuschreibt.

nisation steigen und die Tätigkeits- und Entscheidungsspielräume zunehmen, gaben Untersuchungen zu Beginn des neuen Jahrtausends eher Anlass zu skeptischeren Einschätzungen (*Baethge* 2004). Im berufspädagogischen Bereich führten diese skeptischeren Einschätzungen in den Arbeitswissenschaften jedoch zu keinen Modifikationen des didaktischen Denkens. Gegenwärtig und im Kontext von Industrie 4.0 findet man in der Forschungsliteratur einerseits erneut die Aussage, die Qualifikationsanforderungen würden auch auf der mittleren Qualifikationsebene weiter steigen und andererseits die These, es käme zu einer Polarisierung der Qualifikationsanforderungen, d. h., das mittlere Qualifikationssegment werde zugunsten des oberen und unteren Segments an Bedeutung verlieren.

Im Kontext bildungstheoretischen Gedankengutes wäre es verfehlt, allein die gesellschaftlichen bzw. ökonomischen Anforderungssituationen als Referenzkriterium zur Bestimmung des zukünftig Relevanten zu nutzen, ist doch die individuelle Bezugsnorm, d. h. der Rekurs auf die Entfaltung des Individuums (Bildung) zentraler Bezugspunkt des theoretischen Entwurfs. Für den Berufs- und Wirtschaftspädagogen, der *Klafkis* Theorienentwurf ernst nimmt, ist deshalb die Frage relevant, in welchen beruflichen Anforderungssituationen sich Individuen günstig entwickeln und wie darauf vorbereitet werden kann. Die empirische Befundlage zur Beantwortung dieser Frage ist in sich weitgehend konsistent und befriedigend. Als persönlichkeitsförderlich erweisen sich abwechslungsreiche und komplexe Tätigkeiten, die Experimentierchancen und Möglichkeiten zu kollegialen Kommunikations- und Interaktionsformen geben und demokratische Entscheidungsverfahren zulassen (*Lempert* 1977, S. 312). Siehe dazu insbesondere auch den 5. Band dieser Lehrbuchreihe. Um den Lernenden perspektivisch in der Arbeitswelt eine günstige Persönlichkeitsentwicklung zu ermöglichen, sind sie im Anschluss an *Klafki* darauf vorzubereiten, dass sie solch persönlichkeitsförderliche Anforderungssituationen ausfüllen und dort, wo sie nicht gegeben sind, auf deren Herstellung hinwirken können (*Nickolaus* 1998, S. 297 ff.). Zur Realisierung einer solchen Zielperspektive sind zumindest drei Barrieren zu überwinden:

a) Solch hoch gesteckten Lehrziele werden in der Praxis in aller Regel nur von einem kleinen Teil der Lernenden erreicht.

b) Im Bereich der beruflichen Bildung sind bei Diskrepanzen zwischen pädagogisch Wünschenswertem und ökonomisch Präferiertem in der Regel die ökonomischen Kalküle mächtiger.

c) Die (bereichsspezifische) Konkretisierung solch globaler Zielsetzungen steht z. T. aus bzw. stellt eine unbewältigte Herausforderung dar, die, soll sie tragfähig bewältigt werden, durch umfassende Evaluationsanstrengungen zu begleiten ist, die von Einzelnen nicht bewältigt werden können.

Zur inhaltlichen Struktur stellen einerseits die in den wissenschaftlichen Disziplinen und bei einschlägigen Experten akkumulierten Wissensbestände und andererseits die Wissensstruktur der Lernenden zentrale Bezugspunkte dar. Für Lehrende scheint vor diesem Hintergrund die eigene Expertise in beiden Feldern notwendig. Bei stark durch das Situationsprinzip gekennzeichneten didaktischen Ansätzen stellt sich vor allem die Frage, wie z. B. über arbeitsprozessbezogene Aufgaben das notwendige systematische, in sich strukturierte Wissen erarbeitet werden kann. Wichtig ist in diesem Kontext u. a. das Wissen, welche Lernpotentiale den Aufgaben zukommt und welche Schwierigkeitsmerkmale die Aufgaben kennzeichnen bzw. für die Lernenden besonders herausfordernd sind (vgl. z. B. *Nickolaus* 2014).

Zur Frage nach der Zugänglichkeit bieten beispielsweise auch die Arbeiten von Ausubel und Bruner weiterführende Hinweise[24]. Zentral sind in diesem Kontext die Ergebnisse domänenspezifischer Lehr-Lernforschung, die einerseits wichtige Hinweise für praktische Entscheidungssituationen bereitstellt, andererseits jedoch noch manche Frage offen lässt.

Dieser knappe, eher allgemein gehaltene, berufspädagogisch ausgerichtete Reflexionsversuch im Anschluss an Klafkis Leitfragen zur didaktischen Analyse, soll hier das Orientierungspotential dieser Leitfragen partiell veranschaulichen. Nutzt man nicht nur die generellen Leitfragen, sondern deren Ausdifferenzierungen, so wird das Orientierungspotential noch deutlicher.

## Aufgaben

1. Nehmen Sie einen Vergleich Ihren eigenen Überlegungen, die Sie zu Beginn des Abschnittes anstellten, mit den konzeptionellen Vorstellungen Klafkis vor. Prüfen Sie im einzelnen:

   a. ob Unterschiede bei den Kriterien zur Inhaltsauswahl bestehen und ob Sie sich gegebenenfalls dem Vorschlag Klafkis anschließen können

[24] Eine didaktische Aufbereitung zum Kern der Arbeiten von *Ausubel* und *Bruner* findet sich in *Straka; Macke* 2002.

b. ob Unterschiede zwischen Ihrem Begründungsversuch zur Auswahl der Kriterien und jenem von *Klafki* bestehen und wie eine Synthese aussehen könnte.

2. Analysieren Sie, zu welchen der im Strukturschema des Lehrens und Lernens (Abb. 1) ausgewiesenen Elemente und Beziehungen das Modell Klafkis Orientierung bereit stellt und welche ergänzende Orientierung für die Gestaltung von Lehr-Lernprozessen aus dem ergänzenden Kommentar zu gewinnen sind.
3. Kennzeichnen Sie in dem Strukturschema jene Elemente / Beziehungen, die in diesem Modell nicht oder nur am Rande thematisiert werden.

## Weiterentwicklung des Ansatzes

Trotz der unbestreitbaren Orientierungsleistungen dieses Ansatzes führte verschiedentlich eingebrachte Kritik[25] zu einer Überarbeitung, die mit der Bezeichnung „kritisch-konstruktive Didaktik" (*Klafki* 1985) Eingang in den wissenschaftlichen Diskurs und die Lehrpraxis fand. Dabei steht kritisch-konstruktiv für den Anspruch, die gesellschaftliche Wirklichkeit nicht einfach hinzunehmen, sondern sie in ihrer Eignung für die Initiierung von Bildungsprozessen kritisch zu hinterfragen und über die Förderung der Lernenden Potentiale zu deren humaner Weiterentwicklung zu schaffen. Als weitere zentrale Modifikation der Neufassung sind zu nennen:

- die Aufgabe der Vorrangstellung der Inhalte (Primat der Didaktik) gegenüber anderen unterrichtlichen Aspekten zugunsten der These vom Primat der Zielsetzung, verbunden mit der Vorstellung eines wechselseitigen Bedingungsgefüges (Interdependenz), wie es in der lerntheoretischen Didaktik eingebracht wurde (s. u.). Betont wird in höherem Grade auch der Beziehungsaspekt, worin der Einfluss der kommunikativen Didaktik deutlich wird.
- die Aufnahme der Bedingungsanalyse, ebenfalls im Anschluss an die lerntheoretische Didaktik,
- die explizite Berücksichtigung der Prozessstruktur des Lehr-Lerngeschehens bzw. der Interaktionsprozesse in Anlehnung an Didaktiken, wie die kritisch-kommunikative und

[25] Vgl. z. B. die (implizite) Kritik in *Heimann; Otto; Schulz* 1972, S. 18 ff. oder die Replik von *Klafki* 1985, S. 9 ff., 12 ff.

- die Berücksichtigung der „Erweisbarkeit und Überprüfbarkeit" des Lernergebnisses, wie sie z. B. in der curricularen Bewegung eingefordert wurde.

## Kommentar

Da unten im Rahmen der lerntheoretischen Didaktik noch etwas ausführlicher auf die Interdependenz und die Bedingungsanalyse eingegangen wird, mögen hier einige Hinweise zum Orientierungspotential der beiden letzten Aspekte genügen.

Zur Prozessstruktur des Unterrichts an (beruflichen) Schulen liegen Befunde vor, die u. a. eine starke Asymmetrie der Interaktionsakte bzw. gemessen an Idealvorstellungen zur Kommunikation hoch defizitäre Kommunikationsabläufe im „Normalunterricht" dokumentieren. (*Buer, van; Mathäus* 1994, *Fleuchaus* 2003, Wuttke 2005) Beeinflusst werden diese Kommunikationsabläufe in hohem Grad von methodischen Entscheidungen[26], wozu z. B. *Sembill* u. a. erheblich entwicklungsgünstigere Bedingungen in selbstgesteuerten Erarbeitungsformen als im Frontalunterricht dokumentieren (*Sembill* u. a. 1998) und *Euler* u. a. die hohe Variabilität innerhalb spezieller Arrangements, speziell dem Unterrichtsgespräch im kaufmännischen Unterricht, aufzeigen. Wie oben gezeigt, erweisen sich nach Erkenntnissen aus der beruflichen Sozialisationsforschung möglichst symmetrische Kommunikationsstrukturen als entwicklungsgünstig. Andererseits können sich Lehr-Lernarrangements mit günstigen Effekten für die Sozialkompetenz weniger günstig für die Entwicklung der Fachkompetenz auswirken (*Nickolaus; Heinzmann; Knöll* 2005). Für den Praktiker besteht unter solchen Bedingungen die Notwendigkeit unterschiedliche Ansprüche situationsspezifisch auszubalancieren, ein typischer Anspruch an Professionelle.

Die Frage nach der Überprüfbarkeit von Lernergebnissen stellt sich in allen Lehr-Lernprozessen, welchen auch eine Selektionsfunktion zukommt, unabweisbar. Nach der vorliegenden Befundlage erweisen sich gängige Bewertungsverfahren häufig als fragwürdig. Im Bereich beruflicher Bildung erhält gegenwärtig insbesondere die Beurteilung von übergreifenden Kompetenzen in Theorie und Praxis erhöhte Aufmerksamkeit. Prinzipiell wirken Beurteilungsverfahren als (versteckte) Lehrpläne, die z. T. wirkungsmächtiger sind als offizielle Curricula. Die Frage nach der Überprüfung stellt sich allerdings nicht nur in selektiver Perspektive, sondern ebenso im Kontext angemessener Diagnosen

[26] Siehe dazu Band 4 dieser Studientexte und Bonz 2009

und Rückmeldungen im Lernprozess. In der Diagnostik werden drei unterschiedliche Perspektiven der Lernzielüberprüfung unterschieden: die individuelle, soziale und „objektive" Bezugsnorm. Während die individuelle Bezugsnorm dazu dient individuumsbezogene Lernfortschritte zu ermitteln um lernförderliche Rückmeldungen geben zu können, dient die soziale Bezugsnorm eher dem Leistungsvergleich zwischen Individuen bzw. Selektionsaufgaben pädagogischer Institutionen und die „objektive" Bezugsnorm der Evaluation von außen.

Als Zwischenfazit können wir festhalten, dass Klafkis theoretische Modelle geeignet sind Klärungsprozesse zu leiten, die idealerweise bei allen professionellen Lehr-Lernprozessplanungen vorzunehmen sind. Im Klärungsprozess wird der Rückgriff auf weitere, in der Regel spezifische wissenschaftliche Aussagesysteme nötig, die geeignet sind Teilaspekte im didaktischen Konstruktionsprozess zu erhellen.

Die hier angedeuteten Orientierungspotentiale des Ansatzes bestehen im Wesentlichen darin, Klärungsprozesse anzuregen, die bei der Gestaltung von Lehr-Lernprozessen generell durchlaufen werden sollten. Für solche Klärungsprozesse eventuell hilfreiche ergänzende Partialtheorien wurden hier nur ausschnittsweise thematisiert. Je nach den situativen Bedingungen, ob z.B. für elektrotechnische, kaufmännische oder sonstige Ausbildungsberufe in der Grund- oder Fachstufe bei mehr oder weniger günstigen Lernvoraussetzungen Lehr-Lernprozesse zu planen sind, werden für einen gründlichen Klärungsprozess gegebenenfalls je eigene Partialtheorien relevant. Häufig wird man bezogen auf einen spezifischen situativen Kontext auch nicht jene wissenschaftlichen Aussagesysteme finden, bei deren Erstellung und Prüfung gerade diese Konstellation zugrunde lag. Das bedeutet, dass auf Aussagen zurückgegriffen werden muss, deren Übertragbarkeit auf den eigenen Handlungskontext möglicherweise nicht mit Sicherheit unterstellt werden kann.

## Aufgaben

4. Prüfen Sie, inwieweit die Weiterentwicklung des bildungstheoretischen Modells (inklusive des ergänzenden Kommentars) zu einer umfassenderen Abdeckung des Strukturschemas des Lehrens und Lernens führt, als die erste Fassung Klafkis.
5. Nutzen Sie die von *Klafki* gegebenen Hinweise um das in Abschnitt 1.2 angeführte Beispiel zu reflektieren. Wo könnten im Anschluß an Klafki generell Defizite des Unterrichts liegen? An welche Aspekte hatten Sie selbst zunächst nicht gedacht?

### 4.1.2 Lerntheoretische Didaktik (*Heimann; Otto; Schulz*)

Die lerntheoretische Didaktik ist als „Gegenentwurf“ zur bildungstheoretischen Didaktik entstanden und in der Ursprungsfassung[27], wie sie von *Heimann, Otto* und *Schulz* vorgelegt wurde, erfahrungswissenschaftlich orientiert. Bekannt wurde sie unter der Bezeichnung Berliner Modell. Anders als in der bildungstheoretischen Didaktik verzichten *Heimann; Otto; Schulz* im Berliner Modell auf eine normative Vorgabe für die Gestaltung von Lehr- Lernprozessen. Grundlegend ist der Gedanke, die Lehrenden sollten in die Lage versetzt werden die pädagogische Wirklichkeit selbst empirisch zu erschließen, da es nicht möglich scheint für die gesamte Vielfalt der pädagogischen Wirklichkeit von Seiten der Wissenschaft detaillierte Orientierungshilfen bereit zu stellen.

*Heimann, Otto* und *Schulz* gehen in ihrem Berliner Modell von der Annahme aus, dass alle Unterrichtsprozesse strukturelle Ähnlichkeiten und sechs Strukturelemente aufweisen, die einerseits als Bedingungselemente vorgefunden werden und bei Entscheidungen berücksichtigt werden müssen und andererseits als Entscheidungsfelder von den Lehrenden (partiell) gestaltet werden können. (*Heimann; Otto; Schulz* 1972, S. 23 ff.)

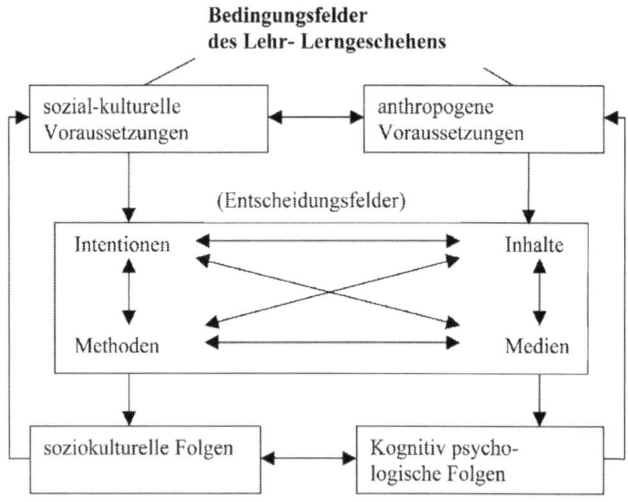


Abb. 6: Strukturmodell des Lehrens und Lernens (Berliner Modell)

[27] Auch hier gilt wie bei der bildungstheoretischen Fassung, dass es Vorläufer gab.

Mit den Pfeilen zwischen den Entscheidungsfeldern (Intentionen etc.) wird angedeutet, dass zwischen diesen Entscheidungsfeldern wechselseitige Abhängigkeiten bestehen (Interdependenz). D. h. z. B., dass bestimmte Intentionen nur mit bestimmten Inhalten zu erreichen sind, je nach Lehr-Lernzielen unterschiedliche Lehrmethoden angebracht sind etc.

Auch hier besteht die Orientierungsleistung für Lehrende wie beim bildungstheoretischen Modell darin, dass Hinweise bereitgestellt werden, welche Aspekte bei der Planung und Analyse von Lehr-Lernprozessen berücksichtigt werden müssen bzw. sollen. Zudem stellten *Heimann; Otto; Schulz* eine ganze Reihe von Planungsbeispielen für den allgemein bildenden Bereich zur Verfügung. Welche sozio-kulturellen und anthropologisch-psychologischen Voraussetzungen in einer konkreten Situation zu berücksichtigen sind, bleibt offen und muss von den Lehrenden immer wieder geklärt werden. Mit den sozio-kulturellen Voraussetzungen sind Einflüsse aus dem gesellschaftlichen Umfeld gemeint, die in das Lehrgeschehen hineinwirken. Das sind z. B. gesellschaftlich-politische Strukturen, die in der Struktur des Bildungs- bzw. Berufsbildungssystems ihren spezifischen Niederschlag finden. Typisch ist dafür im beruflichen Bereich das im gesellschaftlichen Entwicklungsprozess herausgebildete „duale System“ mit seinen spezifischen Funktionszuweisungen an die Lehr-Lernorte, die dazu parallel herausgebildeten vollschulischen Ausbildungsvarianten, die an diese Einrichtungen aus dem gesellschaftlichen Umfeld herangetragenen Erwartungen und die für die Leistungserbringung bereitgestellten Ressourcen.

Mit den anthropologisch-psychologischen Voraussetzungen sind Persönlichkeitsmerkmale der Lernenden angesprochen, wie z. B. deren kognitive, emotionale und motivationalen Voraussetzungen, die sich im Verlauf des individuellen Entwicklungsprozesses herausgebildet haben und die in aller Regel themen- bzw. problemspezifisch variieren. Hilfreich für die weitere Ausdifferenzierung der Bedingungsfelder ist auch das in Kapitel 2 eingebrachte Strukturschema (S. 10).

Zur Ausprägung der Bedingungsfelder im Bereich der beruflichen Bildung gibt es von anderen Autoren umfangreiche Befundlagen, die geeignet sind, Wesentliches zur Klärung beizutragen. Das gilt z. B. für Daten zu Erwartungshorizonten der Wirtschaft, für die kognitiven und motivationalen Voraussetzungen der Lernenden etc., die allerdings nicht notwendigerweise die Bedingungskonstellation für eine konkrete zu bewältigende Situation abbilden müssen, sondern in Form von Mittelwerten und Streuungsmaßen das Ausprägungsspektrum widerspiegeln. Beispielhaft verwiesen sei hier auf Studien zur Motivationsentwicklung in der beruflichen Ausbildung, die interessante Aufschlüsse zur Gestaltung von Lehr-Lernprozessen bieten (*Prenzel* u. a. 1996, *Sembill* u. a. 1998, *Hardt* u. a. 1996, *Nickolaus; Bickmann* 2002, *Nickolaus; Heinzmann; Knöll* 2005; *Knöll* u. a. 2007; *Scheja* 2009; *Vetter* u. a. 2018).

Aus der Perspektive von Lehrenden an beruflichen Schulen erweisen sich Motivationsprobleme als besonders belastend (*Bachmann* 1999, S. 219). Da sich die Motivation zudem als wichtige Einflussgröße auf den Lernprozess und (in der Regel) auf den Lernerfolg auswirkt, stellt sich die Frage, von was die Motivationsentwicklung abhängig ist. In den oben ausgeführten Studien wird unterstellt und auch empirisch belegt, dass die Lernmotivation abhängig ist vom Erleben des Unterrichts, speziell von der Ausprägung des Kompetenzerlebens, der erlebten sozialen Einbindung, Autonomieerleben, Relevanzzuschreibungen, dem von Seiten der Schüler wahrgenommenen Lehrerengagement und der Klarheit des Unterrichts. Als bedeutsam erweisen sich zugleich personale Merkmale, wie z. B. das Fähigkeitsselbstkonzept (z. B. *Vetter* u. a. 2018). Ein Teil dieser Variablen kann von Seiten der Lehrenden beeinflusst und damit indirekt das Motivationsgeschehen gesteuert werden. Daraus wird deutlich, dass die anthropogenen Bedingungen keine Konstanten darstellen, sondern dass wechselseitige Abhängigkeiten zum Lehr-Lerngeschehen bestehen. Der gewichtigste Prädiktor des Lernerfolgs ist in aller Regel das Vorwissen der Lernenden, das als anthropogene Voraussetzung für die didaktische Planung herausragende Bedeutung hat. Neben den Motivationen und Kognitionen spielen im Lernprozess auch emotionale Befindlichkeiten eine wesentliche Rolle (vgl. z. B. *Sembill* 1990). Zu den kognitiv-psychologischen Folgen spezifischer Lehr-Lernarrangements geben Befunde aus der Lehr-Lernforschung wesentlichen Aufschluss. Dabei kann einerseits auf Ergebnisse zurückgegriffen werden, die überwiegend im Bereich des allgemein bildenden Schulwesens gewonnen wurden (vgl. z. B. *Helmke; Weinert* 1997; *Hattie* 2013) oder auch auf (domänenspezifische) Befundlagen zur beruflichen Bildung. Neuerdings haben insbesondere internationale Vergleichsstudien zu Schülerleistungen im allgemein bildenden Bereich öffentliches Interesse gefunden, aus welchen u. a. deutlich wurde, dass die Lehr-Lernziele von einem Großteil der Schülerinnen und Schüler nur unzureichend erreicht werden (z. B. *Baumert* u. a. 2001; *Reiss* u. a. 2016). Auch in Untersuchungen zum beruflichen Bereich werden z. T. erhebliche Defizite dokumentiert, insbesondere Auszubildende, die mit relativ geringem Vorwissen in die Ausbildung einmünden, erreichen in aller Regel keinen ausreichenden schulischen Leistungsstand (vgl. *Nickolaus* 2004 a). Einem Teil dieser Auszubildenden gelingt es jedoch auch, trotz ungünstiger Ausgangsbedingungen höhere Kompetenzniveaus zu erreichen (Nickolaus u.a. 2012). In neueren Untersuchungen zur Entwicklung der Fachkompetenz (Lehmann; Seeber 2007; Nickolaus; Gschwendtner; Geißel 2008), zeigt sich, dass die hochgesteckten curricularen Ziele von den meisten Auszubildenden nicht erreicht werden (Behrendt u. a. 2017; Petsch; Norwig; Nickolaus 2015, Waveren, van; Nickolaus 2015). So bleiben z. B. etwa 50 % der Kfz Mechatroniker deutlich hinter den curricular angestrebten Zielen zurück (Behrendt u. a. 2017). Ähnliches gilt auch für andere Berufe (Petsch; Norwig; Nickolaus 2015; Waveren, van; Nickolaus 2015). Erhebliche Probleme bei der Zieleinlösung zeichnen sich auch in Untersuchungen zur Entwicklung sozialer Kompetenz in der beruflichen Ausbildung ab (*Beck* u. a. 1996, 1998, *Kenner* 1998, *Kenner* 2007, *Nickolaus* 2004 b; *Güzel* u. a. 2016).

Die Befundlage spricht dafür, die Lehrziele „realistischer zu formulieren. D. h., dass hochgesteckte Ziele, wie z. B. die Fähigkeit in sozialen Konflikten (konsensfähige) Lösungen zu finden oder technische Systeme selbst zu entwickeln und zu bewerten in institutionalisierten Lehr- Lernprozessen in aller Regel nur bedingt einlösbar sind. Für das praktisch-pädagogische Handeln sind diese Befundlagen vor allem geeignet a) den Blick auf Umsetzungsprobleme gängiger Zielsetzungen zu lenken und b) zugleich Ansatzpunkte für die Optimierung pädagogischer Handlungsprogramme auszuweisen. Zu b) am Beispiel: Wenn ein erheblicher Teil der Auszubildenden nicht in der Lage ist am Beginn der Ausbildung einfache Formeln umzustellen und diese Fähigkeit, die für den weiteren Lernprozess bedeutsam ist, auch am Ende des ersten Lehrjahres noch nicht herausgebildet hat, dann wären für diesen Personenkreis spezielle Förderprogramme angezeigt. Hinweise zur Ausgestaltung solcher Förderprogramme finden sich z. B. in der Didaktik der Mathematik. Im Bereich beruflicher Bildung wurde insbesondere mit dem Förderprogramm „BEST“ ein Ansatz bereitgestellt, der sich als effektiv erweist (Norwig; Petsch; Nickolaus 2010; Petsch; Norwig, Nickolaus 2014) vergleiche auch die ausführlicheren Darstellungen in Abschnitt 5.1).

Zu den Entscheidungsfeldern finden Lehrende mehr oder weniger verbindliche Vorgaben vor, die jedoch zumindest interpretationsbedürftig sind und auf der Mikroebene eigene Akzentuierungen erfordern. Mit der auf breiter Ebene erfolgten Ausrichtung der Lehrpläne am Lernfeldkonzept (s. u.) hat sich der Gestaltungsspielraum der Lehrenden auf der Ziel und Inhaltsebene wesentlich erhöht, allerdings kann dieser Gestaltungsspielraum in aller Regel nur im Team ausgefüllt werden. Im methodischen Bereich hat sich mit der weit verbreiterten Präferenz für handlungsorientierte Ansätze der Spielraum formal verringert (s. u.). Auch zu den Entscheidungsfeldern gibt es umfangreiche Erkenntnisse, auf welche Lehrende zurückgreifen können. So stehen z. B. Zielklassifikationen zur Verfügung, die eine reflektierte Zielplanung ermöglichen (*Bloom* 1973; *Anderson; Krathwohl* 2001; auch Abschnitt 2.3), Methoden- und Medienvarianten sind in ihren Förderpotentialen und Anwendungsbedingungen in zahlreichen Darstellungen zugänglich (vgl. z. B. Bd. 4 dieser Lehrbuchreihe, im Überblick auch Seifried; *Sembill* 2010; *Nickolaus* 2011) und zu inhaltlichen Strukturen bieten wissenschaftliche Fachsystematiken und Arbeitsplatzanalysen hilfreiche Zugänge.

Zu den in Abb. 6 angedeuteten Interdependenzen der Entscheidungsfelder gibt es aus der Lehr-Lernforschung ebenfalls vielfältige Befundlagen (vgl. z. B. *Beck; Dubs* 1998, *Beck; Heid* 1996; *Nickolaus; Heinzmann; Knöll* 2005, *Nickolaus; Riedel; Schelten* 2005; *Nickolaus* 2011, *Weinert* 2000), die hier aus Raumgründen nicht entfaltet werden können.

Speziell zur Relation von Lehr-Lernzielen und methodischen Ansätzen kann in der Grundtendenz folgendes unterstellt werden:

- Variable Formen der direkten Instruktion werden in der Lehr-Lernforschung als besonders geeignet für den Erwerb von Sachwissen ausgewiesen.
- Formen des situierten Lernens und didaktische Strategien der Projektarbeit, des Gruppenunterrichts und des kreativen Übens werden als besonders wirksam erachtet um den Erwerb lebenspraktischen Anwendungswissens zu fördern.
- Unterrichtliche Methoden des selbstständigen Lernens, die gezielte Ermöglichung subjektiver Lernerfahrungen und der angeleitete Aufbau metakognitiver Einsichten werden als vorteilhaft eingeschätzt um den Erwerb metakognitiver Kompetenzen und Lernstrategien zu fördern.
- Ein variables Instrumentarium erkenntnis- und erlebnisintensiver Methoden werden für die Förderung des Erwerbs von kognitiv-motivationalen Handlungs- und Wertorientierungen als notwendig eingeschätzt (vgl. *Weinert* 2000, S. 46).

Dabei ist allerdings zu berücksichtigen, dass sich in Abhängigkeit anthropogener Voraussetzungen unterschiedliche methodische Ansätze für einzelne Personengruppen als vorteilhaft erweisen können. Nach Ergebnissen aus der

ATI-Forschung[28] profitieren z. B. kognitiv stärkere und wenig ängstliche Lernende eher von offenen Unterrichtsformen, kognitiv schwächere und ängstlichere Lernende hingegen von stärker lehrergesteuerten Lehr-Lernformen. In der beruflichen Bildung liegen domänenspezifisch z. T. widersprüchliche Befunde vor. So dokumentieren z. B. *Bendorf* (2002) und *Sembill* u. a. (1998) eindeutige Vorteile selbstgesteuerter / handlungsorientierter Lehr-Lernarrangements für die Kompetenzentwicklung in der kaufmännischen Erstausbildung, in Untersuchungen zur Grundausbildung von Elektroinstallateuren erweisen sich hingegen direktive Lehr-Lernformen als vorteilhaft (*Nickolaus; Bickmann* 2002; *Nickolaus; Heinzmann; Knöll* 2005). Bei Elektronikern für Geräte und Systeme lassen sich auch keine Vorteile handlungsorientierten Unterrichts belegen, in der Technikerschule sind deutliche Vorteile für den direktiven Unterricht dokumentiert, für die Grundausbildung Bau lassen sich partiell hingegen Vorteile handlungsorientierten Unterrichts bestätigen (im Überblick Nickolaus 2011). Zum Teil lassen sich auch keine ausgeprägten Methodeneffekte belegen. Die Forschergruppe um *Schelten* ging z. B. der Frage nach, inwieweit sich spezifische Variationen innerhalb des handlungsorientierten Unterrichts auf den Lernerfolg auswirken. Variiert wurden einerseits die Gestaltung der Selbstlernmaterialien (systematikorientiert / beispielorientiert) und das Instruktionsverhalten der Lehrkraft (systematikorientiert / beispielorientiert). Als günstig für das Lernergebnis erweisen sich beispielorientierte Lernmaterialien in Verbindung mit einer situationsflexiblen Unterstützung durch die Lehrkraft (*Schelten; Riedl; Geiger* 2003). Generell ist zu berücksichtigen, dass methodische Ausgestaltungen häufig nur einen vergleichsweise geringen Einfluss auf das Lernergebnis haben. Weit gewichtiger sind z. B. das Vorwissen, Bekräftigung, die Qualität und Quantität der Lehre oder auch die häusliche Umwelt (*Helmke; Weinert* 1997, S. 78; *Hattie* 2013; *Nickolaus* 2011). Als wichtige Qualitätskriterien des Unterrichts haben sich in der Lehr-Lernforschung u. a. Klarheit, Strukturiertheit, Adaptivität (angemessener Anspruch), Langsamkeitstoleranz, kognitive Aktivierung, das Klassenmanagement im Sinne einer möglichst effektiven Nutzung der nominellen Unterrichtszeit und die bedarfsgerechte Unterstützung erwiesen (*Helmke; Weinert* 1997, *Helmke* 2004). Die hier referierten Erkenntnisse spiegeln nur einen schmalen Ausschnitt der Befundlage. Weitere Hinweise finden sich in den Bänden 4 und 6 dieser Reihe und in Kapitel 5 dieses Bandes.

[28] ATI steht für Aptitude-Treatment-Interaction. Untersucht wird in dieser Forschungsrichtung, ob sich bei Personengruppen mit bestimmten Merkmalen methodische Ansätze (Treatment) besonders gut eignen.

Zusammenfassend können wir festhalten, das Berliner Modell bietet, wie wohl alle allgemeinen Didaktikmodelle, wesentliche strukturierende Hilfestellungen für die Analyse und Planung von Lehr-Lernprozessen, aber dies nur insoweit, als zur Klärung zentraler Fragestellungen angeregt wird. Die Konkretisierung bedarf des Rückgriffs auf ergänzende, auf die Bedingungen beruflicher Bildung ausgerichteter Forschungsergebnisse, wie sie hier ausschnittsweise thematisiert wurden. Auf eine normative Ausrichtung wird in diesem Modell bewusst verzichtet und damit auf ein Referenzkriterium, auf das sich die Legitimation pädagogischer Entscheidungen in den Entscheidungsfeldern stützen könnte. Damit bleibt das Modell rein formal. Unberücksichtigt bleibt in diesem Modell auch die systematische Erfolgskontrolle.

### Weiterentwicklung

*Schulz* (1986), der dieses Modell weiter entwickelte, nahm Ergänzungen und Neuakzentuierungen vor, die sowohl eine systematische Erfolgskontrolle als auch eine normative Fixierung beinhalten. Normativ ist das von *Schulz* vorgelegte „Hamburger Modell“ auf die Mündigkeit bzw. Emanzipation der Lernenden ausgerichtet. In Verpflichtung auf dieses Ziel fordert *Schulz* ein, den Lernenden auch im Lehr-Lernprozess Mündigkeit zuzugestehen, d. h. ihnen die Mitgestaltung des Lehr-Lernprozesses zu ermöglichen. Damit wird aus dem Entscheidungsmodell der Berliner Variante, in dem Lehrende als Alleinentscheider gedacht sind, ein Handlungsmodell, in dem Lehrende und Lernende im Lehr-Lernprozess als partnerschaftliche Gestalter desselben auftreten.

Diese strukturelle Gleichbehandlung von Lehrenden und Lernenden setzt sich fort, in dem nicht nur die Ausgangslage der Lernenden, sondern auch jene der Lehrenden als zu kalkulierende Variable einbezogen wird. Wie aus Abb. 7 hervorgeht, fasst *Schulz* die im Berliner Modell getrennt ausgewiesenen Entscheidungsfelder „Intentionen“ und „Inhalte“ zusammen.

**Handlungsmomete didaktischen Planens in ihrem Implikationszusammenhang**

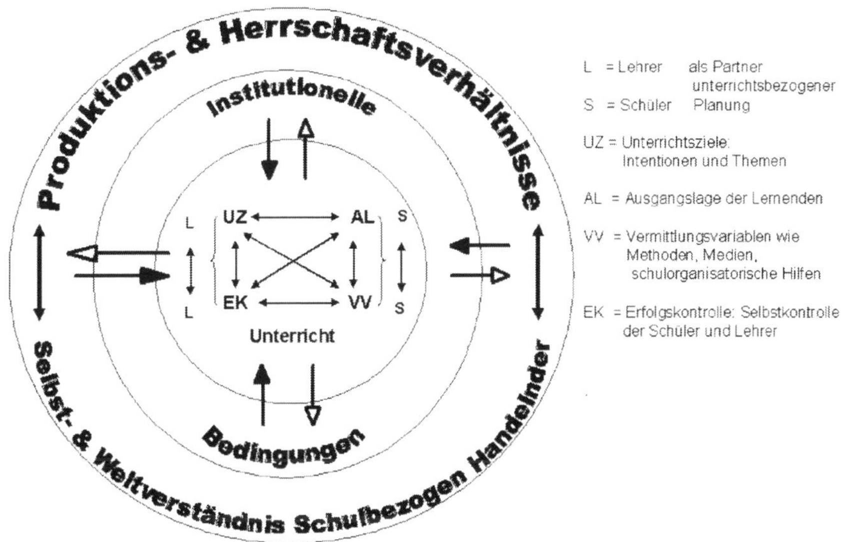


Abb. 7: Strukturmodell didaktischer Handlungsmomente zur Umrissplanung (*Schulz* 1986, S. 32)

Die Begründung dafür lautet, eine vollständige Zielvorstellung sei nur aus der gemeinsamen Berücksichtigung von Zielen und Inhalten zu gewinnen[29].

Für eine umfassende Unterrichtsplanung sieht *Schulz* drei Planungsebenen vor, die Perspektivplanung, die Umrissplanung und die Prozessplanung. Zur übergeordneten und längerfristigen Perspektivplanung stellt er eine heuristische Matrix zur Verfügung in der die mit dem Leitziel kompatiblen Zielaspekte (Kompetenz, Autonomie, Solidarität) mit Erfahrungsbereichen (Themen) in Beziehung gesetzt werden[30].

---

[29] Zur Kritik siehe *Albers* 2001, der anmerkt, für übergreifende Fähigkeiten wie Teamfähigkeit etc. sei eher eine methodische als eine inhaltliche Bindung des Ziels zu unterstellen (ebd. S. 43).

[30] Hier wird der in Abschnitt 2 erwähnte Strukturgitteransatz genutzt, der im Rahmen des Kollegschulversuchs entwickelt wurde.

| Intention (Absichten) / Themen (Erfahrungsaspekte) | | I Kompetenz | II Autonomie | III Solidarität |
|---|---|---|---|---|
| Sacherfahrung | 1 | I/1 | II/1 | III/1 |
| Gefühlserfahrung | 2 | I/2 | II/2 | III/3 |
| Sozialerfahrung | 3 | I/3 | II/3 | III/3 |

Abb. 8: Heuristische Matrix zur Bestimmung von Richtzielen (*Schulz* 1986, S. 34)

In einer beispielhaften Analyse einer Lehreinheit könnte man bezogen auf das Feld I/1 z.B. der Frage nachgehen, welche Kompetenzen für die Auseinandersetzung mit einem Sachverhalt von den Lernenden bereits in den Lernprozess eingebracht wurden, welche Kompetenzaspekte gefördert werden sollten und tatsächlich gefördert wurden, inwieweit die in den Lernprozess eingebrachten Kompetenzen den weiteren Kompetenzfortschritt beeinflussten, ob die angestrebten und erreichten Kompetenzen mit übergreifenden pädagogischen Zielsetzungen wie beruflicher Mündigkeit kompatibel sind etc. Mit den Pfeilen sind gegenseitige Abhängigkeiten zwischen den Feldern angedeutet. Im skizzierten Beispiel könnte beispielsweise das Verhältnis von in den Lernprozess eingebrachten und von den Lehrenden angestrebten Kompetenzen zu Über- oder Unterforderung führen und damit lernrelevante Folgen im Bereich der Gefühlserfahrung (Angst, Langeweile, Euphorie bei Erfolgserlebnissen) hervorrufen. In ähnlicher Weise wie hier geschehen, können die Felder I/1 bis III/3 konkretisiert und miteinander in Beziehung gesetzt werden.

Zur Umrissplanung stellt *Schulz* das oben skizzierte Strukturmodell zur Verfügung, das von der Lehr-Lerngruppe in einem auf Verständigung zielenden Planungsprozess genutzt werden kann. Abzustimmen wären in dieser Umrissplanung u.a., welche Unterrichtsziele (Intentionen und Themen) bei Berücksichtigung gegebener Ausgangslagen unter Verwendung welcher Vermittlungshilfen (Methoden, Medien) verfolgt werden sollen und wie deren Einlösung überprüft werden kann.

Die Prozessplanung soll ebenfalls unter Einbeziehung der Lernenden erfolgen, Zweck derselben ist u.a. die Verständigung über Teilziele und deren Reihenfolge, über den Handlungsablauf etc. Prinzipiell sind die Planungsergebnisse für Korrekturen offen, die von Lehrenden und/oder Lernenden angestoßen werden können.

Auch bei diesem Modell sind einerseits situationsspezifische Konkretisierungen erforderlich und andererseits dafür geeignete Orientierungspotentiale, z.B. aus der Lehr-Lernforschung, verfügbar. Mit anderen Worten: Die konkreten, objektive Theorien berücksichtigenden Planungs- oder Analyseprozesse finden in diesen Modellen zwar einen hilfreichen strukturellen Rahmen, die inhaltliche Ausgestaltung ist jedoch in hohem Maße auf den Einbezug von (domänenspezifischen) Partialtheorien angewiesen.

Spezifische Versuche, das Lehr-Lernhandeln konkreter als in den allgemeinen Didaktikmodellen anzuleiten, stellen didaktische Konzepte dar, in welchen in aller Regel je eigene Akzente bei der Berücksichtigung der Entscheidungsmomente gesetzt werden. Solchen Konzepten / Ansätzen wenden wir uns im nächsten Abschnitt zu. Zuvor sollten Sie jedoch versuchen, die folgenden Aufgaben zu bearbeiten.

## Aufgaben

1. Entwickeln Sie zu den in Abb. 8 enthaltenen Feldern (II/1–III/3) jeweils Fragen, die für die Analyse einer Lehreinheit herangezogen werden könnten.

2. Überlegen Sie sich zu jeder Relation von Lehr-Lernzielgruppen und methodischen Ansätzen, wie Sie auf S. 52 vorgestellt wurden, ein Beispiel.

3. Welche Aspekte sind im Anschluss an das „Berliner Modell" bei der Methodenwahl zu berücksichtigen?

4. Lesen Sie den Text nochmals mit dem Ziel zu ergründen, unter welchen Bedingungen eher direktive oder eher handlungsorientierte Methoden empfehlenswert scheinen.

5. Entwickeln Sie im Anschluss an das Berliner Modell Fragen zur Analyse von Lehr-Lernprozessen. Welche weiteren Analysefragen kommen hinzu, wenn das „Hamburger Modell" zugrunde gelegt wird?

6. Für welche Planungsaspekte von Lehr- Lernprozessen sind aus den in Abschnitt 4.1 vorgestellten Modellen Anregungen zu gewinnen? Was bleibt gemessen an dem Strukturschema (Abb. 1) offen?

7. Welche Fragestellungen könnten sich an die in den obigen Modellen unterstellte Interdependenz zwischen den Entscheidungsfeldern in Bezug auf das Beispiel in Abschnitt 1.2 anschließen?

## 4.2 Didaktische Ansätze / Konzepte beruflicher Bildung und ihre Orientierungsleistung

Im Unterschied zu den allgemeinen didaktischen Modellen sind Ansätze und Konzepte der beruflichen Bildung weniger auf eine allgemeine Strukturierung didaktischer Probleme als auf die Umsetzung didaktischer Überlegungen gerichtet.

Die Darstellung der Konzepte / Ansätze im Rahmen dieses Lehrbuchs beschränkt sich notgedrungen auf eine Auswahl, die nicht völlig frei von Willkür ist. Letztlich habe ich mich bei der Auswahl der Ansätze an der unterstellten praktischen Relevanz und systematischen Überlegungen orientiert. Die Darstellungsfolge ist überwiegend an der chronologischen Abfolge der Ansätze ausgerichtet.

Prinzipiell lassen sich die verschiedenen Ansätze, die meist auch mit spezifischen Gestaltungsformen der Curricula einhergehen, danach einordnen, welches Gewicht drei Gestaltungsprinzipien, nämlich das Wissenschaftsprinzip, das Persönlichkeitsprinzip und das Situationsprinzip erhalten. *Dörig* schlägt im Anschluss an Middendorf vor, auf curricularer Ebene zwei grundlegende Strukturierungsprinzipien zu unterscheiden:

a) Die Ausrichtung der Lehr- bzw. Ausbildungspläne an Lerngebieten, wie z. B. Rechtskunde, Fachkunde (z. B. der Elektrotechnik) etc., die auf einer Bezugsdisziplin basieren, jedoch im Blick auf die Handlungskontexte in handhabbare Konstrukte transformiert werden.

b) Die Ausrichtung der Lehr- und Ausbildungspläne auf curriculare Lernfelder, für deren Konstruktion berufliche Anforderungssituationen leitend sind und fachsystematisches Denken, soweit es kultiviert wird, eher bedarfsbezogen unterstützend oder auch als Produkt der Ergebnissicherung (abgeschwächt) in Erscheinung tritt (*Dörig* 2003, S. 46 f.)[31]

In den obigen Ausführungen wurde das Persönlichkeitsprinzip als weiteres Leitprinzip didaktischer Planungen ausgewiesen.

Das erste Strukturierungsprinzip nimmt in fachwissenschaftsorientierten Ansätzen bzw. Ansätzen der didaktischen Reduktion einen zentralen Stellenwert ein.

Das zweite dominiert z. B. in Konzepten der Handlungsorientierung bzw. im Lernfeldkonzept. Bei näherer Betrachtung wird allerdings deutlich, dass zumindest in der praktischen Umsetzung bzw. bei der konkreten Ausgestaltung mit mehr oder weniger Gewicht auch das jeweils andere Gestaltungsprinzip Eingang findet. Inwieweit das Persönlichkeitsprinzip Beachtung findet a) in theoretischen Entwürfen und b) bei deren Umsetzung, sollten Sie bei der Lektüre als zu klärende Frage betrachten. Vorgestellt werden hier folgende Konzepte:

(1) Fachwissenschaftsorientierte Ansätze / didaktische Reduktion
(2) Der gestaltungsorientierte Ansatz Rauners
(3) Das Konzept der Schlüsselqualifikationen (SQ)
(4) Das Konzept der Handlungsorientierung und
(5) das Lernfeldkonzept

### 4.2.1 Fachwissenschaftsorientierte Ansätze bzw. Ansätze der didaktischen Reduktion (*Hering; Grüner*)

Wie bereits im Titel angedeutet, steht bei diesen Ansätzen das Wissenschaftsprinzip im Vordergrund, die beiden anderen Gestaltungsprinzipien sind in den Hintergrund gedrängt, bzw. werden randständig.

Von fachwissenschaftlich orientierten Ansätzen spricht man, weil die Auswahl der Lehrgegenstände und gegebenenfalls auch die zum Einsatz kommenden Verfahren, Medien etc. in Anlehnung an die Fachwissenschaft erfolgt. Der Aufbau der Fachwissenschaft wird mehr oder weniger übernommen und in fachwissenschaftlich-systematischen Lehrgänge abgebildet.

Insbesondere in den 70er Jahren wurde darüber hinaus auch für die nicht akademische Bildung eine allgemeine Wissenschaftsorientierung des Unterrichts eingefordert. D. h. es sollte bereits in der Schule und der nicht akademischen

[31] Diese zwei grundsätzlichen Strukturierungsprinzipien findet man auch bereits bei *Grüner* 1978, S. 28 ff., der sich auf *Monsheimer* bezieht.

Berufsbildung eine allgemeine wissenschaftliche Denkerziehung, die Heranführung an wissenschaftliche Verfahren erfolgen.

**Das Grundprinzip** des fachwissenschaftsorientierten Ansatzes ist in der folgenden Schrittfolge angedeutet:

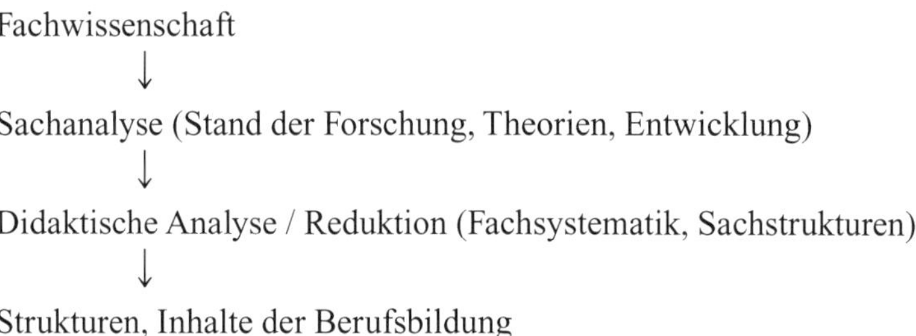


Die Sachanalyse, die im Rückgriff auf das verfügbare (wissenschaftliche) Wissen erfolgt, dient der Vergewisserung des Lehrenden was zu einem Gegenstandsfeld an Wissen vorliegt, wie sich dieses Wissen entwickelt hat und welche Fragen noch ungeklärt sind. Darauf aufbauend erfolgt die didaktische Analyse, die z. B. im Anschluss an *Klafki* erfolgen könnte, indem den Fragen nach der Exemplarität, Zugänglichkeit, Überprüfbarkeit, Gegenwarts- und Zukunftsbedeutung nachgegangen und auf dieser Basis eine gegebenenfalls reduzierte Sachstruktur herausgearbeitet wird, deren Erfassung durch die Lernenden möglich ist.

## Legitimation des Grundprinzips

Legitimiert wurde die enge Anlehnung der Gestaltung von Lehr-Lernprozessen an den relevanten Fachwissenschaften mit dem Verweis, dass auch der Alltag immer stärker durch die Wissenschaften geprägt sei und auch auf Facharbeiterniveau ein möglichst unverkürztes Begründungswissen des Handelns vorteilhaft sei. *Müllges*, ein Berufs- und Wirtschaftspädagoge jener Tage, argumentierte beispielsweise: „Mit dem ständig wachsenden Anteil wissenschaftlich-technologisch-ökonomischen Denkens bei den modernen rationalisierten Arbeitsvollzügen tritt die manuelle Geschicklichkeit und Geläufigkeit immer stärker zurück. Infolgedessen fordert die Berufsbeherrschung ein weitaus größeres Maß an Rationalität, als dies früher notwendig war. Die Arbeitskräfte benötigen ein ausgebildetes Denkvermögen und ein wissenschaftlich vertieftes technologisches und ökonomisches Grundwissen. Nur dann sind sie nämlich in der Lage, die Planung, die Konstruktion und Funktion von Maschinen und Apparaturen theoretisch zu erfassen, die mehr oder weniger selbsttätig ablaufenden Herstellungsprozesse rational zu verfolgen, sie zu kontrollieren und zu regulieren" (*Müllges* 1971, S. 216 f.).

Einer konsequenten empirischen Überprüfung hätte die von *Müllges* als Sachverhalt dargestellte Aussage zum Zusammenhang beruflichen Handelns und einschlägigem wissenschaftlichen Grundwissen möglicherweise nicht standgehalten. Vorgenommen wurde diese Überprüfung meines Wissens nie in systematischer Weise. Zweifel an der Durchdringung aller Lebensvollzüge durch die Wissenschaften und der Annahmen, deshalb bedeute ein Vertrautmachen mit dem Leben ein Vertrautmachen mit der Wissenschaft, wurden allerdings bereits in den 70ern geäußert (*Schmiel* 1978, S. 44).

Die Begrenzung des Geltungsanspruchs wird auch in den damaligen Klassifikationen einschlägiger Ansätze deutlich, in welchen von vornherein der Typus einer „eingeschränkten Fachwissenschaftsorientierung" ausgewiesen ist (*Schmiel* 1978, S. 39 f.).

Für die Lehrpraxis können wir wohl generell unterstellen, dass nicht allein die Orientierung an den Fachwissenschaften, sondern ebenso Überlegungen zur Verwertbarkeit und damit das Situationsprinzip bei der Inhaltsbestimmung bedeutsam waren und sind. Das gilt m. E. selbst für die universitäre Hochschullehre und in weit höherem Maße für Lehrangebote auf Facharbeiterniveau.

## Fixierung der Inhalte

Bei der Fixierung der Inhalte unterstellt man, es gäbe zwischen dem Berufswissen der Akademiker, die das fachwissenschaftliche Wissen (in höherem Umfang) benötigen, und dem Berufswissen von Facharbeitern wesentliche Überschneidungen (*Grüner* 1978, S. 78 ff.).

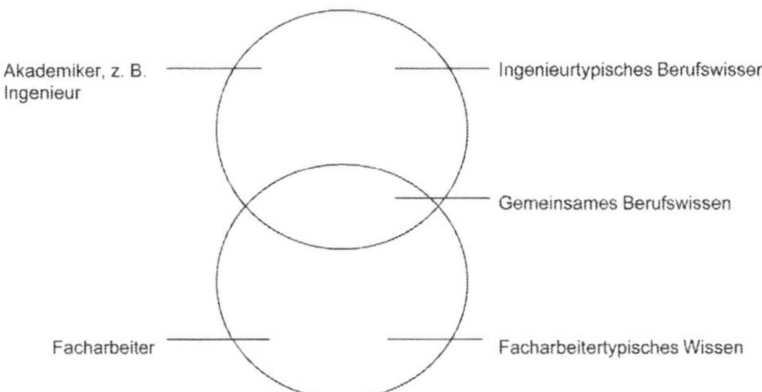


Abb. 9: Modellvorstellung zur Relation wissenschaftlichen und facharbeitertypischen Wissens (*Grüner* 1978, S. 79)

Das gemeinsame Wissen wurde von *Grüner* in zwei Bereiche untergliedert

a) Wissen, das beiden Berufsgruppen in identischer Form gemeinsam ist (z. B. DIN Vorschriften)

b) Technisches Wissen, das dem Facharbeiter nur in vereinfachter Form vermittelt wird (z. B. Funktion einer elektrischen Maschine) (ebd. S. 79 f.).

Zur Wissensform nach b) stellt sich bei Lehrprozessen zentral die Frage, wie die Vereinfachung vorgenommen werden kann. Hier setzt nun die sogenannte Didaktische Reduktion an, zu der hier zwei Varianten vorgestellt werden.

## Varianten der Didaktischen Reduktion

a) Didaktische Reduktion nach *Hering*

Grundgedanke bei *Hering* ist, dass die Vereinfachung ausgehend von differenzierten Aussagen schrittweise zu weniger differenzierten Aussagen unter Beibehaltung des Gültigkeitsumfangs erfolgt. Beispielhaft dargestellt ist das Verfahren im folgenden Schaubild Abb. 10).

Während in der komplexen Darstellung noch ein ausdifferenziertes Schaltbild mit den Ein- und Ausgängen der Schaltung bereitgestellt wird, so dass für Kundige die Funktion der Schaltung nachvollzogen werden kann, wird in der vierten Reduktionsstufe lediglich die Funktionalität der Schaltung, mit den Angaben bereitsgestellt, bei welchen Eingangssignalen welche Ausgangssignale erwartet werden können. Ein Verständnis der Schaltung selbst wird nicht mehr ermöglicht, aber gemessen an den Eingangs- und Ausgangsgrößen bleibt die Schaltung bzw. deren Darstellung gleichwertig.

b) Weiterentwicklung

*Grüner* bezweifelte, dass in der Lehrpraxis die Forderung Herings nach Aufrechterhaltung des Gültigkeitsumfangs generell aufrecht erhaltbar sei und plädierte statt dessen dafür zwei didaktische Reduktionsbewegungen zu unterscheiden: eine horizontale und eine vertikale didaktische Reduktion (*Grüner* 1978, S. 85 ff.). Bei der horizontalen didaktischen Reduktion bleibt der Gültigkeitsumfang gleich, die Aussagen werden konkreter und über Analogien, Beispiele etc. leichter zugänglich. Die vertikale didaktische Reduktion schränkt den Gültigkeitsumfang hingegen ein. Dies kann durch Weglassen verständniserschwerender Einflussfaktoren oder durch die Einführung zusätzlicher einschränkender Randbedingungen geschehen. Die Reduktion erfolgt auf Kosten der Wissenschaftlichkeit und zugunsten der Fassbarkeit. *Grüner* veranschaulicht beide

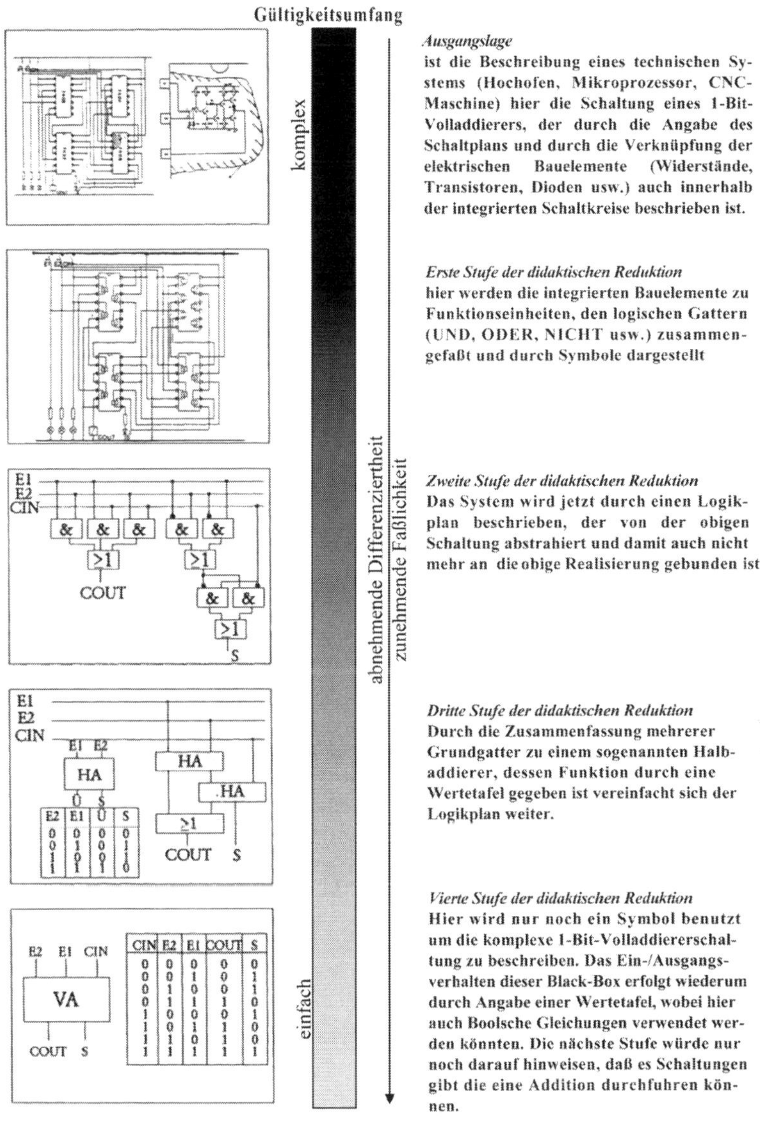


Abb. 10: Didaktische Reduktion im Anschluss an *Hering* (*Braun* 1997, S. 39)

Reduktionsbewegungen am Beispiel des Hebels (vgl. Abb. 11), das im Folgenden in zusammengefasster Form wiedergegeben ist. Während die erste allgemeine Aussage ein spezifisches mechanisches Wissen auf hohem Niveau voraussetzt, kann die letzte Version auch problemlos auf Basis von Allgemeinwissen und Alltagserfahrungen nachvollzogen werden.

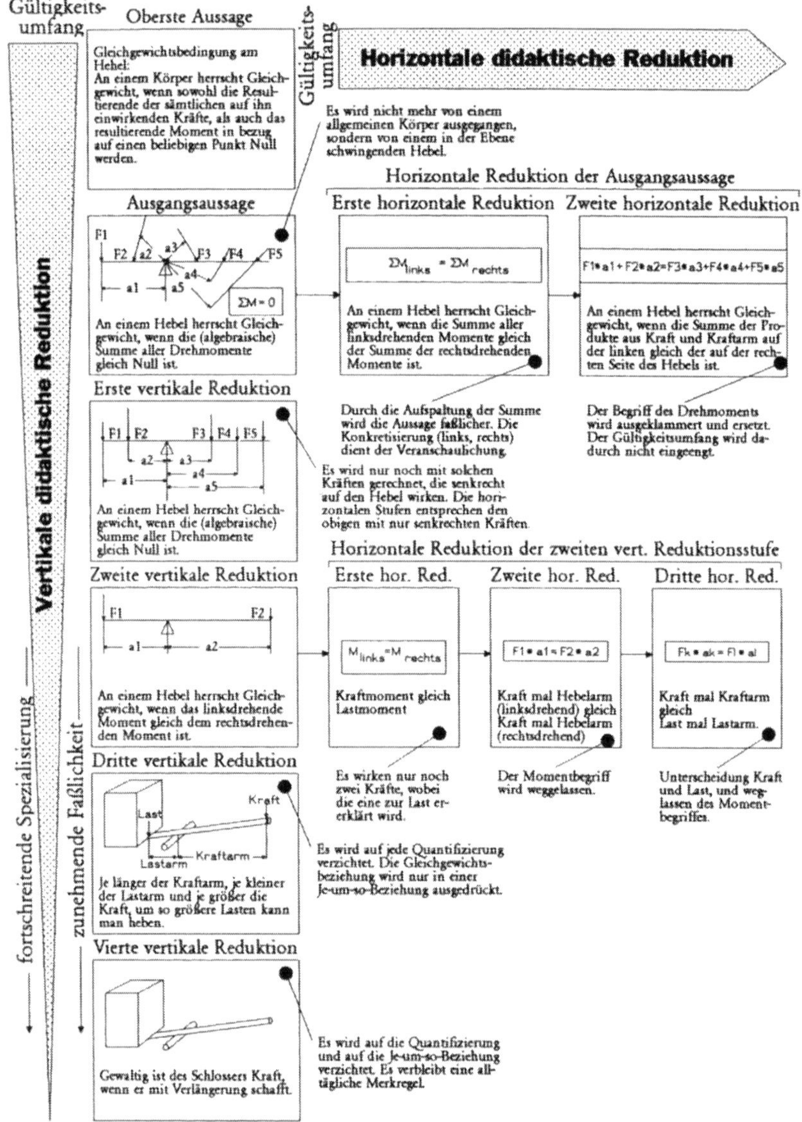


Abb. 11: Didaktische Reduktion im Anschluss an *Grüner*

Die Diskussionen um die didaktische Reduktion erreichte Ende der 60er und Anfang der 70er Jahre des vorigen Jahrhunderts einen Höhepunkt.[32] Aus heutiger Perspektive scheint es angezeigt das Konzept der didaktischen Reduktion einerseits in curricularer Perspektive und andererseits in vermittlungstechnischer Perspektive zu unterscheiden. Während das Konzept der didaktischen Reduktion zur Konstruktion von Lehr- bzw. Ausbildungsplänen derzeit in Theorie und Praxis vielfach in Zweifel gezogen wird, bleibt auf der Mikroebene auch heute noch die Frage, wie komplexe Sachverhalte für die Lernenden zugänglich gemacht werden können. D. h. in dieser mikrodidaktischen Perspektive ist eine Reduktionsbewegung in aller Regel unhintergehbar.

## Kritik am Konzept

Die Kritik richtet sich auf die starke Dominanz des Wissenschaftsprinzips bzw. die Vernachlässigung praktischer Handlungssituationen und lehrmethodischer Gesichtspunkte (z. B. Motivation) als Kriterien der Inhaltsauswahl. Bezogen auf die vertikale Reduktion wird auch bemängelt, die Inhalte könnten nur noch geglaubt, aber nicht mehr nachvollzogen werden, was letztlich entmündigend sei (*Drechsel; Gronwald; Voigt* 1981, S. 8 f.). Insbesondere in den gegenwärtig propagierten Konzepten der Handlungsorientierung und dem Lernfeldkonzept wird auch unterstellt, solch „fachwissenschaftlich ausgerichteten“ Ansätze seien zur Anbahnung von Handlungsfähigkeit nur begrenzt geeignet. Hintergrund dieser Unterstellung sind Forschungsergebnisse zur „Trägheit“ wissenschaftlichen Wissens. So konnte man bei Studierenden der Wirtschaftswissenschaften und bei Medizinern zeigen, dass das im Studium erworbene Wissen in der Praxis nicht bzw. nur bedingt zur Anwendung gebracht werden kann (*Renkl* 1996). Ungeklärt ist allerdings, ob diese Befunde generalisiert werden können. Zweifel daran speisen sich aus den Unterschieden dualer und wissenschaftlicher Ausbildung sowie der in der Rezeption der Befunde üblicherweise fehlenden expliziten Prüfung der Übertragbarkeit.

## Die Orientierungsleistung des Konzeptes

Das zentrale Anliegen wesentlicher Konzeptvertreter war bzw. ist die Aufbereitung berufsrelevanten Wissens in Orientierung an den Lernvoraussetzungen der Lernenden. Dabei wird unterstellt, den Lernenden (z. B. Berufsschülern) sei das berufsrelevante Wissen, wie es in korrespondierenden wissenschaftlichen Diszi-

[32] Vgl. *Grüner* 1978, S. 66.

plinen erarbeitet und systematisiert wurde, in der dort üblichen Komplexität nicht oder nur begrenzt zugänglich und müsse deshalb didaktisch reduziert werden. Was in welchem Umfang und in welcher Weise didaktisch zu reduzieren ist, bleibt offen und muss von den Lehrenden in Kenntnis der Anwendungsbedingungen entschieden werden. Hilfreich können dabei Umsetzungshinweise werden wie z. B. über Erläuterungen mit Hilfe von Analogien, Beispielen (als Konkretisierungen von etwas Allgemeinem), Vereinfachungen durch Weglassen verständniserschwerdender Einflussfaktoren oder die Einführung vereinfachender Randbedingungen, die das Verständnis zu erleichtern. Der Anwender könnte im Anschluss an diese Hinweise z. B. systematisch klären, welche Analogien, Beispiele, Vereinfachungen das Verständnis erleichtern könnten. Typisch für in der Literatur vorfindliche Beispiele zur didaktischen Reduktion ist das Bemühen die Anwendungsbedingungen des systematischen Wissens in einer Form einzubeziehen, die den Lernenden Anschlüsse an den eigenen Erfahrungsraum und damit das eigene Vorwissen erleichtert[33]. Sofern Lehrende sich in ihren didaktischen Reduktionsverfahren vom Gedanken leiten lassen, das Vorwissen der Lernenden und deren Erfahrungsraum als wichtige Bezugsgrößen zu berücksichtigen, folgen sie implizit, wenn auch auf Teilaspekte eingeschränkt, der Anforderung des Berliner Modells, die anthropologischen psychologischen Voraussetzungen der Lernenden zu beachten. In größerem Stil liegen Ergebnisse didaktischer Reduktionsbemühungen in Form von Lehrbüchern[34] vor, welchen im Unterricht der Berufsschule ein erheblicher Stellenwert zukommt.

Nutzt man z. B. das Berliner Modell als Referenzrahmen zur Analyse der Orientierungsleistung des Konzepts der didaktischen Reduktion, dann wird deutlich, dass explizite Aussagen zur Berücksichtigung der soziokulturellen Voraussetzungen ebenso fehlen wie systematische Reflexionen zu den Entscheidungsfeldern „Methoden“, „Intentionen“ und „Medien“. Die Frage nach der Auswahl der Inhalte wird auch eher implizit entschieden, indem das berufsrelevante Wissen, speziell jenes, das Facharbeiter bzw. die Adressaten und Ingenieure bzw. die korrespondierende Fachwissenschaft gemeinsam haben, als reduktionsrelevant ausgewiesen wird. Die Frage, um welches Wissen es sich dabei handelt, bleibt jeweils kontextspezifisch zu beantworten. In der Praxis wird dieser Kanon durch sukzessive Fortschreibungen aktualisiert und in Ordnungsmitteln und Lehrbüchern fixiert. Das von *Grüner* als facharbeitertypisches Berufswissen

[33] Vgl. dazu das Hebelbeispiel von *Grüner*.

[34] Zuzuordnen sind hier auch Schulungsunterlagen etc. für spezielle Kurse schulischer, betrieblicher und überbetrieblicher Lehrprogramme.

ausgewiesene Wissen könnte gegebenenfalls auch ohne didaktischen Reduktionsprozess vermittelt bzw. erarbeitet werden.

Die dem Konzept zugrunde liegende Intention ist es den Lernenden das Verständnis des berufsrelevanten Wissens zu ermöglichen. Zugleich verbindet *Grüner* damit den Anspruch, der Praxis eine Theorie zu geben, die geeignet ist, das was in der Praxis oft intuitiv getan wird, auf eine höhere Bewusstseinsstufe zu heben und damit theorieorientiertes Handeln zu ermöglichen. Ausgangspunkt ist dafür nicht die Wissenschaft, sondern die berufliche Praxis (*Grüner* 1978, S. 76).

Die Einlösung dieses Anspruchs setzt voraus, dass Lehrende mit der beruflichen Praxis ihrer Klientel vertraut und in der Lage sind, im Reduktionsprozess wissenschaftliche Aussagesysteme und die Anforderungen der beruflichen Praxis angemessen aufeinander zu beziehen. Wie das im Einzelnen zu leisten ist, bleibt in den Konzepterläuterungen weitgehend offen, fand jedoch in der Form von Lehrbüchern seinen Niederschlag.

Mit dem Anspruch einerseits Verständnis zu sichern und andererseits theoretische Überlegungen für die Praxis fruchtbar zu machen, sind gemessen an der Bloomschen Zielklassifikation zumindest die ersten drei Stufen (Wissen, Verstehen, Anwenden), gegebenenfalls jedoch auch die höchste Stufe (Bewerten) abgedeckt.

Zur methodischen Gestaltung vertrat *Grüner* die Position, dass das der didaktischen Reduktion zugrunde liegende Kernelement der Erklärung als ein in den verschiedenen Lehrformen einzusetzender Lehrgriff einzuschätzen sei (ebd. S. 69). Methodische Ansätze, in welchen die selbständige Erarbeitung der Inhalte durch die Lernenden einen herausragenden Stellenwert besitzen, lehnt *Grüner* nicht ab, sondern fordert „In der gewerblichen Berufsschule wird man darauf sehen, dass die Schüler sich viel selbst erarbeiten, dass der 'fruchtbare Moment' nicht zerredet wird, man wird aber zugeben müssen, dass es doch viele schwachbegabte Schüler gibt, die denkungewohnt sind, bei denen es gerechtfertigt ist, wenn man so verfährt, wie es in der oben gezeigten Schüleraussage heißt: 'Deshalb ist es besser, ein Lehrer erklärt einmal zuviel als einmal zu wenig'" (ebd. S. 69). Zur Begründung dieser Positionierung kann *Grüner* zum damaligen Zeitpunkt zwar keine empirisch abgesicherten domänenspezifische Befunde ins Feld führen, Ergebnisse der ATI-Forschung und neuere Befundlagen (*Nickolaus; Knöll; Heinzmann* 2005, *Nickolaus* 2004 a) bestätigen jedoch seine Einschätzungen bereichsspezifisch.

Zur medialen Unterstützung des Lehr-Lernprozesses bleiben die konzeptionellen Darstellungen der didaktischen Reduktion weitgehend unfruchtbar, sieht man von der allgemeinen Forderung nach Fassbarkeit und der Anknüpfung am beruflichen Erfahrungshorizont ab.

Die hier erörterten Orientierungsleistungen sind beschränkt auf die Mikorebene. Darüber hinaus verweist *Grüner* auf Potentiale der didaktischen Reduktion als Instrument der Curriculumanalyse und Curriculumkonstruktion, wobei er ausdrücklich betont, dass sowohl die berufliche Praxis als auch die einschlägigen Wissenschaften zentrale Bezugsfelder seien (ebd. S. 101).

## Aufgaben zur vertiefenden Erschließung des Konzeptes

Die in der Kritik an diesem Konzept geäußerten Zweifel am praktisch Werden der Orientierungsleistung solcher Aussagesysteme bleibt vermutlich so lange berechtigt, wie sich die Rezeption auf den Nachvollzug der Gedankengänge beschränkt.

Um eine vertiefte Erarbeitung und die Nutzung des Konzepts zu begünstigen, scheint die Bearbeitung einiger Anwendungsaufgaben hilfreich. Die Aufgaben sind so gewählt, dass unterschiedliche fachliche Zuschnitte einbezogen sind, u. a. eine Aufgabenstellung zu einem berufspädagogischen Themenfeld, das vermutlich von allen Lesern bearbeitet werden kann.

1. Wählen Sie aus einem Ihrer Studiengebiete ein eng umgrenztes Themengebiet und versuchen Sie dasselbe so darzustellen, dass auch schwache Absolventen der Hauptschule die Möglichkeit haben das Dargebotene zu verstehen.

2. Prüfen Sie, ob Ihr Reduktionsverfahren horizontaler oder vertikaler Natur ist und inwieweit gegebenenfalls der Geltungsbereich der Aussagen eingeschränkt wurde.

3. Prüfen Sie, ob das Konzept der didaktischen Reduktion mit den Vorstellungen Klafkis zur Begründung und Auswahl von Zielen kompatibel ist und inwieweit dieses Konzept im Vergleich zu den allgemeinen didaktischen Modellen zusätzliche Hilfestellungen für die Planung von Lehr- Lernprozessen bereitstellt.

Diskutieren Sie die Ergebnisse Ihrer Bearbeitung auch mit anderen Studierenden.

### 4.2.2 Der gestaltungsorientierte Ansatz (*Rauner*)

Der Ansatz Rauners wird zwar am Beispiel der Elektrotechniklehre entfaltet, wurde jedoch in der Grundstruktur auch für andere Technikfelder rezipiert und weist enge Bezüge zum Lernfeldkonzept auf. D. h., die Relevanz des Ansatzes weist über das Anwendungsfeld der Elektrotechnik hinaus.

#### Ausgangsprämissen

*Rauner* unterstellt in anthropologischer Perspektive, dass die Gestaltung der Technik, als eines wesentlichen Teils der Lebensumwelt, eine Grundform menschlicher Lebensäußerung darstellt. Diese Gestaltung erfolge auf ganz unterschiedlichen Ebenen als komplexer Prozess. Perspektivisch geht es ihm darum zur Teilhabe an diesem Gestaltungsprozess zu befähigen, wozu die geistige Durchdringung dieses Gestaltungsprozesses aus verschiedenen Perspektiven nötig ist. Die Notwendigkeit dieser geistigen Durchdringung des technischen Gestaltungsprozesses unterstellt er auch für eine bewusste Handhabung der Technik (*Rauner* 1986, S. 134 ff.). Der Entwurf der Konzeption folgt in emanzipatorischer Absicht im Anschluss an *Lempert*. Leitidee ist ein Beitrag zu einer demokratischen Bildung, d. h. zur Befähigung zur Mitgestaltung zukünftiger sozialer und humaner Lebensverhältnisse (ebd. S. 141).

#### „Dimensionen“ einer (Elektro)techniklehre

Wichtig ist es *Rauner*, ausgehend von den obigen Prämissen, dass Technik nicht nur eingeschränkt auf funktionale technologische Systeme gelehrt wird, sondern Technik immer in einem übergreifenden Gesamtzusammenhang thematisiert wird, in dem auch Zweck – Mittel – Relationen, d. h. gesellschaftliche und arbeitsorganisatorische Zwecke, Folgen und Nebenfolgen zum Gegenstand werden.

Als Dimensionen einer erweiterten, d. h. über die reine Technologie hinausreichende Elektrotechnik-Lehre weist er aus:

Elektrotechnisches Verständnis, das Jahrzehnte in den Zielbestimmungen des Elektrotechnikunterrichts dominierte, wird nach den Vorstellungen Rauners keineswegs hinfällig, sondern zur Voraussetzung für Gestaltungsprozesse von Technik. Über das technologische Verständnis hinaus sind s. E. jedoch auch die weiteren Dimensionen zu erschließen um zur Mitgestaltung zu befähigen.

Die technologische „Dimension“ umfasst Kompetenzen zum Aufbau und zur Funktionsweise elektrotechnischer Komponenten und Systeme. Bei der historischen Gewordenheit geht es um die historische Entwicklung der Technik, einschließlich relevanter Interessen, gesellschaftlicher Kräfte etc. und welche gesellschaftlichen Folgen mit der Implementation und Verbreitung der Technik einhergingen.

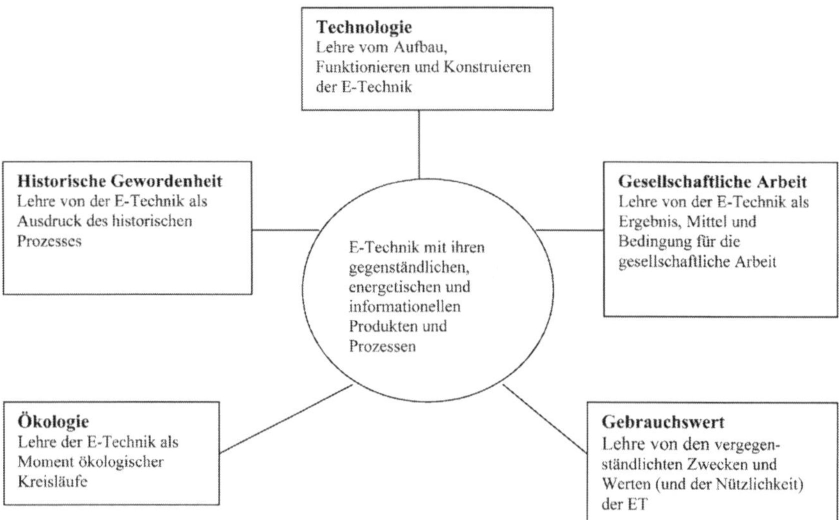


Abb. 12: Dimensionen einer erweiterten Techniklehre (vgl. *Rauner* 1986, S. 149)

Die ökologische Dimension bezieht sich auf die Folgen der Technik für die natürliche Umwelt, relevant werden in diesem Zusammenhang z. B. Fragen des Energieverbrauchs, Emissionen, Reparaturfreundlichkeit und Ökobilanzen verschiedener Systeme. Beim Gebrauchswert geht es um individuellen und gesellschaftlichen Nutzen, Einflüsse auf ökonomisches Wachstum und die Produktivität aber auch um (unerwünschte) Nebenfolgen. Die „Dimension" der gesellschaftlichen Arbeit umfasst z. B. Aspekte wie den Einsatz elektrotechnischer Systeme im Arbeitsprozess (u. a. Antriebs- und Steuerungstechnik, Automatisierung), Überwachungs- und Informationssysteme, Einflüsse auf die Produktivität und Arbeitsplatzgestaltung etc. (*Rauner* 1986, S. 142 ff.). In neueren Arbeiten verweist *Rauner* auch auf die Relevanz der Arbeitsplatzqualität für das Lernen am Arbeitsplatz bzw. die Bedeutung des impliziten und expliziten Lernens am Arbeitsplatz für eine Didaktik betrieblicher Berufsbildung (*Rauner* 1996, S. 424).

In Abkehr von tradierten curricularen Zuschnitten, in welchen die elektrotechnische Grundbildung durch eine Einführung / Erarbeitung elektrotechnisch-physikalischer Grundlagen gekennzeichnet ist, forderte *Rauner* eine curriculare Struktur ein, in der die elektrotechnische Grundbildung so ausgeweitet wird, dass der gesellschaftliche Bezug bzw. die obigen Dimensionen der Elektrotechnik als ein Gesamtzusammenhang in den Blick geraten. Gegenstand der ersten Näherungen sollen nach seinen Vorstellungen Anwendungsfelder und Formen (Zweck – Mittel – Relationen) der Technik sein, nicht jedoch technisch-physikalische Zusammenhängen. Erst wenn elektrotechnische Systeme von der Gebrauchswertseite untersucht würden, so *Rauner*, würde aus dem Fachinhalt ein bildungsrelevanter, berufsbezogener Lehrinhalt (*Rauner* 1996 b, S. 90 ff.). In der Grundausbildung soll nach *Rauner* die Perspektive des Anwenders eingenommen werden, die Behandlung von Detail- und Funktionswissen sowie fachsystematisches Vertiefungswissen (Perspektive der Instandhaltung) verortet er in der Fachbildung (vergl. folgendes Schaubild).

Ausgangspunkt für die Erschließung relevanten Wissens soll der konkrete Arbeitsprozess bzw. dessen Analyse sein.

*Rauner* erwartet von dieser curricularen Umstrukturierung, die in der Umsetzung des Lernfeldkonzeptes gegenwärtig mehr oder weniger wirksam wird, einen Beitrag zur Anbahnung von Gestaltungsfähigkeit.

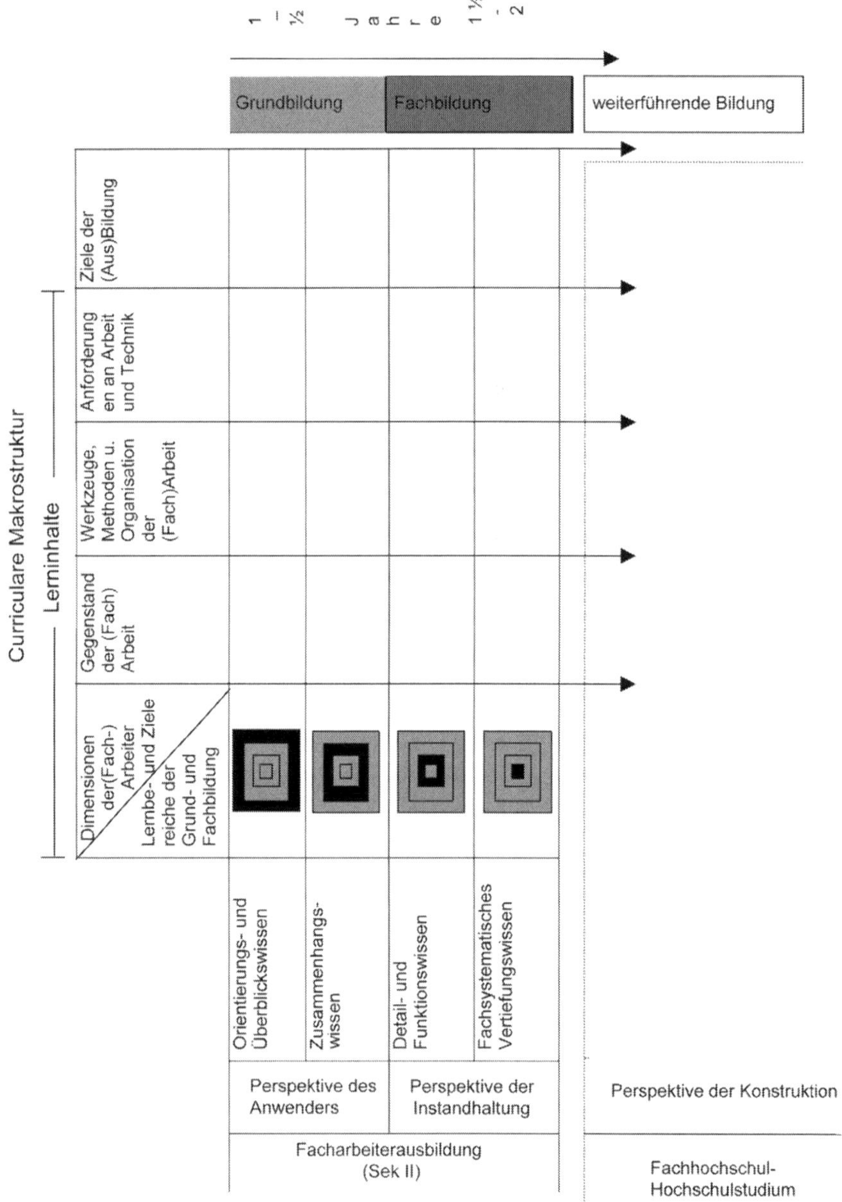


Abb. 13: Curriculare Makrostruktur für Lehrpläne gewerblich-technischer Berufe (vgl. *Rauner* 1996, S. 97 f.)

## Kritik und Orientierungsleistung des Konzepts

Eine konsequente Umsetzung des Konzeptes erfordert u. a. die Überwindung folgender Problemlagen:

- Das Arbeitsprozesswissen, das zum Ausgangspunkt der Erschließung relevanten Gestaltungswissens werden soll, ist einem beständigen Wandel unterworfen und kann gegebenenfalls nur mit erheblichem Aufwand zeitnah erfasst werden.
- Die Anreicherung der curricularen Struktur führt zu deutlich geringeren Zeitkontingenten für die Auseinandersetzung mit elektrotechnischem „Vertiefungswissen“ bzw. elektrotechnisch-physikalischem Wissen, das für das Verständnis technischer Systeme nötig ist. Zumindest partiell dürfte sich auch die umfassende Berücksichtigung der ausgewiesenen Dimensionen als problematisch erweisen.
- Eine empirische Überprüfung der Effekte des Ansatzes auf die Gestaltungskompetenz steht aus.

Wie oben angemerkt, finden sich strukturelle Parallelen zwischen diesem Ansatz und Umsetzungsvarianten des Lernfeldkonzepts. Der Arbeitsprozess als Ausgangspunkt für die Strukturierung des Lernprozesses, die Anreicherung technologischer Perspektiven durch gesellschaftlich relevante Aspekte, insbesondere betriebswirtschaftliche Reflexionen bei der Umsetzung des Lernfeldkonzeptes, weist in diese Richtung.

Die von *Rauner* herausgearbeiteten Dimensionen sind vermutlich auf Grund zeitlicher Restriktionen nicht durchgängig bearbeitbar, als Hinweise auf relevante Entscheidungsaspekte in didaktischen Planungs- und Analyseprozessen können sie sich dennoch als hilfreich erweisen.

Wenig Orientierung bietet der Ansatz aus mikrodidaktischer Perspektive, curriculare Erwägungen stehen im Vordergrund. Hinweise dazu finden sich in später publizierten beispielhaften Umsetzungsversuchen z. B. in der Zeitschrift Lehren und Lernen in der Rubrik Praxisberichte.

## Aufgaben

1. Gehen Sie anhand eines selbstgewählten technischen Systems (z. B. elektrisches Messer, Fließband), soweit es Ihr Vorwissen zulässt, der Frage nach, welche Aspekte, bezogen auf die einzelnen „Dimensionen“, bedeutsam werden könnten.

2. Versuchen Sie bezogen auf ein selbst gewähltes technisches Produkt Literatur zur Ökobilanz dieses Produktes bzw. einer Produktgruppe zu erschließen und erstellen Sie im Rückgriff auf ein allgemeines Planungsmodell (z. B. das Berliner oder Hamburger Modell) für eine Berufsschulklasse / betriebliche Ausbildungsgruppe die inhaltliche Grundstruktur einer Lehreinheit.
   Reflektieren Sie im Rückgriff auf Lehrpläne / Ausbildungsverordnungen die Umsetzbarkeit der entstandenen Lehreinheit in der beruflichen Ausbildungspraxis.
3. Worin bestehen die Unterschiede zwischen der didaktischen Reduktion und dem Ansatz Rauners?
4. Analysieren Sie im Rückgriff auf das Didaktische Modell von *Schulz* das Konzept *Rauners*.
5. Prüfen Sie, ob mit dem Konzept der didaktischen Reduktion und dem gestaltungsorientierten Ansatz Orientierungshilfen bereitgestellt werden, die Sie benötigen um eine Lehreinheit zu planen. Zu welchen Aspekten des Planungsgeschehens benötigen Sie weitergehende Informationen / Theorien? Nutzen Sie zur Bearbeitung des letzten Frageteils auch das Strukturmodell (Abb. 1).

### 4.2.3 Das Konzept der Schlüsselqualifikationen (SQ) (*Mertens* u. a.)

**Ausgangssituation**

Die Vorstellung, die Heranwachsenden mit jenen Fähigkeiten und Kenntnissen auszustatten, die sie in den Stand setzen, künftige, nie völlig absehbare Herausforderungen zu bewältigen, fasziniert die Pädagogen seit langem. Inwieweit eine solche Vorbereitung eher durch die Vermittlung zentraler Inhalte oder eher über die Schulung allgemeiner, übergreifender Fähigkeiten zu erreichen sei, war lange eine intensiv diskutierte Frage. Es war ein Verdienst von *Klafki* den Versuch zu unternehmen, das „entweder oder“ in ein „sowohl als auch“ unter dem Begriff der kategorialen Bildung aufzulösen (vgl. Abschnitt 4.1). Ohne von den pädagogischen Debatten um diese Problematik nähere Kenntnis zu nehmen, legte *Mertens*, damals Direktor des Instituts für Arbeitsmarkt- und Berufsforschung, 1974 Thesen zur Schulung in einer modernen Gesellschaft vor, im Rahmen derer er aus arbeitswissenschaftlicher Perspektive dafür plädierte künftig der Förderung von SQ zentralen Stellenwert einzuräumen. Diese SQ sollten die eigenständige Erschließung immer neuen Wissens ermöglichen. *Mertens* brachte diese Forderungen ein a) vor dem Hintergrund erheblicher Prognosedefizite zu den künftigen Qualifikationsanforderungen, b) der Erkenntnis sich schnell verändernder Qualifikationsanforderungen und c) der These, das Zerfallstempo des Wissens sei umso größer, je größer dessen Praxisnähe sei.

**Das Konzept**

Unter SQ verstand *Mertens* solche Kenntnisse, Fähigkeiten und Fertigkeiten, welche nicht unmittelbaren und begrenzten Bezug zu bestimmten disparaten praktischen Tätigkeiten erbringen, sondern sich für eine große Zahl von Positionen und Funktionen zum gleichen Zeitpunkt und für die Bewältigung von meist unvorhersehbaren Änderungen von Anforderungen im Laufe des Lebens eignen (*Mertens* 1974). Damit unterstellte *Mertens* implizit, es gäbe weitgehend situationsunabhängige Qualifikationen, d. h. Handlungsfähigkeit sei primär bestimmt durch bestimmte Persönlichkeitsmerkmale und weniger durch die Handlungssituation selbst (vgl. *Reetz* 1990, S. 174).

Auf den ersten Blick ist der Grundgedanke von *Mertens* bestechend, da mit solchen SQ erstens das Problem überwunden scheint, künftige Qualifikationsanforderungen nicht hinreichend prognostizieren und damit nicht gezielt auf die künftigen Anforderungen vorbereiten zu können und zweitens so der beständige Wandel bewältigbar scheint.

*Mertens* unterschied vier Typen von SQ, nämlich

- Basisqualifikationen als Qualifikationen höherer Ordnung, mit vielfältigen Anwendungsgebieten wie z. B. logisches Denken, analytisches Denken, strukturierendes Denken, kritisches Denken,
- Horizontalqualifikationen, die eine möglichst effiziente Nutzung der Informationshorizonte der Menschheit sichern sollen (Informiertheit über Informationen, deren Beschaffung, Verarbeitung, Verbreitung)
- Breitenelemente als zwar spezielle, aber auf breiter Ebene benötigte Qualifikationen wie z. B. Messtechnik, Befestigungs- oder Verbindungstechniken und
- Vintage-Faktoren, die durch Innovationen entstandene Qualifikationsdifferenzen zwischen den Generationen aufheben sollten, wie z. B. EDV-Kenntnisse.

*Mertens* gab darüber hinaus auch Anregungen, mit welchen Mitteln diese Qualifikationen anzubahnen seien. So regte er z. B. an, logisches Denken über die Auseinandersetzung mit formaler Logik oder Schaltalgebra, kooperatives Vorgehen durch geeignete Spiele usw. zu fördern (ebd. S. 41 f). Ob die von *Mertens* vorgeschlagenen Fördermaßnahmen geeignet sind die angestrebten „SQ" zu befördern, wurde bisher nicht systematisch geprüft. Von wissenschaftlicher Seite wurden relativ schnell kritische Stimmen laut, die z. T. in Frage stellten, ob der Transfer solch übergreifender Qualifikationen in konkrete berufliche Anwendungssituationen gelingen könne (*Boehm* u. a. 1974, *Reetz* 1976) bzw. ob es solch übergreifende, in allen möglichen Anwendungssituationen einsetzbaren Qualifikationen überhaupt gäbe (*Zabeck* 1989). Trotz dieses ernst zu nehmenden Zweifels machte das Konzept der SQ etwa ab Mitte der 80er Jahre in der berufspädagogischen Praxis Karriere. Begünstigt wurde die positive Aufnahme des Konzepts durch arbeitswissenschaftliche Erkenntnisse zu Veränderungen von Qualifikationsanforderungen in der industriellen Produktion (*Kern; Schumann* 1984) und im Angestelltenbereich (*Baethge; Oberbeck* 1986). In diesen Untersuchungen wurden Veränderungen der betrieblichen Organisations- und Arbeitsstrukturen beschrieben, die durch eine (partielle) Abwendung von stark arbeitsteiligen und eine Hinwendung zu mehr funktionsintegrativen und ganzheitlichen Arbeitsorganisationsformen gekennzeichnet waren. Mit diesem arbeitsorganisatorischen Wandel gingen verstärkt Qualifikationsanforderungen einher, wie Flexibilität, selbständiges Handeln, analytische und kommunikative Fähigkeiten, etc., die in hohem Grade mit dem Konzept der SQ kompatibel schienen. In der Folgezeit wurde eine Fülle, z. T. auf betriebliche Bedürfnisse zugeschnittener oder aus wissenschaftlich berufspädagogischer Perspektive das Konzept von *Mertens* ergänzender oder modifizierender Vorschlägen vorgelegt.

*Reetz* systematisierte in einem 1990 erschienenen Beitrag im Rückgriff auf einige zentrale Konzeptvorschläge die Schlüsselqualifikationselemente neu (s. u.), wobei er auf die in der Bildungstheorie übliche Unterscheidung zwischen materialer und formaler Bildung rekurrierte und ergänzend personale Verhaltensweisen auswies.

| Schlüsselqualifikationen | | | |
|---|---|---|---|
| Materielle KENNTNISSE und FERTIGKEITEN | 1. | Berufsübergreifende, d.h. allgemein bildende Kenntnisse und Fertigkeiten: z.B. Kulturtechniken, Fremdsprachen, technische und wirtschaftliche und soziale Allgemeinbildung | BREITEN-ELEMENTE (n. *Mertens*) |
| | 2. | Neuaufkommende Kenntnisse und Fertigkeiten: z.B. Elektronische Datenverarbeitung, Mikroelektronik, Pneumatik, Hydraulik, neue Technologien | VINTAGE-FAKTOREN (n. *Mertens*) |
| | 3. | Vertiefte Kenntnisse und Fertigkeiten, d.h. Ausbau von Grundlagen, die wenig veränderbar sind: z.B. höherer Messlehrgang, Fachfremdsprache | TIEFEN-ELEMENTE (n. Bunk) |
| | 4. | Berufsausweitende, d.h., über den Einzelberuf hinausgehende Kenntnisse und Fertigkeiten: auf Berufsfeldbreite, auf weitere inhaltlich und funktional verwandte Gebiete | KONZENTRISCHE ELEMENTE (n. Bunk) |
| Formale FÄHIGKEITEN | 1. | Selbständiges; logisches, kritisches, kreatives Denken | BASISQUALIFIKATIONEN (n. *Mertens*) |
| | 2. | Gewinnen und Verarbeiten von Informationen, Informiertheit über Informationen | HORIZONTAL-QUALIFIKATIONEN (n. *Mertens*) |
| | 3. | Selbständiges Lernen, das Lernen lernen, sich etwas erarbeiten können | LERN-QUALIFIKATIONEN (n. Bunk) |
| | 4. | Anwendungsbezogenes Denken und Handeln, Einsatz der eigenen Sensibilität und Intelligenz, z.B. bei Umstellungen und Neuerungen, im Vorschlags- und Erfindungswesen | TRANSFER-QUALIFIKATIONEN (n. Bunk) |
| | 5. | Entscheidungsfähigkeit, Führungsfähigkeit, Gestaltungsfähigkeit, z.B. Selbstständigkeit bei Planung, Durchführung und Kontrolle | HANDLUNGS-QUALIFIKATIONEN (n. Bunk) |
| Personale VERHALTENS-WEISEN | 1. | Verhaltensqualifikationen mit *einzelpersönlicher* Betonung: u. a. Selbstvertrauen, Optimismus, Wendigkeit, Anpassungsfähigkeit, Gestaltungskraft, Leistungsbereitschaft, Eigenständigkeit | WERTHALTUNGS-QUALIFIKATIONEN (n. Bunk) |
| | 2. | Verhaltensqualifikationen mit *zwischenmenschlicher* Betonung: u. a. Kooperationsbereitschaft, Fairness, Verbindlichkeit, Gerechtigkeit, Aufrichtigkeit, Dienstbereitschaft, Teamgeist, Solidarität | |
| | 3. | Verhaltensqualifikationen mit *gesellschaftlicher* Betonung: u. a. Fähigkeit und Bereitschaft zu wirtschaftlicher Vernunft, technologischer Akzeptanz und zum sozialen Konsens | |
| | 4. | Arbeitstugenden, u. a. Genauigkeit, Sauberkeit, Zuverlässigkeit, Exaktheit, Pünktlichkeit, Ehrlichkeit, Ordnungssinn, Konzentration, Ausdauer, Pflichtbewusstsein, Fleiß, Disziplin, Hilfsbereitschaft, Rücksichtnahme | |

Abb. 14: Klassifikationsvorschläge zum Konstrukt der Schlüsselqualifikationen (*Reetz* 1990, S. 30)

Besonders markant sind dabei jene Ergänzungen, die betriebliche Erwartungshorizonte widerspiegeln, wie beispielsweise wesentliche Elemente der personalen Verhaltensweisen.

## Die Aufnahme des Konzepts

Aus berufspädagogischer Perspektive stieß das Konzept der SQ trotz der oben angedeuteten Kritik ebenfalls auf positive Resonanz. Verursacht war dies wohl durch die Hoffnung im Rahmen dieses Konzepts Bildungsidealen näher zu kommen. Das in der obigen Übersicht deutlich werdende Qualifikationsspektrum ermöglichte letztlich den Unternehmen, den Gewerkschaften und den Berufspädagogen eine Identifikation mit dem Schlüsselqualifikationskonzept. Nach wie vor bestehende Differenzen in den Zielgewichtungen blieben häufig unthematisiert, insgesamt war dies wohl die Grundlage für die Karriere des Konzepts, die in vielfältigen Modellversuchen und curricularen Neuausrichtungen Ausdruck fand. Anders als in den 70er Jahren, in welchen im Rahmen der Bildungsreform ebenfalls die Förderung fachübergreifender Fähigkeiten, kritischen Denkens und die Befähigung zum selbstständigen Handeln in der Perspektive zur Teilhabe an umfassenden gesellschaftlichen Reformen herausgestellt wurden, trat im Konzept der SQ ideologiekritisches Denken zurück. Des Weiteren setzte man nicht mehr auf eine systematische Wissenschaftsorientierung als zentrales Mittel zur Anbahnung umfassender Handlungsfähigkeit, sondern unterstellte, Handlungsfähigkeit sei viel eher über eine konsequente Handlungsorientierung der Lehr-Lernprozesse zu fördern. Insoweit stehen die Konzepte der SQ und der Handlungsorientierung (s. u.) in engem Zusammenhang.

Den Ertrag der Debatten um die SQ[35] für die pädagogische Praxis sehe ich primär in

a) vielfältigen Modellversuchen, in welchen man das Konzept bereichsspezifisch konkretisierte und erprobte,
b) dem Anstoß für eine didaktische Neuausrichtung, die gegenwärtig in den Konzepten der Handlungsorientierung und dem Lernfeldkonzept wirksam ist und
c) der mehr oder weniger gelungenen Vergewisserung über wünschenswerte fachübergreifende Qualifikationen sowie deren Konkretisierung und Systematisierung.

Zentrale Schwächen des Konzepts bestehen

- in der nach wie vor ungeklärten Transferproblematik,
- der inflationären Indienstnahme des Konzepts, die u. a. in über 600 so genannter SQ Ausdruck findet und damit den Grundgedanken ad absurdum führt,
- des pädagogischen Problems, dass sich manche „SQ“ nicht direkt lehren lassen, sondern nur durch die Schaffung günstiger Rahmenbedingungen förderbar scheinen und
- dem z. T. unbefriedigenden Stand der Verfahren zur Erfassung komplexer übergreifender Fähigkeiten in der berufspädagogischen Praxis.

---

[35] Siehe dazu auch den von *Gonon* herausgegebenen Sammelband (*Gonon* 1996)

Nutzt man als Kriterium für die Zuschreibung des SQ-Merkmals die prognostische Kraft der empirisch ermittelten Einflussfaktoren für die berufsfachliche Kompetenzentwicklung, so erweisen sich das bereichsspezifische Vorwissen, die mathematischen Kompetenzen, verstärkt bei Leistungsschwächeren die Lesekompetenz und die allgemeinen kognitiven Grundfähigkeiten als besonders bedeutsame Schlüssel für den Erwerb neuer Kompetenzen (vgl. z. B. *Nickolaus; Abele* 2017). Für fachliche Problemlöseleistungen ist das Fachwissen der mit Abstand bedeutsamste Einflussfaktor, allgemeine Problemlösekompetenzen, wie sie z. B. im Kontext der neueren PISA Studien erfasst werden, erbrachten für fachliche Problemlöseleistungen, die bei Kfz Mechatronikern und Elektronikern über die Fehlerdiagnoseleistung am Kfz bzw. in elektrotechnischen Systemen ermittelt wurden, keine Erklärungsanteile (*Abele* u. a. 2012).

### Aufgaben

1. Konkretisieren Sie die in der Übersicht zu den SQ ausgewiesenen Qualifikationen. Nutzen Sie dazu gegebenenfalls auch die in Abschnitt 2.3 enthaltenen Lehrzielklassifikationen.
2. Lesen Sie ergänzend den Beitrag von *Reetz* (1990) zur Problematik der SQ.
3. Suchen Sie einen Modellversuchsbericht zur Förderung von SQ und prüfen Sie, ob in diesem Bericht empirische Befunde enthalten sind, auf deren Basis ausgesagt werden kann, dass sich bei den Lernenden SQ entwickelt haben.
4. Welche zusätzliche Orientierungsleistung bietet dieses Modell im Vergleich zu den zuvor behandelten Modellen und Konzepten? Gehen Sie bei der Bearbeitung so vor, dass Sie das Strukturmodell Abb. 1 kopieren und jeweils farbig markieren zu welchen Elementen und Bezügen des Strukturmodells etwas ausgesagt wird.
5. Reflektieren Sie, welche Konsequenzen das kurze Verfallsdatum praxisnaher Qualifikationen für didaktische Konzepte hat, in welchen das Situationsprinzip stark betont wird.

### 4.2.4 Das Konzept der Handlungsorientierung

Das Konzept der Handlungsorientierung ist seit den 90er Jahren das in programmatischen Positionierungen in der Regel präferierte Konzept. „Handlungsorientierung" wird dabei als Sammelbegriff für die didaktisch–methodische Modernisierung beruflicher Bildung verwendet. Wie in Abschnitt 4.2.3 angedeutet, wurde dieses Konzept im Anschluss an die Debatten zur Anbahnung von SQ in den 80er Jahren aktualisiert. Zentrale Begründungskontexte waren/sind:

- Veränderungen in den Qualifikationsanforderungen in Richtung erhöhter Ansprüche an die Selbstständigkeit, an Fähigkeiten zur Bewältigung des beständigen Wandels, soziale Kompetenzen, usw.
- Erkenntnisse/Annahmen zu positiven Effekten handlungsorientierter Lehr-Lernarrangements auf die Motivationsentwicklung.
- Erkenntnisse zu Problemen in universitären Ausbildungsgängen erworbenes Fachwissen in praktischen Handlungssituationen zu nutzen (träges Wissen, Transferproblematik), deren Tragfähigkeit man auch für die duale Berufsausbildung unterstellte bzw. unterstellt.
- Erkenntnisse/Annahmen zu günstigen Effekten handlungsorientierter Lehr- Lernarrangements auf die Kompetenzentwicklung, insbesondere auf die Entwicklung prozeduralen Wissens (Methodenkompetenz), den Wissenstransfer und die Problemlösefähigkeit.
- Erkenntnisse / Annahmen zu positiven Effekten für die Entwicklung sozialer Kompetenzen.

Für den schulischen Bereich der beruflichen Ausbildung wurde der Stellenwert handlungsorientierter Lehr- Lernarrangements über KMK (Kultusministerkonferenz)-Handreichungen und Lehrplangestaltungen systematisch angehoben, wenngleich die damit intendierten Reformprozesse an den Schulen nur zögerlich in Gang kamen (*Pätzold* u. a. 2003). Das Konzept der Handlungsorientierung bietet sowohl Aussagen zur Leitzielebene als auch zur curricularen und unterrichtlichen Ebene didaktischen Handelns.

## Zur Leitzielebene

In KMK-Handreichungen, die erstmals 1996 herausgegeben wurden um den Reformprozess schulischer Berufsausbildung voranzubringen, wird als Leitziel beruflicher Ausbildung „berufliche Handlungskompetenz" ausgewiesen. Kompetenz bezeichnet nach den Vorstellungen der KMK „den Lernerfolg in Bezug auf den einzelnen Lernenden und seine Befähigung zu eigenverantwortlichem Handeln in beruflichen, gesellschaftlichen und privaten Situationen". Demgegenüber wird Qualifikation als „Lernerfolg in Bezug auf die Verwertbarkeit, d. h. aus der Sicht der Nachfrage in beruflichen, gesellschaftlichen und privaten Situationen" verstanden (Sekretariat der ständigen Konferenz der Kultusminister der Länder in der Bundesrepublik Deutschland, Handreichungen 2000, S. 9). Berufliche Handlungskompetenz im obigen Sinne ist letztlich ein gleichwertiger Ausdruck zu dem, was seit der Berufsbildungsreform der 60/70er Jahre mit Mündigkeit umschrieben wurde und in der Berufs- und Wirtschaftspädagogik als konsensfähige Leitnorm gilt. In den weiteren Ausführungen der Handreichungen wird in einem gewissen Gegensatz zur weiten Fassung des beruflichen Kompetenzbegriffs allerdings eine Fokussierung auf konkretes berufliches Handeln vorgenommen und damit letztlich der Qualifikationsgedanke, d.h. die Bewältigung der konkreten Anforderungen in den Vordergrund gerückt. Verdeckt wird die darin enthaltene Widersprüchlichkeit durch gängige Annahmen zu den Qualifikationsanforderungen, die auf der Basis der oben angeführten Befunde mit den Schlagworten Selbstständigkeit, Flexibilität, Problemlösefähigkeit, soziale Kompetenz usw. umschrieben werden. Die empirische Befundlage war allerdings bereits damals keineswegs geeignet für die vielfältigen beruflichen und berufsspezifischen Anforderungssituationen durchgängig Anforderungsprofile zu belegen, die mit diesen Merkmalen zutreffend beschreibbar sind.

Vielmehr wurden bereichsspezifisch identifizierte Entwicklungstendenzen unzulässiger Weise generalisiert. So war z. B. Gruppenarbeit in der Produktion, die gerne als Ausdruck und Repräsentant sich verbreitender anspruchsvollerer Arbeitsorganisationsformen herangezogen wurde, weit weniger verbreitet als gemeinhin unterstellt (*Kleinschmidt; Pekruhl* 1994) und auch gegenwärtige Abschätzungen der Qualifikationsanforderungen im Kontext der Entwicklungen der Industrie 4.0 sind zum Teil kontrovers. Auffindbar sind sowohl Aussagen zu einer Polarisierung als auch zu einer durchgehenden Progression der Qualifikationsanforderungen (z.B. *acatech* 2016; *Zinke; Schenk; Wasiljew* 2014). In den Ausbildungsordnungen und Lehrplänen wurde und wird von eher wachsenden Anforderungen ausgegangen, was pädagogisch insoweit vorteilhaft scheint, als damit die Option eröffnet wird, für alle jene Voraussetzungen zu schaffen, die notwendig sind, sich in herausfordernden Anforderungskontexten zu bewähren und in Arbeitskontexten zu arbeiten, die für die persönliche Entwicklung förderlich sind (*Lempert* 2002). Ob die Auszubildenden und späteren Fachkräfte dann tatsächlich solch förderliche Arbeitsbedingungen vorfinden bzw. tatsächlich jene Kompetenzniveaus erreichen, die curricular angestrebt werden, ist nach der gegenwärtigen Befundlage allerdings eher zweifelhaft.

Zur Ausdifferenzierung beruflicher Kompetenz gibt es eine Reihe von Vorschlägen. Neben der unten ausführlicher dargestellten Variante der KMK, in der die drei Kompetenzdimensionen Fachkompetenz, Sozialkompetenz und Personale Kompetenz unterschieden werden, gibt es insbesondere auch Vorschläge, in welchen als vierte Dimension die Methodenkompetenz ausgewiesen wird. Empirisch lässt sich eine eigenständige Methodenkompetenz bisher allerdings nicht bestätigen, was vermutlich auch darauf zurückzuführen ist, dass fachliche und methodische Kompetenzen eng verwoben sind. Empirisch bestätigen lässt sich über verschiedene Berufe hinweg allerdings eine Ausdifferenzierung der Fachkompetenz in das Fachwissen, das auch das Verständnis von Sachverhalten umfasst und die Fähigkeit dieses Wissen anzuwenden (im Überblick Nickolaus 2011b; *Nickolaus; Seeber* 2013). In den Handreichungen der KMK wird unterstellt, Handlungskompetenz entfalte sich in den Dimensionen der Fach-, Personal- und Sozialkompetenz, deren ausgewogene Entfaltung zugleich Voraussetzung für Methoden- und Lernkompetenz sei[36] (Sekretariat der Ständigen Konferenz der KM der Länder in der BRD ... Handreichungen i.d.F. vom 15.09.2000, S. 9). Definiert werden diese Teilkompetenzen in den KMK-Handreichungen wie folgt:

**Fachkompetenz** bezeichnet die Bereitschaft und Fähigkeit, auf der Grundlage fachlichen Wissens und Könnens Aufgaben und Probleme zielorientiert, sachgerecht, methodengeleitet und selbstständig zu lösen und das Ergebnis zu beurteilen.

**Personalkompetenz** bezeichnet die Bereitschaft und Fähigkeit, als individuelle Persönlichkeit die Entwicklungschancen, Anforderungen und Einschränkungen in Familie, Beruf und öffentlichem Leben zu klären, zu durchdenken und zu beurteilen, eigene Begabungen zu entfalten sowie Lebenspläne zu fassen und fortzuentwickeln. Sie umfasst personale Eigenschaften wie Selbstständigkeit, Kritikfähigkeit, Selbstvertrauen, Zuverlässigkeit, Verantwortungs- und Pflichtbewusstsein. Zu ihr gehören insbesondere auch die Entwicklung durchdachter Wertvorstellungen und die selbstbestimmte Bindung an Werte.

**Sozialkompetenz** bezeichnet die Bereitschaft und Fähigkeit soziale Beziehungen zu leben und zu gestalten, Zuwendungen und Spannungen zu erfassen, zu verstehen sowie sich mit anderen rational und verantwortungsbewusst auseinanderzusetzen und zu verständigen. Hierzu gehört insbesondere auch die Ent-

[36] *Czycholl* zieht die Zweckmäßigkeit dieser Strukturierung in Zweifel, da letztlich alle auszudifferenzierenden Teilkompetenzen personale Dimensionen menschlichen Seins seien und unterscheidet selbst zwischen Selbstkompetenz, Sozialkompetenz, Sachkompetenz, Wertkompetenz und berufskritisch-reflektierter Kompetenz (*Czycholl* 2009, S. 176).

wicklung sozialer Verantwortung und Solidarität" (Sekretariat der ständigen Konferenz der Kultusminister der Länder ... Handreichungen 2000, S. 9).

Das in diesen Teilkompetenzen formulierte Anspruchsniveau ist äußerst ambitioniert. Inwieweit die Einlösung gelingt, bedarf der Klärung. Soweit Befunde zu Teilaspekten vorliegen, stützen diese Vermutungen zu Umsetzungsproblemen (*Beck* u.a. 1996, 1998, *Nickolaus* 2004a, *Nickolaus* 2004b, *Lehmann*; *Seeber* 2007, *Nickolaus/Geschwendtern, Geißel, Seeber* 2008; *Petsch; Norwig; Nickolaus* 2015).

## Zur curricularen Ebene

Auf der curricularen Ebene stellt sich die Frage, auf welche Weise die verschiedenen Lehr-Lernorte am besten zur Einlösung des Leitziels beitragen können. Berührt sind von dieser Frage einerseits das Teilproblem der curricularen Abstimmung der Lehr-Lernorte im dualen System und andererseits das Teilproblem der curricularen Ausrichtung des einzelnen Lehr-Lernortes. Zur Abstimmungsproblematik wurden zahlreiche Modellversuche durchgeführt, im Rahmen derer Kooperationsmodelle entwickelt, Kooperationsbarrieren identifiziert und Möglichkeiten zu deren Überwindung beschrieben wurden (*Euler; Berger* 1999). Als besonders problematisch erweist sich die Einlösung des Kooperationspostulates in betriebsheterogen zusammengesetzten Berufschulklassen, deren Schüler in unsystematisierter Form in Klein- und Mittelbetrieben ausgebildet werden. Am ehesten kann unter solchen Bedingungen über das „Auftragstypenkonzept" (*Jenewein* 1998), das durch einen an betrieblichen Auftragstypen orientierten Berufsschulunterricht gekennzeichnet ist, der Kooperationsanspruch eingelöst werden.

Für die Berufschule wurden in den letzten Jahren sukzessive Curricula implementiert, die an sogenannten Lernfeldern orientiert sind. Die KMK beschreibt „Lernfelder" als „durch Zielformulierung, Inhalte und Zeitrichtwerte beschriebene thematische Einheiten, die an beruflichen Aufgabenstellungen und Handlungsabläufen orientiert sind" (Sekretariat der ständigen Konferenz der Kultusminister der Länder in der BRD ... Handreichungen Stand 15.09.2000, S. 14; ausführlicher siehe Abschnitt 4.2.5). In besonderen Fällen, so die KMK, können innerhalb der Lernfelder thematische Einheiten unter fachwissenschaftlichen Gesichtspunkten vorgesehen werden, wobei jedoch auch in solchen Fällen der Zusammenhang mit dem Arbeitsprozess deutlich gemacht werden soll (ebd.). Diese Akzentuierung impliziert eine eindeutige Präferenz des Situationsprinzips. Entgegen gängiger didaktischer Forderungen nach einer gleichgewichtigen

Berücksichtigung des Situations-, Wissenschafts- und Persönlichkeitsprinzips wird hier zumindest das Wissenschaftsprinzip nachrangig berücksichtigt. Zur Einlösung des Persönlichkeitsprinzips wird angenommen, lernfeldorientierte Lehrpläne, deren Umsetzung in einem handlungsorientierten Unterricht erfolge, seien in besonderer Weise geeignet umfassend zur eigenständigen Lebensbewältigung vorzubereiten (Handreichungen 2000, S. 10f., 14ff.). Dem Wissenschaftsprinzip versucht man gerecht zu werden, indem hervorgehoben wird, dass die jeweiligen Arbeits- und Geschäftsprozesse in den Erklärungszusammenhang zugehöriger Fachwissenschaften zu stellen sind (ebd. S. 14).

Lerntheoretische und didaktische Erkenntnisse reklamierend führt die KMK folgende Orientierungspunkte eines handlungsorientierten Unterrichts an:

- Didaktische Bezugspunkte sind Situationen, die für die Berufsausübung bedeutsam sind (Lernen für Handeln).
- Den Ausgangspunkt des Lernens bilden Handlungen, möglichst selbst ausgeführt oder aber gedanklich nachvollzogen (Lernen durch Handeln).
- Handlungen müssen von den Lernenden möglichst selbstständig geplant, durchgeführt, überprüft, ggf. korrigiert und schließlich bewertet werden.
- Handlungen sollten ein ganzheitliches Erfassen der beruflichen Wirklichkeit fördern, z. B. technische, sicherheitstechnische, ökonomische, rechtliche, ökologische, soziale Aspekte einbeziehen.
- Handlungen müssen in die Erfahrungen der Lernenden integriert und in Bezug auf ihre gesellschaftlichen Auswirkungen reflektiert werden.
- Handlungen sollen auch soziale Prozesse, z. B. der Interessenerklärung oder der Konfliktbewältigung, einbeziehen (Sekretariat … Handreichungen 2000, S. 10).

## Zur unterrichtlichen Ebene

Die Vorstellungen zu dem, was einen handlungsorientierten Unterricht kennzeichnet, variieren sowohl in der Theorie als auch in der berufspädagogischen Praxis. Folgende Merkmale und ihre Ausprägungen scheinen für die Charakterisierung von handlungsorientierten Gestaltungsvarianten zentral:

1. Inwieweit sind die Elemente einer vollständigen Handlung erkennbar bzw. ausgeprägt (Zielsetzung, Handlungsplanung, Entscheidungsfindung, Durchführung, Kontrolle, Reflexion / Bewertung)?
2. Welche Ausbalancierung erhalten selbstbestimmte und angeleitete Handlungssequenzen? Inwieweit können die Lernenden z. B. auf die Ziel-

setzung der Lernhandlung Einfluss nehmen? Welche Unterstützung wird ihnen in den einzelnen Handlungsphasen zuteil?

3. Besitzt der Lern- bzw. Handlungsprozess notwendig den Ernstcharakter der Alltagstätigkeit oder hat er eher den Charakter eines Probehandelns wie z. B. bei Rollenspielen oder technischen Simulationen? Beschränkt sich die „Lernhandlung“ auf einen gedanklichen Vollzug oder werden Gegenstände manipuliert oder soziale Interakte vollzogen?
4. In welchem Verhältnis steht Kasuistik und verallgemeinernde Abstraktion bzw. welcher Stellenwert kommt der Reflexion von Lernhandlungen (Metakognition) zu?
5. Bezieht sich das Lernhandeln auf Operationen mit Symbolen, materiell-körperliche Gegenstände oder auf kommunikative Akte und Ergebnisse?

Entscheidend ist auch der Komplexitätsgrad jenes Problemfeldes, das durch die Lernhandlung erschlossen werden soll bzw. die Komplexität der Aufgabe, des Problems, das einer Lernsequenz zugrunde liegt.

Für praktische Entscheidungen zum Einsatz von handlungsorientierten Vermittlungs- und Erarbeitungsmethoden wäre es wünschenswert zu wissen, ob bei einem bestimmten Personenkreis, bestimmten Inhalten und spezifischen äußeren Randbedingungen Merkmalskonfiguration existieren, die im Hinblick auf die Kompetenz- und Motivationsentwicklung besonders vorteilhaft sind.

Am Beispiel: Ist es bei einem Personenkreis, der vergleichsweise bescheidene kognitive Fähigkeiten besitzt und über ein eher skeptisches Selbstbild im Hinblick auf die eigenen Fähigkeiten verfügt, wirklich vorteilhaft grundlegende Rechenkenntnisse eingebettet in einen vollständigen beruflichen Handlungsvollzug zu vermitteln, die Steuerung des Lernprozesses weitgehend den Lernenden selbst zu überlassen und darauf zu vertrauen, dass die Lernenden aus dem konkreten Fall das Allgemeine, das immer wieder genutzt werden kann auch erkennen? Oder ist es nicht besser, das was gelernt werden soll zwar in seiner Relevanz für praktisches Handeln deutlich zu machen, aber die dem Alltagshandeln eigene Komplexität doch mehr oder weniger zu reduzieren, selbstgesteuerte Lernsequenzen nur dort vorzusehen, wo die Gefahr der Überforderung gering ist, den Zeitgewinn, der durch ein simulatives Bearbeiten möglich wird, für verstärktes Üben zu nutzen und von Lehrerseite besonders deutlich und immer wieder das allgemein Geltende und dessen Anwendbarkeit an den Beispielen deutlich zu machen?

Folgt man den mehrheitlich vertretenen und in einzelnen Bundesländern zwischenzeitlich für die Berufsschulen verbindlich gemachten Grundorientierungen, so sollte der Lehr-Lernprozess gekennzeichnet sein durch eine möglichst weitgehende Einlösung der Kriterien „vollständige Handlung", „Selbststeuerung des Lernprozesses" und Ernstcharakter der Alltagstätigkeit". Erwartet wird von so gestalteten Lehr-Lernprozessen

- eine erhöhte Motivation,
- bessere Möglichkeiten der inneren Differenzierung und
- eine bessere Entwicklung beruflicher Kompetenzen, d.h. insbesondere mehr Selbstständigkeit, bessere Anwendungsfähigkeit des erworbenen Wissens, bessere methodische Kompetenzen und dort wo der Lehr-Lernprozess in Form von Gruppenarbeit gestaltet ist auch mehr soziale Kompetenzen und nicht zuletzt eine generelle Förderung der Fähigkeit sich selbst Neues anzueignen.

Methodisch gibt es eine Fülle handlungsorientierter Methoden, wie z.B. Projekte, Leittextmethode, Fallstudien, Juniorenfirmen, Übungsfirmen (vgl. Bd. 4 dieser Studientexte).

Inwieweit die mit dem Konzept der Handlungsorientierung verbundenen Erwartungen in der Praxis auch eingelöst werden können, ist bisher nur partiell untersucht. Vergleichsstudien zu Effekten unterschiedlicher Lehr-Lernarrangements auf die Kompetenz- und Motivationsentwicklung sind relativ selten, die Befundlage ist z.T. widersprüchlich. So liegen z.B. für die kaufmännische Erstausbildung einerseits Befunde vor, die Vorteile handlungsorientierter Lehr-Lernarrangements sowohl für die Wissensentwicklung, den Wissenstransfer, die Problemlösefähigkeit als auch die Motivation bestätigen (*Bendorf* 2002, *Sembill* u.a. 1998, *Sembill* 2004). Andere Studien aus dem kaufmännischen Bereich, die mit größeren Stichproben durchgeführt wurden, berichten hingegen keine Vorteile für handlungsorientierte und durch Selbststeuerung gekennzeichneten Lehr-Lernarrangements (*Neef* 2009; *Schumann; Eberle; Oepke* 2009). Im gewerblich-technischen Bereich bestätigen sich die generellen Vorteile in den vorliegenden Untersuchungen ebenfalls nicht. So erweisen sich z.B. in der elektrotechnischen Grundbildung bei Elektroinstallateuren eher direktive Vermittlungsvarianten, sowohl für den Wissenserwerb als auch die Problemlösefähigkeit von Vorteil. Bei den kognitiv deutlich stärkeren Elektronikern für Betriebs- bzw. Automatisierungstechnik lassen sich keine globalen Vorteile eines methodischen Ansatzes feststellen. Bei etwas anspruchsvolleren Aufgaben zum deklarativen Wissen, deuten sich allerdings auch bei diesen Auszubildenden Vorteile der eher direktiv unterrichteten Auszubildenden an (*Nickolaus; Knöll; Gschwendtner* 2006).

In einer neueren Untersuchung, in der auf Analyseverfahren zurückgegriffen wurde, die die Möglichkeit geben für unterschiedliche Kompetenzniveaus Vor-

und Nachteile verschiedener Lehrkonzepte zu prüfen, gibt es allerdings auch Hinweise, dass auf höheren Kompetenzniveaus doch erwartungskonform handlungsorientierte Lehr- Lernformen von Vorteil sein könnten (*Geißel* 2008). Bemerkenswert ist, dass nicht nur in der elektrotechnischen Grundbildung die Wahl des Lehr-Lernkonzepts weniger bedeutsam ist, als die innerhalb der Lehr-Lernkonzepte erzielte Qualität des Lehr-Lerngeschehens (*Nickolaus; Knöll; Gschwendtner* 2007).

Zur Motivationsentwicklung lassen sich zwar auch im gewerblich-technischen Bereich leichte Vorteile handlungsorientierten Unterrichts feststellen, doch gilt dies nicht durchgängig und nicht so stark ausgeprägt wie üblicherweise unterstellt. (*Nickolaus; Bickmann* 2002; *Nickolaus; Heinzmann; Knöll* 2005, *Knöll; Gschwendter; Nickolaus*, 2007). In der Fachausbildung von Zimmerern ergeben sich in einer Untersuchung keine signifikanten Unterschiede zwischen handlungsorientiert und direktiv unterrichteten Auszubildenden in der Kompetenzentwicklung, allerdings weisen die Auszubildenden mit besserem Vorwissen und besseren Leistungen im Intelligenztest in handlungsorientierten Unterrichtsformen die größten Lernzuwächse auf, für die schwächeren Auszubildenden erweist sich das Lernarrangement jedoch als problematisch (*Wülker* 2003). Dieser Befund entspricht auch der Forschungslage, die wir aus der ATI-Forschung kennen. In einer anderen Untersuchung bei Zimmerern werden hingegen partiell erwartungskonforme Vorteile handlungsorientierten Unterrichts bestätigt (*Bünning* 2007).

Als gut gesicherter Befund kann gelten, dass selbstregulierte, handlungsorientierte Erarbeitungsformen ohne eine bedarfsbezogene Unterstützung des Lernprozesses durch die Lehrenden keine günstige Voraussetzungen für die Kompetenzentwicklung darstellen. Mit anderen Worten, selbstregulierte, handlungsorientierte Erarbeitungsformen gewinnen durch eine bedarfsbezogene Unterstützung des Lernprozesses erheblich an Qualität. Unterstützung ist einerseits in Form von inhaltlichen Anregungen, Hinweisen zur Herangehensweise, Systematisierung von Zusammenhängen etc. im Lernprozess in Orientierung am selbst geäußerten Bedarf der Lernenden möglich, andererseits zeigen empirische Untersuchungen zum Lerngeschehen, dass die Potentiale solcher Lehrformen z. B. zur Methoden- und Sozialkompetenz nicht automatisch wirksam werden, sondern durch gezielte Anregungen der Lehrenden angestoßen werden müssen (*Schlömer-Helmerking* 1996). Daß dies häufig nicht geschieht und auch gezielte Aktivitäten der Lehrkräfte, die Lernenden zu einem reflektierenden Lernen zu führen, häufig nur begrenzten Erfolg haben zeigt z. B. Straßer

(2008). Typisch ist in selbstregulierten, handlungsorientierten Erarbeitungsformen eine so genannte finale Ausrichtung der Lernenden, d. h. die Lernenden brechen nach dem Auffinden einer Lösung den Lernprozess ab, ohne geklärt zu haben, was aus der Lösung und dem Lösungsweg generell an Erkenntnissen zur Bearbeitung ähnlicher Probleme zu gewinnen ist (*Schelten; Riedel* 1999). Da diese Abstraktionsleistung jedoch Voraussetzung für den Wissenstransfer, d. h. die Verwertbarkeit der situativ gewonnenen Erkenntnisse in anderen Situationen ist, bleibt es auch in diesen Lehr-Lernformen eine zentrale Aufgabe der Lehrenden die Abstraktionsleistung zu sichern. Lernende, die nur begrenzt in der Lage sind, ihren Lernprozess selbst zu regulieren, benötigen auch Hilfen um diese Kompetenz sukzessive zu erwerben.

Um solche Hilfen anbieten zu können, ist es notwendig sich zu vergewissern, was selbstreguliertes Lernen kennzeichnet. *Artelt; Baumert; McElvany* (2003) nehmen an, dass Lernende, die ihr eigenes Lernen effektiv regulieren können, fähig sind,

- sich selbstständig Lernziele zu setzen,
- den Inhalten und Zielen angemessene Techniken und Strategien auszuwählen und einzusetzen,
- ihre Motivation aufrecht zu erhalten,
- den Zielerreichungsgrad während und nach Abschluss des Lernprozesses zu bewerten und
- gegebenenfalls die eigene Lernstrategie anzupassen (*Artel, Baumert; McElvany* 2003, S. 131 ff.).

Das selbstständige Setzen von Lernzielen erfordert nicht nur eine einschlägig ausgeprägte Motivation, sondern auch die Fähigkeit das Anspruchsniveau und den Zeitrahmen angemessen zu wählen um Erfolg zu ermöglichen, gegebenenfalls Teilziele zu setzen etc.. Relevant hierfür ist auch die Ausprägung des Selbstkonzeptes, wie auch für die Aufrechterhaltung der Motivation. Ein bereichsspezifisch oder auch generell skeptisch geprägtes Selbstkonzept zum eigenen Leistungsvermögen kann sich sowohl auf die Zielfixierung als auch auf die Aufrechterhaltung der Motivation negativ auswirken. Der Umgang des Lernenden mit mangelndem Kompetenzerleben in Lernsituationen und die bewusste Regulierung dieses Umgangs scheint in diesem Zusammenhang zentral. Bedeutung kommt auch dem reflektierten Umgang mit konkurrierenden Handlungssituationen im motivationalen Regulationsprozess zu. Die angemessene Wahl von Techniken und Strategien bezieht sich neben der Planung (Ziele festlegen, bei größeren Aufgaben Teilzielbildung, zeitliche Festlegungen) auf die Organisation der äußeren Rahmenbedingungen (wie z. B. die leicht zugängliche und übersichtliche Ablage erarbeiteter Informationen / Erkenntnisse, die Beschaffung von Informationen, die Erschließung und Hilfestellungen bei Problemen), die Bearbeitungsstrategien (Umgang mit Unklarheiten, Strukturieren, Wiederholen, Anwenden in unterschiedlichen Kontexten) bis zum bewussten Einsatz von metakognitiven Kontrollstrategien (Überwachung und Reflexion des eigenen Vorgehens, Variation der Vorgehensweise bei auftretenden Problemen (*Straka; Lenz* 2003).

Für die Erfassung der Zielerreichung ist es notwendig über Kriterien zu verfügen, an welchen sich die Zielerreichung messen lässt. Kann der Lernende z. B. bei einem angestrebten Verständnis eines Sachverhaltes Zusammenhänge darlegen, für spezifische Konstellation erwartbare Effekte angeben etc.. Die Bewertung der Zielerreichung berührt auch den Umgang mit Erfolg und Misserfolg, deren Verarbeitung gegebenenfalls in eine Anpassung der Lernstrategien münden kann.

In den Modellen des selbstregulierten Lernens wird in der Regel unterstellt, dass sich die Selbstregulation als ein dynamisches Wechselspiel zwischen kognitiven, metakognitiven und motivationalen Aspekten des Lernens beschreiben lässt (*Artelt; Demmrich; Baumert* 2000). Problematisch scheint in der praktischen Umsetzung, dass die Fähigkeit der Lernenden den eigenen Lernprozess selbst zu regulieren z. T. nur unzureichend entwickelt ist. Schulungskonzepte zur Förderung selbstorganisierten Lernens liegen allerdings vor (z. B. *Metzger* 1998).

Wichtig scheint abschließend auch der Hinweis, dass sich mit der Wahl programmatisch ambitionierter Konzepte, zu welchen auch das Konzept der Handlungsorientierung zu rechnen ist, nicht automatisch auch die erwarteten Effekte einstellen, sondern dass nach wie vor erhebliche Diskrepanzen zwischen den (hochgesteckten) Zielen und den tatsächlichen Entwicklungen der Individuen bleiben (*Gschwendter* 2008, *Geißel* 2008, *Lehmann; Seeber* 2007, *Nickolaus* 2004 a, 2004 b; *Petsch; Norwig; Nickolaus* 2015).

Die hier thematisierten Begründungen, Merkmale und mit dem Konzept der Handlungsorientierung verbundenen Erwartungen, Probleme und Effekte geben uns nur einen ersten Einblick in die inzwischen in großer Zahl vorgelegten Entwürfe und Debattenbeiträge. Für die vertiefte Auseinandersetzung dürfte der 2003 von *Dörig* vorgelegte Überblick hilfreich sein, der auf ca. 700 Seiten den damaligen und immer noch aktuellen Diskussionsstand zusammenfasst (*Dörig* 2003). Übersichten zu den empirischen Befunden in der beruflichen Bildung geben *Nickolaus* 2011 und *Seifried; Sembill* 2010. Weitere Hinweise zur Ausgestaltung auf der Unterrichtsebene finden sich auch im Bd. 4 dieser Lehrbuchreihe.

### Aufgaben

1. Versuchen Sie mit eigenen Worten zu beschreiben, was das Konzept der Handlungsorientierung kennzeichnet.
2. Analysieren Sie den Abschnitt im Hinblick auf Annahmen und Befunde zu Effekten handlungsorientierter Lehr-Lernarrangements.
3. Arbeiten Sie die in diesem Abschnitt enthaltenen Hinweise zur Selbststeuerung von Lernprozessen heraus und erörtern Sie, welche Konsequenzen sich daraus für die Gestaltung des Lehr-Lerngeschehens ergeben könnten.
4. Verschaffen Sie sich einen Überblick zur praktischen Umsetzung handlungsorientierter Lehr-Lernformen im Rückgriff auf ergänzende Literatur (z. B. *Bonz* 2009 oder Bd. 4 dieser Studientexte).
5. Inwieweit bietet dieser Abschnitt des Lehrbuches zusätzliche Hinweise zur Gestaltung von Lehr-Lernprozessen? In welchen Konstellationen scheint Ihnen die Gestaltung von Lehr-Lernprozessen in Orientierung an diesem Konzept angezeigt? Begründen Sie Ihre Einschätzung und suchen Sie Gegenargumente.
6. Welche Fragen wären im Anschluss an die obigen Ausführungen bezogen auf das Beispiel in Abschnitt 1.2 zu klären? Könnte man aus diesen Ausführungen begründete Vermutungen gewinnen was für die Probleme des „Junglehrers“ bzw. seiner Schüler verantwortlich sein könnte?

## 4.2.5 Das Lernfeldkonzept (KMK)

### Ausgangssituationen

Wie oben dargestellt, gingen von Annahmen zu den künftigen Qualifikationsanforderungen und lerntheoretischen Entwicklungen Impulse aus, handlungsorientierten Lehr-Lernarrangements einen wachsenden Stellenwert einzuräumen. Für die betriebliche Ausbildung schlug sich dies erstmals in der Neuordnung der Elektro-, Metall- und Büroberufe auf curricularer Ebene nieder. In den Ausbildungsordnungen findet sich seit dieser Zeit (1987) als Leitziel, dass die Berufsausbildung zur Ausübung einer qualifizierten beruflichen Tätigkeit zu befähigen habe, die insbesondere selbstständiges Planen, Durchführen und Kontrollieren einschließt (*Dörig* 2003, S. 286). Vor allem in Großbetrieben waren bereits zuvor und verstärkt danach Entwicklungen zu beobachten, die bisherigen systematischen Ausbildungsteile mit handlungsorientierten Ansätzen anzureichern oder auch weitgehend auf handlungssystematische Ausbildungsarrangements umzustellen. In diesem Zusammenhang entstanden zahlreiche neue Ausbildungsformen, die in Modellversuchen erprobt wurden, wie z. B. Juniorenfirmen, Lerninseln, die Leittextmethode etc., die sich in der Praxis mehr oder weniger verbreiteten (*Nickolaus; Schnurpel* 2001).

Dem schulischen Bereich der beruflichen Bildung wurde in dieser Zeit eine gewisse Rückständigkeit unterstellt, da dort zunächst an den tradierten fachsystematischen und lehrergesteuerten Lehrformen festgehalten wurde. Im Laufe der 90er Jahre wurden jedoch auch in die schulischen Lehrpläne mehr oder weniger verbindliche Aussagen zur Nutzung handlungsorientierter Lehr- Lernarrangements aufgenommen. Die praktische Umsetzung blieb jedoch selbst dort, wo handlungsorientierter Unterricht verordnet wurde, weit hinter den Vorstellungen der Lehrplankonstrukteure zurück[37]. Begründet wurde die mangelnde Umsetzung u. a. mit einer eingeschränkten Praktikabilität, verursacht durch starre organisationale Randbedingungen, die einer konsequenten Umsetzung handlungsorientierter Lehr-Lernarrangements entgegenstanden. Diese Ausgangskonstellation ist wohl die „Geburtsstunde“ des Lernfeldkonzepts, das von Seiten der Kultusministerien genutzt wurde, handlungsorientierte Lehr-Lernarrangements systematisch zu implementieren.

### Grundstruktur des Konzepts

Skizziert wird die Grundstruktur dieses Konzepts in den Handreichungen der KMK (erstmals) von 1996, die inzwischen verschiedentlich überarbeitet (1997, 1999, 2000) wurden (Sekretariat der ständigen Konferenz der KM der Länder in der BRD … KMK-Handreichungen 2000). Wie oben bereits ausgeführt, wurden in den Handreichungen der KMK Lernfelder umschrieben als „durch Zielformulierungen, Inhalte und Zeitrichtwerte beschriebene thematische Einheiten, die an beruflichen Aufgabenstellungen und Handlungsabläufen orientiert sind (Sekretariat ebd., S. 14 … KMK-Handreichungen 2000, S. 14). In besonderen Fällen können nach Vorstellung der KMK innerhalb der Lernfelder thematische Einheiten auch unter fachwissenschaftlichen Gesichtspunkten vorgesehen werden, allerdings unter der Maßgabe, dass auch in solchen Fällen der Zusammenhang

[37] Als Beleg dafür können die Untersuchungsergebnisse von *Pätzold* u. a. zur Nutzung methodischer Ansätze dienen (*Pätzold* u. a. 2003; auch *Seifried* 2006).

mit dem Arbeitsprozess deutlich gemacht wird (ebd.). Zur Konstruktion der Lernfelder wird zunächst auf konkrete berufliche Aufgabenstellungen rekrutiert. Da diese allein keine hinreichende Basis für die Begründung eines Curriculums darstellen, wird ergänzend auf Begründungsüberlegungen zurückgegriffen, wie sie beispielsweise in der allgemeinen Didaktik entwickelt wurden.

**Handlungsfelder** sind zusammengehörige Aufgabenkomplexe mit beruflichen sowie lebens- und gesellschaftsbedeutsamen Handlungssituationen, zu deren Bewältigung befähigt werden soll. Handlungsfelder sind immer mehrdimensional, indem sie stets berufliche, gesellschaftliche und individuelle Problemstellungen miteinander verknüpfen. Die Gewichtung der einzelnen Dimensionen kann dabei variieren. Eine Trennung der drei Dimensionen hat nur analytischen Charakter.

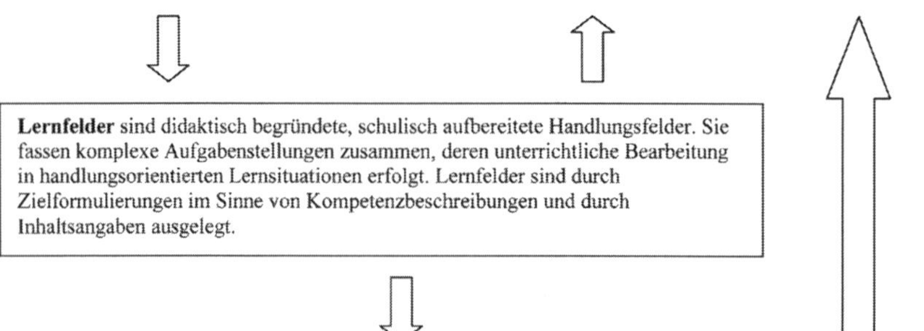


**Lernsituationen** konkretisieren die Lernfelder. Dies geschieht in Bildungsgangkonferenzen durch eine didaktische Reflexion der beruflichen sowie lebens- und gesellschaftsbedeutsamen Handlungssituationen.

Abb. 15: Reflexionsstufen zur didaktischen Analyse (*Bader; Schäfer* 1998, S. 229)

So argumentieren beispielsweise *Bader; Schäfer* (1998) sinngemäß, ein Lernfeld, das dem Bildungsanspruch der Berufsschule genügen solle, müsse einerseits auf konkrete berufliche Handlungssituationen bezogen sein und andererseits den Ansprüchen genügen, wie sie *Klafki* für die Inhaltsauswahl formuliert hat, d. h. sie müssen den Ansprüchen auf eine erfüllte Gegenwart, längerfristige Tragfähigkeit (Zukunftsbedeutung) und Exemplarität genügen (*Bader; Schäfer* 1998).

*Jungkunz; Rose* zeigen darüber hinaus die Orientierungsleistung des Hamburger Modells zur weiteren Ausdifferenzierung und Konkretisierung des Lernfeldkonzepts auf (*Jungkunz; Rose* 2004).

Während Lehrende in die Konstruktion von Lernfeldern nur als Mitglieder von Lehrplankommissionen eingezogen sind, sind sie generell mit dem Anspruch konfrontiert Lernfelder zu konkretisieren bzw. in Lernsituationen zu überführen.

Die Tragweite dieser Anforderungssituation lässt sich am besten an einem konkreten Beispiel illustrieren. Das unten wiedergegeben Lernfeld 1, das aus dem ersten Ausbildungsjahr des Ausbildungsberufs des Mechatronikers entnommen ist, konfrontiert die Lehrenden mit der Aufgabe, geeignete Problemstellungen, die engen Bezug zu den Arbeitsprozessen besitzen, aufzufinden, die sich für die Anbahnung der angestrebten Kompetenzen unter Berücksichtigung der relevanten Rahmenbedingungen eignen. Gleiches gilt für das beispielhaft angeführte Lernfeld 5 aus dem Rahmenlehrplan für den Ausbildungsberuf „Kaufmann/Kauffrau für audiovisuelle Medien.

| **Lernfeld 1:**<br><br>**Analysieren von Funktionszusammenhängen in mechatronischen Systemen** | **1. Ausbildungsjahr**<br>**Zeitrichtwert in Stunden:**<br>**40** |
|---|---|
| **Zielformulierung:**<br><br>Die Schülerinnen und Schüler wenden Vorschriften und Regelwerke bei der Untersuchung technischer Anlagen an. Sie arbeiten mit technischen Unterlagen und nutzen deren Aussagen für die Lösung. Sie beherrschen Verfahren zur Analyse und Dokumentation von Funktionszusammenhängen und führen Gespräche über technische Realisierungsmöglichkeiten im Team.<br><br>Sie arbeiten mit Blockschaltplänen und erkennen anhand dieser Pläne den Signalfluss, den Stofffluss, den Energiefluss und die grundsätzliche Wirkungsweise.<br><br>Die Möglichkeiten der Datenverarbeitung zur Aufbereitung von Arbeitsergebnissen werden von ihnen erkannt. Die Schülerinnen und Schüler sind für Probleme der Ökologie und der Ökonomie dieser Systeme sensibilisiert. Die Bedeutung der englischen Sprache für die technische Kommunikation ist ihnen bewusst. | |
| **Inhalte:**<br><br>• Anforderungsprofile technischer Anlagen<br>• Systemparameter<br>• Blockschaltbilder<br>• Signal-, Stoff- und Energieflüsse<br>• Bedeutung kundespezifischer Anforderungen für die technische Realisierung<br>• Bedeutung und Möglichkeiten der Datenverarbeitung<br>• Dokumentation und Präsentation von Arbeitsergebnissen<br>• Ökologische und ökonomische Aspekte | |

Quelle: Bundesanzeiger (1998): Bekanntmachung der Verordnung über die Berufsausbildung zum Mechatroniker/zur Mechatronikerin nebst Rahmenlehrplan vom 5. Juni 1998. Herausgegeben vom Bundesministerium der Justiz, Jahrgang 50, Nummer 168a, S. 16

Abb. 16: Rahmenlehrplan für den Ausbildungsberuf Mechatroniker (*Berufsbildung 57*, Juni 1999, 53. Jg., S. 38)

| **Lernfeld 5** | **Bei Personalmaßnahmen mitwirken und die eigene berufliche Entwicklung gestalten** | **1. Ausbildungsjahr, Kauffrau/Kaufmann für audiovisuelle Medien Zeitrichtwerte : 60 Stunden** |
|---|---|---|

**Zielformulierung:**

Die Schülerinnen und Schüler ermitteln den Personalbedarf. Sie wirken bei Maßnahmen der Personalauswahl, -einstellung und –verwaltung unter Beachtung arbeits-, steuer- sowie sozialversicherungsrechtlicher Rahmenbedingungen mit. Sie verfügen über Kenntnisse der Vertragsgestaltung sowie der Beendigung von Arbeitsverhältnissen und wissen um die Bedeutung arbeitsrechtlicher Schutzmaßnahmen. Sie kennen Organisationen und Institutionen, die in diesem Zusammenhang von Bedeutung sind und nutzen deren Angebote.

Sie wirken bei Entgeltzahlungen und –abrechnungen mit und buchen diese Vorgänge. Kenntnisse über die Lohn- und Einkommensteuer wenden sie sowohl im Geschäftsverkehr mit dem Finanzamt als auch bei eigenen Steuererklärungen an.

Die Schülerinnen und Schüler wissen um die Bedeutung der Fort- und Weiterbildung für Arbeitnehmer in der AV-Medienbranche, kennen entsprechende Bildungsangebote und nutzen Beratungsmöglichkeiten.

**Inhalte:**

Personalbedarfsrechnung
Personalauswahlverfahren, Casting
Verträge für den Personaleinsatz
Tarifvertrag
Tarifvertragsparteien
Mitwirkung/Mitbestimmung
Arbeitszeitregelungen
Jugendarbeitsschutz
Kündigung/Kündigungsschutz
Sozialversicherung, Künstlersozialkasse, betriebliche Altersversorgung
Personaleinsatzplanung
Personalverwaltung, manuell und DV-gestützt
Datenschutz
Entgeltmodelle, Entgeltberechnung, Entgeltzahlung
Einkommenssteuer
Personalbuchungen
Maßnahmen und Möglichkeiten der Fort- und Weiterbildung
Finanzierung von Fort- und Weiterbildungsmaßnahmen

Abb. 17: Rahmenlehrplan für den Ausbildungsberuf Kaufmann/Kauffrau für audiovisuelle Medien (Beschluss der *KMK* vom 27.3.1998)

Da die Lernsituationen insgesamt nicht nur eine additive Auseinandersetzung mit ausgewählten Handlungsanforderungen, sondern eine längerfristige Handlungskompetenz sichern sollen, die notgedrungen ein Verfügen über relevante fachsystematische Wissensbestände voraussetzt, benötigt die Lehrkraft selbst ein Wissen darüber, welche und wie ausgestaltete Lernsituationen diesem Anspruch, bezogen auf eine gegebenenfalls heterogene Klientel, genügen. Dieses Wissen steht uns gegenwärtig nicht zur Verfügung. In der Praxis behilft man sich in dieser Situation damit, die Entwicklung der Lernsituationen nicht individuell, sondern in Teams voranzutreiben. Damit kann zwar das fehlende Wissen nicht gewonnen werden, aber über die kooperative Nutzung verschiedener reichhaltiger Erfahrungen ist es vermutlich möglich Arrangements zu entwickeln, die als tragfähig empfunden werden. Es gibt allerdings auch Anzeichen, dass die Lehrkräfte mit den ihnen zugedachten Aufgaben systematisch überfordert werden, da sie weder über die Instrumente noch über die Zeitkontingente verfügen um die ihnen übertragenen Konkretisierungsaufgaben zu bewältigen (*Clement* 2003, S. 155). *Sloane* verweist auf folgende Aspekte, die bei der Implementation des Lernfeldkonzeptes Bedeutung erhalten:

- Die curriculare Präzisierung der Lehrpläne wird an die Schulen und dort wiederum in einzurichtende Arbeitsgruppen verlagert. Dies erfordert sowohl eine didaktisch-curriculare Kompetenz als auch die Fähigkeit zur Teamarbeit.

- Die schulischen Arbeitsgruppen benötigen für ihre Arbeit einen Freiraum um autonom Unterrichtseinheiten vorzubreiten, durchzuführen und zu evaluieren. Es geht hier um Lehrgangsplanung, einschließlich der Abstimmung zwischen Schulen (Bsp. Mechatroniker, IT-Berufe) sowie mit dem dualen Partner. Benötigt wird eine didaktisch-organisatorische Kompetenz.

- Diese Überlegung steht in Zusammenhang mit der Forderung nach der Entwicklung von schulbezogenen pädagogischen Profilen: das Lernfeldkonzept führt zu schulspezifischen Lösungen.

- Im Hinblick auf die Unterrichtsgestaltung sollen die Arbeitsgruppen komplexe, teilnehmeraktivierende Lehr-/Lernarrangements entwickeln. Der Lehrplan gibt hierzu nur noch Strukturen vor, die inhaltliche und methodische Ausgestaltung ist vor Ort vorzunehmen. Dies erfordert ein neues Selbstverständnis hinsichtlich des fachlichen Expertentums (Fachkompetenz) und der pädagogisch-didaktischen Vorgehensweise (didaktische Handlungskompetenz).

- Traditionelle zentralisierte überregionale Prüfungen wirken in diesem Konzept als heimlicher Lehrplan und schränken nachhaltig die Innovationsmöglichkeiten des Konzepts ein (*Sloane* 2001, S. 192 f.).

*Bader* betont darüber hinaus, dass die in den Rahmenlehrplänen enthaltenen Angaben in der Regel nicht hinreichen, aus den Lernfeldern Lernsituationen zu entwickeln, sondern die Entwickler sinnvoller Weise selbst eine Rekonstruktion der Arbeits- und Beschäftigungsprozesse vornehmen sollten um aus dieser Perspektive notwendiges Hintergrundwissen für die Gestaltung von Lernsituationen zu gewinnen (*Bader* 2004). Die Rekonstruktion von Arbeitsprozessen stellt allerdings eine anspruchsvolle Aufgabe dar, die von Lehrenden, die bereits völlig ausgelastet sind, vermutlich nur eingeschränkt bewältigbar ist. Die Unterrichtsgestaltung selbst soll nach den Vorstellungen der Lehrplankonstrukteure, wie oben bereits dargestellt, konsequent handlungsorientiert erfolgen[38].

**Kritik am Konzept**

Ob und wie unter diesen Bedingungen ein hinreichendes Fachwissen aufgebaut werden kann, das Handlungskompetenz fundiert, ist eine jener ungeklärten Fragen, die Befürworter und Kritiker des Konzepts trennen. Von Seiten der Kritiker wird dem Konzept eine Vernachlässigung des Wissenschaftsprinzips zugeschrieben, die letztlich der Gefahr Vorschub leiste, kein hinreichend systematisches Fachwissen auszubilden. Des Weiteren werden Bedenken geltend gemacht, mit diesem Konzept den Bildungsauftrag der Berufsschule einseitig im Sinne betrieblicher Anforderungssituationen zu funktionalisieren[39]. In eher zustimmenden Positionierungen wird hingegen betont, mit dem Lernfeldansatz werde der vermeintliche Gegensatz von Fachwissen und Handlungswissen aufgehoben. Systematisches Wissen behalte zur Verallgemeinerung kasuistischen Wissens auch im Lernfeldansatz seine Bedeutung, die Profilierung der Lerninhalte erfolge jedoch nicht mehr fachsystematisch, sondern anwendungsorientiert (*Sloane* 2001, S. 199, zur praktischen Umsetzung siehe z. B. *Riesenbieter; Brandes; Tramm* 2004). Von Kritikern wird dem entgegengesetzt, auch die bisherigen Curricula seien nicht allein auf (universitär herausgebildete) Fachsystematiken gegründet, sondern dem Anspruch verpflichtet, das heraus zu kristallisieren, was eine Berufsinhaberin / ein Berufsinhaber wissen und können müsse um im künftigen Beruf und im Leben bestehen zu können (*Reinisch* 2003).

[38] Aus wissenschaftlicher Perspektive wird dies jedoch auch von Vertretern relativiert, die dem Lernfeldkonzept offen gegenüber stehen (*Bader* 2004, S. 115).

[39] Zur Kritik siehe z. B. auch zusammenfassend *Dörig* 2003, S. 336 f., *Reinisch* 1999.

*Clement* macht darauf aufmerksam, dass die mit dem Lernfeldkonzept intendierte Auflösung des Fächerprinzips in deutlichem Kontrast steht zu der unsere Gesellschaft kennzeichnenden Systematisierung der erlangten Erkenntnisse, die fachsystematisch erfolgt. Die auch historisch beobachtbare Pendelbewegung zwischen Situationsorientierung und Fachsystematik interpretiert sie als Ausdruck des Pendelns der Ausrichtung der Berufsschule zwischen Bildungssystem und Wirtschaftssystem. Des Weiteren macht sie im Anschluss an *Reetz* auf das bildungspolitische Problem aufmerksam, dass mit einer konsequenten Ausrichtung der Curricula und des Unterrichts am Situationsprinzip gegebenenfalls negative Konsequenzen für die Anschlussfähigkeit an akademische Bildungsgänge verbunden sind. (*Clement* 2003, zusammenfassend S. 150 ff.)

Die Kontroversen um dieses Konzept, die in anderer Form und etwas anderen Akzentuierungen auch in der Vergangenheit immer wieder ausgetragen wurden, deuten darauf hin, dass die Suche nach dem „Königsweg" zumindest bisher nicht von Erfolg gekrönt war. Ohne eine gründlichere empirische Fundierung, als dies in der Vergangenheit üblich war, besteht wohl immer die Gefahr, dass Überzeugungen für das didaktische Denken und Handeln leitend werden, die mangels hinreichender Fundierung und wohl immer identifizierbarer Mängel wie Moden wechseln. Vor diesem Hintergrund wird z. T. auch dafür plädiert, in den curricularen und mikrodidaktischen Zuschnitten beiden Prinzipien, der Fach- und Situationsorientierung, Raum zu geben. Einen Einblick in die Debatten zum Lernfeldkonzept, in welchen auch vorgeschlagen wird, das Konzept auf andere Bildungsbereiche zu übertragen, gibt die 20. Ausgabe der Zeitschrift für *Berufs- und Wirtschaftspädagogik – online* (2011). Eine systematische empirische Prüfung des Konzepts oder auch der zentralen empirisch prüfbaren Annahmen steht allerdings immer noch aus. Insgesamt kann bezogen auf den gegenwärtigen Erkenntnisstand festgehalten werden, dass die im Zuge der Implementation von Lernfeldcurricula vollzogene Verlagerung wesentlicher inhaltlicher Entscheidungen auf die Ebene der Schule ein Reflex auf die Schwierigkeit darstellt, bei relativ großer Entwicklungsdynamik des Schulumfeldes mit bürokratischen Vorgaben ein den tatsächlichen Anforderungen genügendes Curriculum bereitzustellen. Die Konsequenz daraus ist, die Vorgaben relativ offen zu halten und den Schulen selbst Spielräume für die inhaltliche Ausgestaltung zu geben. Ob auf diese Weise eine befriedigende Orientierung des Unterrichts an den aktuellen Bedürfnissen gewährleistet wird, ist ebenso eine offene Frage, wie jene nach den Effekten so ausgestalteter Curricula für die Kompetenzentwicklung. Zu berücksichtigen ist in diesem Kontext, dass inhaltliche Schwerpunktsetzungen für die Kompetenzentwicklung bedeutsamer sind als methodische Entscheidungen (*Nickolaus* u. a. 2015; *Nickolaus; Abele* 2017) und der Verzicht der Schulaufsicht konkrete Inhalte vorzugeben letztlich die Ausbildung standortbezogener Kompetenzprofile begünstigt, was partiell auch empirisch bestätigt wurde (z. B. *Gschwendtner* 2011).

### Aufgaben

1. Suchen Sie einen lernfeldorientierten Lehrplan für ein Berufsfeld bzw. einen Beruf auf, der Ihnen fachlich nahe liegt. Versuchen Sie dort die vorgefundenen Angaben soweit zu konkretisieren, dass Sie auf den Planungsebenen der Perspektivplanung, der Umrissplanung und der Prozessplanung (Abschnitt 4.1.2) über ein Beispiel verfügen. Wie könnte im pragmatischen Rückgriff auf verschiedene Modelle und Konzepte die Planung einer Lehreinheit aussehen?
2. Recherchieren Sie, ob in aktuellen verfügbaren Quellen nähere Angaben zu finden sind und wie das Lernfeldkonzept konkret umgesetzt wird.

# 5 Modell- und konzeptübergreifende Aspekte didaktischer Analyse- und Gestaltungsprozesse

In den verschiedenen Modellen und Konzepten werden in vielfältiger Weise Zusammenhänge zwischen Entscheidungs- und Bedingungsfeldern unterstellt, die nur begrenzt empirisch geprüft sind. Zum Teil erfolgte die Modellentwicklung ohne systematische Sichtung und Berücksichtigung relevanter und empirisch geprüfter Erkenntnisse, wie sie die Lehr-Lernforschung bereitstellt. Das mag im beruflichen Bereich z. T. auch darauf zurückzuführen sein, dass eine domänenspezifische Forschung, in der z. B. den Fragen nachgegangen wird, welche Zusammenhänge zwischen der Erreichung von Lehrzielen und der Methodenwahl in der Domäne der Elektrotechnik bei einer spezifischen Klientel bestehen oder wie die Fähigkeit einer spezifischen Klientel gefördert werden kann, den eigenen Lernprozess zu steuern, nicht in dem Umfang betrieben wurde, in dem dies nötig wäre. Lange hatte man in der Lehr-Lernforschung auch darauf gesetzt, unabhängig von den Lehrinhalten bzw. Domänen, quasi allgemeingültige Zusammenhänge zu identifizieren. Aus diesen Forschungsaktivitäten gingen eine Reihe von Erkenntnissen hervor, die geeignet sind die Modelle und Konzepte der Didaktik, wie sie hier vorgestellt wurden, wesentlich anzureichern. Zum Teil wurden bereits in den Kommentaren zu den einzelnen Modellen solche Befunde knapp und ausschnittweise referiert. In diesem Abschnitt sollen einige zentrale Befunde zusammengestellt werden, die für die Gestaltung von Lehr-Lernprogrammen besonders bedeutsam scheinen, wobei der vorgegebene Umfang des Bandes notwendigerweise zu einer ausschnittweisen Darstellung nötigt.

Vorgestellt werden primär Erkenntnisse zur Kompetenz- und Motivationsentwicklung und dafür relevanter Einflussfaktoren sowie zum Interaktionsgeschehen in institutionellen Lehr-Lernarrangements.

## 5.1 Kompetenz- und Motivationsentwicklung und relevante Einflussfaktoren

Bei nahezu allen in institutionellen Kontexten initiierten Lehr-Lernprozessen geht es um die Entwicklung von Kompetenzen. Für den Kompetenzerwerb spielt wiederum die Motivationsentwicklung der Lernenden eine bedeutsame Rolle. In den in diesem Band vorgestellten didaktischen Modellen und Konzepten werden z. T. spezifische Kompetenzen als Lehrziele ausgewiesen und begründet sowie Annahmen getroffen, welche Kompetenzen auf welchem Wege entfaltet werden können. In aller Regel entbehren die einzelnen Modell- und Konzeptentwicklungen allerdings einer systematischen Sichtung jener Erkenntnisse, die uns in Form von Partialtheorien zur Ausdifferenzierung und Konkretisierung der einzelnen Bedingungs- und Entscheidungsfelder zur Verfügung stehen. Vor diesem Hintergrund scheint es angezeigt, einige Erkenntnisse zusammenzustellen, die Orientierungshilfe in unterschiedlichsten Lehr-Lernsituationen geben können. Partiell werden dabei auch nochmals Erkenntnisse aufgegriffen, die in den vorausgegangenen Abschnitten bereits vorgesellt wurden um die Orientierung zu erleichtern.

## Ausgewählte Befunde zum Wissenserwerb in institutionalisierten Lehr-Lernprozessen

Theoretisch lassen sich vereinfacht zwei konträre Ansätze zur Gestaltung von Lehr-Lernprozessen unterscheiden, die sowohl in der praktischen Gestaltung organisierten Lernens wie auch in darauf bezogenen forschungsmethodischen Zugängen Ausdruck finden:[40] a) ein *kognitivistisch* gefärbter Ansatz, grob gekennzeichnet durch gegenstandszentriert gestaltete Lernumgebungen und dem Primat der Instruktion, der (impliziten) Auffassung des Lernens als überwiegend rezeptiver Vorgang und einem systematisch geplanten, schrittweise konstruierten und auch evaluierten Lehr-Lerngeschehen und b) ein *konstruktivistisch* geprägter Ansatz, grob gekennzeichnet durch die Hervorhebung situierten Lernens und dem Primat der (Eigen)konstruktion des Wissens, im Rahmen derer den Lehrenden die Aufgabe zukommt günstige Lernbedingungen zu schaffen und die Lernenden bedarfsbezogen zu unterstützen.[41] Mit der hier skizzierten Grundstruktur korrespondiert der seit drei Jahrzehnten andauernde Diskurs um die Überwindung fachsystematisch ausgerichteten, primär durch die Lehrenden gesteuerten Unterrichts durch selbstgesteuerte, handlungsorientierte, Fächergrenzen überschreitende Lehr-Lernprozesse. In der Berufs- und Wirtschaftspädagogik herrscht gegenwärtig überwiegend der Glaube von der Überlegenheit der dem zweiten Typus zuzuordnender Lehr-Lernarrangements vor, wobei sich allerdings die Frage stellt, inwieweit dieser Glaube auch empirisch fundiert ist.

Versucht man zunächst jene Prädiktoren zu identifizieren, die sich in den zahlreichen Studien der pädagogischen Psychologie für den Wissenserwerb als rele-

[40] Die Problematik dieser stark vereinfachten Strukturierung wird hier in Kauf genommen, in der Hoffnung, so die Orientierung zu erleichtern.

[41] Ausführlicher siehe dazu z. B. *Reinmann-Rothmeier; Mandl* 1999, S. 6 ff.

vant erwiesen haben, so rücken zunächst Aspekte in den Vordergrund, die, wenn überhaupt, nur bedingt mit der obigen Alternative korrespondieren. Eine herausgehobene Bedeutung kommt dabei den Vorkenntnissen zu, die nicht nur individuelle Fortschritte im Wissenserwerb, sondern auch den Spielraum für den möglichen Unterrichtserfolg in einer Klasse von vornherein begrenzen (*Helmke; Weinert* 1997, S. 144 ff.). In Studien zur Kompetenzentwicklung in der elektrotechnischen Grundbildung werden z. B. Varianzaufklärungen des Lernerfolgs von ca. 60 % durch das Vorwissen berichtet (*Nickolaus; Heinzmann; Knöll* 2005). Neben dem fachspezifischen Vorwissen weisen die vorliegenden Studien auch die Basiskompetenzen (Mathematik, Lesen), den IQ und mit schwächerem Gewicht Motivationsausprägungen, berufliche Interessen und Qualitätsmerkmale schulischer und betrieblicher Ausbildung als Einflussfaktoren der Kompetenzentwicklung aus (Nickolaus u.a. 2010, Nickolaus u.a. 2012). Des Weiteren sind Effekte curricularer Schwerpunktsetzungen (*Nickolaus* u. a. 2015) und einer hoffnungsvollen Entwicklungsperspektive (Hope) belegt (Wandeler; Lopez; Baeriswyl 2012).

In Metaanalysen über Determinanten der Schulleistung erweisen sich Variablen, die enge Bezüge zu den obigen Grundmodellen aufweisen, wie z. B. die Lehr- und Instruktionsmethoden als vergleichsweise schwache Prädiktoren.

| **Determinanten** | **Anzahl der Studien** | **Durch-schnitt.** ***R*** |
|---|---|---|
| | | |
| Soziale Kontextbedingungen | 153 | .18 |
| Beziehung zu Gleichaltrigen | 12 | .19 |
| Häusliche Umwelt | 118 | .31 |
| Konsum von Massenmedien | 23 | -.06 |
| | | |
| Schule | 781 | .12 |
| Ziele und Politik | 307 | .12 |
| Organisation (z. B. Klassengröße, traditionelle oder offene Klassenzimmer) | 372 | -.02 |
| Lernumwelt (z. B. Zusammenhalt in der Klasse, curriculares Schwierigkeitsniveau) | 201 | .26 |
| Lehrer | 329 | .21 |
| Lehrer (Instruktion) | 1.854 | .22 |
| Quantität | 110 | .38 |
| Qualität | 41 | .47 |
| Lehrmethoden | 1.763 | .17 |
| Spezielle Instruktionsmethoden | 2.541 | .14 |
| Individualisierung | 467 | .07 |
| Computerunterstützung | 557 | .15 |
| Tutorensysteme | 218 | .25 |
| Zielerreichendes Lernen | 106 | .25 |
| Hausaufgaben | 44 | .21 |
| Instruktionsmedien | 657 | .14 |
| | | |
| Schülermerkmale | 1.455 | .24 |
| kognitive | 484 | .44 |
| affektive | 355 | .12 |
| | | |
| Lernstrategien | 714 | .28 |
| Bekräftigungslernen | 76 | .49 |
| remediales Lernen | 97 | .30 |

Abb. 18: Zusammenstellung von Metaanalysen über Determinanten der Schulleistung (*Helmke; Weinert*: 1997, S. 78)

In einer 23 Determinanten umfassenden Zusammenstellung bei *Helmke; Weinert*, die oben wiedergegeben ist, liegen 13 Korrelationswerte höher als jener der Lehrmethoden. Deutlich größeres Gewicht haben insbesondere die Qualität und Quantität[42] der Lehre, Bekräftigungslernen, remediales Lernen, kognitive Schülermerkmale und die häusliche Umwelt (*Helmke; Weinert* 1997, S. 78). Eine noch umfassendere Übersicht zu den einschlägigen Forschungsergebnissen, primär für den allgemeinbildenden Bereich, gibt die Metastudie von Hattie (2013), in der 138 Einflussfaktoren für Lernerfolge aus zahlreichen anderen Metastudien extrahiert werden.

Nun ist die Unterstellung, Schulleistung korrespondiere eng mit Kompetenzen, wie sie in praktischen beruflichen Handlungssituationen notwendig sind, keineswegs trivial. Für die Bewältigung problemhaltiger, neuartiger Situationen ist nach Ergebnissen der Problemlöseforschung u. a. die Fähigkeit zu Induktion und Analogieschlüssen erforderlich, deren Ausprägung abhängig ist von vorhandenen (deklarativen und prozeduralen) Wissensbeständen und der Tiefe der Abstraktionshierarchie dieser Wissensbestände (*Dörner* 1982). Wie in Abschnitt 4.1 bereits referiert, geht man heute davon aus, dass die Transferfähigkeit des Wissens u. a. abhängig ist von der erreichten Wissenstiefe, der Anwendung des Wissens in authentischen multiplen Kontexten, motivationalen Faktoren, der Qualität metakognitiver Kontrolle des Lösungsverfahrens und einer hinreichenden Abstraktion der Problemrepräsentationen, die vom Konkreten zum Abstrakten erworben werden (*Bendorf* 2002, S. 161 ff.).

Die Verwertbarkeit des in systematischen (dem Grundmodell 1 folgenden) Lehrarrangements erworbenen akademischen Wissens erweist sich in neuartigen, problemhaltigen Situationen nach neueren empirischen Befunden bereichsweise stark begrenzt. *Stark* u. a. vertreten in diesem Kontext die These, an Lehr-Lernorten mit stark vorstrukturierten, systematischen Lehrprogrammen werde häufig träges Wissen erworben, das außerhalb des Lernkontextes nicht oder nicht angemessen angewendet werden kann (*Mandl; Gruber* und *Renkl* 1993; *Stark* u. a. 1996; *Renkl* 1996). Einen wichtigen Grund für die Entstehung trägen Wissens vermuten sie in der wenig anwendungsbezogenen, abstrakten und systematisier-

[42] Die Lehrzeit korreliert umso enger mit der Schulleistung, um so eher die erhobenen Daten mit der effektiven Lehr-Lernzeit korrespondieren.

ten Wissensvermittlung im Unterricht, die der Komplexität des beruflichen Alltags nicht gerecht wird[43] (*Stark* u. a. 1996, S. 23).

Damit korrespondiert die Forderung nach problemorientierten Lernumgebungen, die im Anschluss an konstruktivistische Lerntheorien bzw. Ansätze situierten Lernens und handlungstheoretische Ansätze entwickelt oder auch wieder entdeckt wurden (*Gräsel* 1997, *Nickolaus; Schumm; Pfister* 1990; *Stark* u. a. 1996; *Riedl* 1998, *Siebert* 1999). Auch die aktuellen Entwicklungen im Weiterbildungsbereich, in der E-Learning und damit auch selbstgesteuertes Lernen einen wachsenden Stellenwert erhalten, stützen solche Überlegungen (zur Theorie mulitimedialen Lernens siehe auch Fürstenau 2016). Da Lernen in problemorientierten Lernumgebungen konstruktivistischen Ansätzen folgend primär selbstgesteuert erfolgen soll und in der Regel lediglich relevante Materialien zur Verfügung gestellt werden, sind Kontrollstrategien der Lernenden erforderlich, die einen positiven Verlauf des Lernprozesses sichern (*Gräsel* 1997, S. 12). In wie weit problemorientierte Lernumgebungen, die den Lernenden eine weitgehende Selbststeuerung des Lernprozesses abverlangen, tatsächlich zu „besseren" Lernergebnissen führen als traditioneller Instruktionsunterricht, ist bisher nur unzureichend untersucht. Zudem ist die Befundlage widersprüchlich. So berichten z. B. *Bendorf* und *Sembill* u. a. bezogen auf die kaufmännische Berufsbildung von Vorteilen problemorientierter, durch Selbststeuerung gekennzeichneter Lernumgebungen (*Bendorf* 2002, *Sembill* u. a. 1998). In Neefs Untersuchung, die ebenfalls im kaufmännischen Bereich angesiedelt ist, ergeben sich hingegen keine signifikanten Unterschiede zwischen der handlungsorientiert (Fallstudie) unterrichteten Experimentalgruppe und einer traditionell unterrichteten Kontrollgruppe im Hinblick auf das Fachwissen. Im motivationalen Bereich, der bei *Sembill* u. a. eindeutig vorteilhafte Entwicklungen der handlungsorientiert Unterrichteten ergab, kommt Neef zu signifikanten erwartungswidrigen Befunden (*Neef* 2008).

Im gewerblich-technischen Bereich kommt Büning bei Zimmerern zu indifferenten Ergebnissen bei der Entwicklung des deklarativen Wissens und der Problemlösefähigkeit, eindeutige Vorteile ergaben sich beim prozeduralen Wissens zugunsten der handlungsorientiert Unterrichteten (*Büning* 2007). Wülker stellt

[43] Ob die dieser Einschätzung zugrunde liegenden Befunde (aus der Hochschulausbildung) generalisiert werden können, scheint fraglich, denn erstens ist bislang kaum untersucht, in wie weit und in welcher Weise das in systematischen Lehr-Lernprozessen erworbene Wissen trotz vordergründiger Trägheit bei Einarbeitungs- und Problemlöseprozessen (bereichsspezifisch variierend) doch noch Relevanz entfaltet und zudem bleibt im Blick auf die Facharbeiterausbildung die „duale" Organisationsstruktur der Ausbildung zu berücksichtigen.

bezogen auf die gleiche Personengruppe besonders heraus, dass vor allem die kognitiv Stärkeren von handlungsorientierten Lehr-Lernarrangements profitieren, die Schwächeren gehen jedoch unter (*Wülker* 2004). Am umfangreichsten ist im gewerblich-technischen Bereich die Befundlage zur elektrotechnischen Grundbildung, zu der inzwischen vier Untersuchungen vorliegen (*Nickolaus; Bickmann* 2002; *Nickolaus; Heinzmann; Knöll* 2005; *Nickolaus; Knöll; Gschwendtner* 2005; *Nickolaus; Gschwendtner; Geißel* 2008). Dabei zeigen sich in zwei Untersuchungen bei Elektroinstallateuren erwartungswidrig partiell Vorteile der Kompetenzentwicklung zugunsten der eher direktiv Unterrichteten, in einer weiteren Untersuchung bei den Elektroinstallateuren ergaben sich global keine signifikanten Unterschiede im Fachwissen (deklarativ und prozedural). Widersprüchlich ist die Befundlage zur Kompetenzentwicklung auf höherem Anspruchsniveaus (*Nickolaus; Knöll; Gschwendtner* 2006; *Geißel* 2008). Bei den kognitiv stärkeren Industrieelektronikern ergaben sich keine praktisch bedeutsamen Effekte der Wahl einer Unterrichtsform (*Nickolaus; Knöll; Gschwendtner* 2006). Eine bei Technikern durchgeführte Untersuchung zeigt deutliche Vorteile der direktiv Unterrichteten im Hinblick auf die berufsfachliche Kompetenzentwicklung (*Betzler* 2006). Ebenfalls bezogen auf den Unterricht bei Technikern konstatiert Selig (2015) zu differentiellen Effekten im Englischunterricht ebenfalls, dass selbstgesteuertes Lernen (in verschiedenen Lernstationen) im Vergleich zu direktivem Unterricht die erwarteten Vorteile nicht einlöst. Generell deutet sich an, dass die realisierte Interaktions- bzw. Unterrichtsqualität innerhalb der Methode wesentlich bedeutsamer für den Lernerfolg der Auszubildenden ist, als die Wahl der Unterrichtsmethode selbst.

Generell besteht die Gefahr, dass Lernende in problemorientierten Lernumgebungen überfordert sind und über keine angemessenen Strategien verfügen, ihren Lernprozess selbst zu steuern[44]. Wie schon in Abschnitt 4.2.4 angedeutet, gibt es aber auch zur Förderung von Metakognitionen und strategischem Lernen Interventionsstrategien, die darauf abzielen, die Lernenden bei der Setzung eigener Ziele, bei der Reflexion und dem Neuerwerb von Lernstrategien, bei der Planung, Steuerung und Kontrolle des Einsatzes von Lernstrategien, der Reflexion eigener Stärken und Schwächen und dem Einsatz von Medien und Hilfsmitteln zu unterstützen.[45] Als hilfreich wird in diesem Zusammenhang im Anschluss an den Instruktionsansatz des Cognitive Apprenticeship (vgl. Bd. 4 der Lehrbuch-

[44] Hinweise z. B. bei *Straka* u. a. 1996; *Hofer* u. a. 1996

[45] Ausführlicher dazu siehe auch den einschlägigen Beitrag in *Lauth; Grünke, Brunstein* 2004, speziell zur beruflichen Bildung siehe auch *Straßer* 2008, *Tenburg* 2008

reihe) auch eingeschätzt, dass Lehrende beispielhaft zeigen wie sie selbst vorgehen wenn sie Probleme bearbeiten. Zweifel an durchgängigen Vorzügen problemorientierter Lernumgebungen speisen sich auch aus der ATI-Forschung[46], deren Ergebnisse trotz erheblicher Einschränkungen (vgl. z.B. *Bracht* 1975; *Helmke; Weinert* 1997; *Terhart* 1997, S. 81–84) Belege für die Überforderung unsicherer, ängstlicher und schwächerer Schüler in wenig strukturierten Unterrichtsformen erbrachten (*Flammer* 1975). Ein großer Teil der nachgewiesenen ATI-Effekte basiert auf experimentellen bzw. quasiexperimentellen Studien, wobei meist radikal voneinander verschiedene Treatments zum Einsatz kamen, die weit von dem für die Schüler vertrauten Unterrichtsstil entfernt sind und damit zu erheblichen Beeinträchtigungen der ökologischen Validität und damit der Aussagekraft eventuell ausgewiesener ATIs führen können (*Helmke; Weinert* 1997, S. 141). Da in der Realität die Unterrichtsmerkmale meist kontinuierlich verteilt sind, schlägt andererseits die Suche nach ATIs in naturalistischen Feldstudien meist fehl.

Zusammenfassend ist, wie auch der obige Überblick aber die Determinanten der Schulleistung zeigt, davon auszugehen, dass das Lernergebnis von einer Vielzahl von Faktoren abhängig ist. Hinzu kommt der vielfach bestätigte Befund, wonach unter Berücksichtigung verschiedener Kompetenzaspekte kein ideales Lehr- Lernarrangement existiert. Vor diesem Hintergrund ist eine radikal-einseitige Präferenz für das eine oder andere Lehr-Lernarrangement nicht verantwortbar. Vielmehr ist bei der Methodenwahl ein ganzes Bündel von Bedingungen und nicht zuletzt die Interdependenz von Zielen und Methoden zu berücksichtigen. Die Befunde aus der pädagogischen Psychologie

- weisen variable Formen der direkten Instruktion als besonders geeignet aus für den Erwerb inhaltlichen Wissens,
- zeigen, dass Formen situierten Lernens und didaktische Strategien der Projektarbeit des Gruppenunterrichts und des kreativen Übens besonders wirksam sind, um den Erwerb lebenspraktischen Anwendungswissens zu fördern,
- sprechen dafür, dass unterrichtliche Methoden des selbstständigen Lernens, die gezielte Ermöglichung subjektiver Lernerfahrungen und des angeleiteten Aufbaus metakognitiver Einsichten den Erwerb von „SQ“,

[46] Untersucht wurde in diesem Forschungsansatz u.a., ob bei bestimmten Persönlichkeitsmerkmalen auch spezifische methodische Ansätze zur Erzielung eines möglichst großen Lernerfolgs aussichtsreich sind.

metakognitiver Kompetenzen und Strategien des Lernens begünstigen und

- verweisen auf die Notwendigkeit eines variablen Instrumentariums erkenntnis- und erlebnisintensiver Methoden für die Förderung des Erwerbs von kognitiv-motivationalen Handlungs- und Wertorientierungen (*Weinert* 2000, S. 46).

Von hoher Bedeutung ist es, nicht nur der Wahl methodischer Ansätze Aufmerksamkeit zu schenken, sondern ebenso den innerhalb der methodischen Ansätze realisierten Qualitäten. Wie aus der obigen Übersicht deutlich wird, kommt der Unterrichtsqualität für den Lernerfolg ein herausragender Stellenwert zu, womit sich die Frage stellt, was die Unterrichtsqualität wesentlich bestimmt. Empirisch als lernerfolgsrelevant abgesichert sind u. a. folgende Qualitätsmerkmale[47]:

- die erzielte Klarheit (Verständlichkeit) von Erläuterungen oder auch Aufgabestellungen,
- die Strukturiertheit des Unterrichts bzw. die Absicherung, dass neue Lehrinhalte eingeordnet werden können,
- die effektive Nutzung der Unterrichtszeit, (Klassenmanagement)
- die Adaptivität des Unterrichts, womit die Vermeidung von länger andauernder Unter- und Überforderung gemeint ist,
- damit zusammenhängend die Langsamkeitstoleranz der Lehrenden,
- die bedarfsgerechte Unterstützung,
- die Bekräftigung durch ein unterstützendes Feedback,
- kognitive Aktivierung,
- ein gutes Klassenklima (*Helmke; Weinert* 1997, *Nickolaus* 2001) und
- die Güte der Interaktionsprozesse (vgl. Abschnitt 5.2).

In Lehr-Lernformen, die durch hohe Selbststeuerungsanteile der Lernenden gekennzeichnet sind, erweisen sich die bedarfsbezogene Unterstützung des Lernprozesses (vgl. z. B. *Stark* u. a. 1996) und die Absicherung der Lernergebnisse durch die Lehrenden als wichtige zusätzliche Qualitätskriterien (*Schelten; Riedl* 1999). Zu berücksichtigen ist bei der Evaluation des eigenen Unterrichts, dass Lernende in offenen, selbstgesteuerten, anwendungsbezogenen Lehr-Lernformen dazu tendieren, ihren Lernerfolg eher zu überschätzen und Lernende in lehrergeleiteten Lehr-Lernformen zur Unterschätzung ihres Lernerfolges neigen (vgl. *Stark u. a.* 1996).

---

[47] Eine sehr gute Übersicht gibt dazu *Helmke* 2004; ergänzend siehe auch Abschnitt 5.2

Wichtig scheint auch nochmals der Hinweis auf z. T. widersprüchliche Befundlagen, wie sie oben bereits zu Effekten methodischer Entscheidungen zur kaufmännischen und gewerblich-technischen Berufsausbildung referiert wurden. Für den Praktiker stellt sich vor diesem Hintergrund das Problem, dass er selbst prüfen muss, welche Befunde für seinen Anwendungskontext am ehesten Geltung beanspruchen können. Wichtige Hinweise zur Gestaltung von Lehr-Lernprozessen geben die oben referierten Erkenntnisse zur Qualität des Lehrens, da diese entgegen einer Reihe von weiteren Determinanten des Lernerfolgs, wie sie in Abb. 18 wiedergegeben sind von Seiten der Lehrenden direkt beeinflusst werden können.

Als hoch problematisch erweisen sich z. T. Befunde zum Lernerfolg Schwächerer in der beruflichen Ausbildung, die unabhängig von der Lehrform in hohem Maße der Gefahr ausgesetzt sind, das Lernziel nicht zu erreichen (*Nickolaus* 2004a; *Nickolaus* u. a. 2018) und deren Lernfortschritt durch das mangelnde Vorwissen und wenig entwickelte Lernstrategien massiv begrenzt wird. Als hilfreich könnten sich zur Behebung dieser Defizite spezielle Förderprogramme erweisen. Verwiesen sei hier auf das Förderprogramm „Reciprocal Teaching“ [48] zur Verbesserung der Lesekompetenz, auf Förderansätze zu mathematischen Grundkompetenzen und spezielle Programme zur Förderung der Lernkompetenz. Als Fundgrube für solche Förderprogramme erweist sich den Interessierten die Publikation von *Lauth; Grünke; Brunstein* 2004, in der zu vielfältigen Problemlagen theoriegeleitete und evaluierte Interventionsmöglichkeiten vorgestellt werden, u. a. auch zur Förderung der Lesekompetenz, mathematischer Kompetenz und der Lernfähigkeit.

In der beruflichen Bildung hat sich das Förderprogramm „BEST“ (*Norwig/Petsch/Nickolaus* 2010; *Petsch/Norwig/Nickolaus* 2011; *Petsch/Norwig/Nickolaus* 2014) als bemerkenswert effektiv erwiesen um leistungsschwächere Auszubildende in der bautechnischen Grundausbildung in ihrer fachlichen Kompetenzentwicklung voranzubringen. Bei diesem Programm handelt es sich um ein kombiniertes Strategietraining, in dem verschiedene Förderansätze verknüpft werden um die Bearbeitungsstrategien bei der Lösung komplexer beruflicher Aufgaben zu verbessern. Gefördert werden sowohl sogenannte metakognitive Strategien, die global einsetzbar sind und sowohl Planungs-, Überwachungs- und Bewertungsstrategien umfassen, als auch kognitive Strategien,

[48] Der in anderen Bildungsbereichen für die Förderung der Lesekompetenz als erfolgreich ausgewiesene Ansatz des Reciprocal Teaching konnte im Bereich der beruflichen Bildung in Klassenkontexten nur bedingt als effektiv bestätigt werden (*Gschwendtner* 2012; *Norwig* u.a. 2013).

die einen engeren fachlichen Anwendungsbezug aufweisen. Die Strategieförderung erfolgt unter Nutzung der Konzepte des Lernens aus Fehlern und des Cognitive Apprenticeship Ansatzes. In der ersten Phase des Trainings werden die Auszubildenden mit einer problemhaltigen Aufgabe konfrontiert. Dabei auftretende Fehler werden explizit als Lerngelegenheit genutzt, wobei auf die Sicherung eines positiven Fehlerklimas (*Oser; Hacher; Spychiger* 1999) geachtet wird. Im Anschluss werden die Schüler aufgefordert, den eigenen Lösungsprozess zu verbalisieren (lautes Denken), womit bereits die Reflexion des eigenen Vorgehens angeregt wird und häufig die Fehler selbst diagnostiziert werden können. Die zweite Phase dient dazu, gegebenfalls vorhandene Fehlkonzepte zu korrigieren und alternative bereichsspezifische Lösungsstrategien aufzubauen, wobei im Anschluss an den Cognitive Apprenticeship Ansatz (*Collins; Brown, Newman* 1989) die Lehrkraft zunächst zeigt, wie sie bei der Lösung vorgeht und im Weiteren die Lernenden unterstützt und diese Unterstützung sukzessiv abbaut (*Petsch; Norwig; Nickolaus* 2011). Die Effekte dieses Förderkonzeptes sind bemerkenswert und konnten auch unter anderen Bedingungen repliziert werden (*Norwig; Petsch; Nickolaus* 2011; *Petsch; Norwig; Nickolaus* 2011; *Norwig; Petsch; Nickolaus* 2012; Wyrwal; Zinn 2016).

Im Bereich der Lesekompetenzförderung, die aufgrund unzureichend entwickelter Lesekompetenzen auch in der beruflichen Bildung zunehmend Aufmerksamkeit erfährt, wurden als Merkmale erfolgreicher Instruktions- bzw. Förderansätze identifiziert: (1) die Förderung metakognitiven Wissens und die direkte Anleitung des Einsatzes von Lesestrategien, wobei der Mehrwert des Einsatzes dieser Strategien für die Lernenden erfahrbar werden sollte, (2) Kooperative Lernstrategien, (3) kleine Gruppengrößen mit möglichst guten Übungsmöglichkeiten für jeden Einzelnen, (4) ein elaborierender Lehrer-Schülerdialog mit sachbezogenem Feedback, (5) günstige motivationale Bedingungsfaktoren (s.u.) und (6) das modellhafte Einüben der Strategien in unterschiedlichen Kontexten (im Überblick und weiter ausdifferenzierend Gschwendtner 2012). Das sind zugleich wohl auch die Erfolgsgaranten von „BEST“. Die in solchen Förderansätzen immer wieder bestätigte Erfahrung, dass auch der Festigung der erlernten und als erfolgreich erlebten Bearbeitungsstrategien hinreichend Aufmerksamkeit zu schenken ist, findet auch in empirisch gestützten Theorien des Fertigkeitserwerbs Bestätigung (z. B. *Ackerman* 1992).

Die notgedrungen kursorisch ausfallende Übersicht sei hier abgebrochen, empfohlen seien abschließend auch die einschlägigen Übersichtsdarstellungen zur beruflichen Bildung (*Beck; Dubs* 1998, *Beck; Heid* 1996) und aus der Lehr-Lernforschung allgemein (*Helmke* 2004, *Helmke; Weinert* 1997; *Hattie* 2013).

## Ausgewählte Befunde zur Motivationsentwicklung

Fragen zur Motivation beschäftigen die Psychologie schon seit Generationen. Gegenwärtig wird im berufspädagogischen Feld primär an Selbstbestimmungstheorien bzw. Interessentheorien der Motivation z. B. im Anschluss an Deci und Ryan angeknüpft. Begründet wird dies beispielsweise von *Prenzel* mit dem Verweis auf die von der Senatskommission für Berufsbildungsforschung der DFG geforderte normative Orientierung, wonach bei der Untersuchung, Beurteilung und Gestaltung von beruflichen Ausbildungsprozessen ein Bildungsbegriff zugrunde gelegt werden solle, „der auf Selbstbestimmung, Authentizität, persönliche Identität, Individualität und moralische Verantwortung abzielt" (*Prenzel* u. a. 1998, S. 169, mit Verweis auf *Achtenhagen*). Folgerichtig müssten Untersuchungen zur Lernmotivation in der beruflichen Bildung auf Motivationstheorien zurückgreifen, mit welchen Motivationsausprägungen nach den obigen Gesichtspunkten klassifiziert werden können. In elaborierter Form setzen *Prenzel* u. a. selbst diesen Anspruch um. Sie unterscheiden in ihrem theoretischen Modell sechs Formen der Lernmotivation, wovon die vier ersten (amotiviert, extrinsisch, introjeziert und identifiziert) eine aufsteigende Folge zunehmender Selbstbestimmung abbilden und zwei weitere im Hinblick auf die Selbstbestimmung auf gleicher Ebene mit der identifizierten Variante liegen, gegenüber dieser jedoch in aufsteigender Reihenfolge einen zunehmenden Grad an Inhalts- bzw. Tätigkeitsanreizen repräsentieren (*Prenzel* u. a. 1996, S. 109). Generell ist davon auszugehen, dass Motivationsausprägungen durch ein Wechselspiel von situativen und individuellen Merkmalen bestimmt sind. Neben der Selbstwirksamkeitstheorie und der Interessentheorie der Motivation kommt insbesondere der Erwartungs- x Werttheorie Bedeutung zu, in der unterstellt wird, dass die Motivationsausprägung als Produkt der Wertzuschreibung mit der das zu Erlernende bedacht wird und der Erfolgserwartung, mit der das Ziel erreicht werden kann, bestimmt werden kann. Positive Einflüsse auf die Lernmotivation werden von *Prenzel* u. a. von folgenden Bedingungskomplexen erwartet[49] und empirisch bestätigt:

[49] Diese Annahmen sind im Rückgriff auf eine Vielzahl von einschlägigen Forschungsergebnissen gewonnen (*Prenzel* u. a. 1996, S. 110).

- Wahrgenommene inhaltliche Relevanz des Lernstoffes
- Wahrgenommene Instruktionsqualität[50]
- Wahrgenommenes inhaltliches Interesse beim Lehrenden
- Wahrgenommene soziale Einbindung[51]
- Wahrgenommene Kompetenzunterstützung
- Wahrgenommene Autonomieunterstützung[52] (*Prenzel* u. a. 1996, S. 111)

Selbstbestimmtes Lernen identifizieren *Prenzel* u. a. häufiger in der betrieblichen Ausbildung als im berufsschulischen Unterricht. Berufsschulisches Lernen ist in der Wahrnehmung der Lernenden durch ein relativ geringes Ausmaß an Kompetenz- und Autonomieunterstützung gekennzeichnet, die Bedingungen im Betrieb hingegen eher durch geringe Klarheit und Strukturierung. Als problematisch im Hinblick auf die Motivationsbemühungen schätzen die Autoren das aufgefundene Auseinanderklaffen der Wahrnehmung von Motivation und Motivationsbedingungen bei Lehrenden und Lernenden ein (*Prenzel* u. a. 1996, S. 115 ff., *Prenzel* u. a. 1998, S. 177 ff.). Die bei *Prenzel* u. a. bezogen auf Bürokaufleute, verschiedene Fächer und Unterrichtsthemen gewonnenen Ergebnisse werden im Hinblick auf die Relevanz von Kompetenzerleben, Autonomieerleben und der wahrgenommenen sozialen Eingebundenheit auch von *Lewalter* u. a. in Einzelfallanalysen zur subjektiven Rekonstruktion der Interessenentwicklung bei Auszubildendenden aus dem Versicherungsgewerbe bestätigt (*Lewalter* u. a. 1998, insbes. S. 160 ff.). Zur Stützung und Ausdifferenzierung der Ergebnisse von *Prenzel* u. a. sind auch jene von *Hardt* u. a. geeignet. Als motivationsbedeutsam werden dort belegt: die Relevanzzuschreibung von Lerninhalten, sowie das Motivierungspotential, konstruiert aus den Variablen Anforderungswechsel, Vollständigkeit und Wichtigkeit der Aufgabe, Autonomie und Rückmeldung aus der Arbeit heraus. Erhebliche Bedeutung kommt auch den Motivierungstechniken des Lehrers zu. Große Unterschiede zeigen sich im Hinblick auf die Varianzaufklärung der Lernmotivation durch das oben knapp skizzierte Motivierungspotential in Abhängigkeit von der Lehrdauer, wobei wiederum erhebliche themenbezogene Schwankungen auftreten (*Hardt* u. a. 1996, S. 136 ff.).

In das theoretische Modell der Lernmotivation, wie es von *Prenzel* u. a. entwickelt wurde, lassen sich auch die vielfältigen Befunde aus der Modellver-

[50] Z. B. gezieltes Situieren, Klarheit, Verständlichkeit
[51] Z. B. entspannte, freundliche Lernatmosphäre
[52] Z. B. Unterstützung von selbstständigem Erkunden, Planen, Handeln, Lernen

suchsforschung einordnen, die erhebliche positive motivationale Effekte von Lehr- Lernarrangements bestätigen, die günstige Ausprägungen in einer mehr oder weniger großen Zahl der obigen Motivationsbedingungen aufweisen[53]. Als kritisches Kriterium im Hinblick auf die didaktisch-methodische Gestaltung von Lehr- Lernarrangements, in der Absicht positive Motivationsbedingungen zu schaffen, dürfte sich auf der Ebene der Selbststeuerung die Gefahr der Überforderung erweisen, die vielfältig verursacht sein kann[54].

Die obigen Befunde beziehen sich primär auf die kaufmännische Erstausbildung. In Studien zur gewerblichen Erstausbildung zeichnen sich z. T. ähnliche Tendenzen ab, durchgehende Vorteile handlungsorientierter, selbstgesteuerter Erarbeitungsformen für die Motivationsentwicklung lassen sich allerdings nicht bestätigen (*Nickolaus; Knöll; Gschwendtner* 2006, *Nickolaus; Bickmann* 2002). Uneingeschränkte Bestätigung finden auch in der gewerblich-technischen Berufsbildung die von *Prenzel* u. a. identifizierten Bedingungsfaktoren der Motivation, wobei den Relevanzzuschreibungen der Lehrinhalte z. T. ein besonders großer Stellenwert zuzukommen scheint (*Geißel; Gschwendtner; Nickolaus; Ziegler* 2007). Substantielle Beiträge zur Erklärung der Motivationsausprägungen erbringt auch das bereichsspezifische Fähigkeitsselbstkonzept, d. h. die individuellen Fähigkeitsselbstzuschreibungen (*Vetter* u. a. 2018).

Mit den oben angeführten Bedingungen des Motivationsgeschehens liegen für das pädagogisch-praktische Handeln Ansatzpunkte vor, die systematisch genutzt werden können um das Motivierungsgeschehen in Lehr-Lernprozessen günstig zu beeinflussen. Denkbar ist allerdings auch, dass einzelne Individuen auf Grund eines ungünstigen Selbstkonzepts, das durch negative Selbstzuschreibungen bezüglich der eigenen Leistungsfähigkeit gekennzeichnet ist, trotz günstiger Ausprägungen der Motivationsbedingungen eine gering ausgeprägte Lernmotivation beibehalten. Spezielle Interventionsprogramme zur Bearbeitung solcher und auch anderer Problemlagen findet man bei *Rheinberg; Krug* 1999.

## Fazit

Die vielfältigen Befunde geben eine Fülle von Hinweisen zur Gestaltung von Lehr-Lernarrangements, wobei angesichts des hohen Komplexitätsgrades ein

[53] Über positive motivationale Effekte von handlungsorientierten, durch ein erhöhtes Maß an Selbststeuerung gekennzeichnete Lehr- Lernarrangements, wird in nahezu allen einschlägigen Modellversuchen berichtet (vgl. z. B. *Nickolaus; Schumm; Pfister* 1990; *Sommer; Fix* 1989).

[54] Auf Probleme, für das selbstgesteuerte Lernen erforderliche (und auch bekannte) Strategien auf Grund des Mangels an prozeduralem Wissen einsetzen zu können, verweisen z. B. *Straka* u. a. 1996.

intelligenter Umgang mit den Befunden notwendig scheint. Das bedeutet, nicht einseitige und generalisierende Auflösungen des hochkomplexen Entscheidungsfeldes, sondern situationsspezifische Reflexionen des durch die empirischen Befunde erhellten Problemfeldes versprechen eine Erhöhung der Rationalität pädagogischer Entscheidungen. Charakteristikum einer Vielzahl reflektierter pädagogischer Entscheidungen ist der rationale Umgang mit Zielkonflikten und die situationsspezifische Ausbalancierung teilweise auch in Konflikt stehender Prädiktoren der Kompetenz- und Motivationsentwicklung[55]. Eine nach wie vor äußerst hilfreiche auf einer systematischen Sichtung älterer Befundlagen beruhende Hilfestellung zur Umsetzung (empirischer) Erkenntnisse in der pädagogischen Praxis gibt *Roths* pädagogische Psychologie des Lernens (*Roth* 1973), die in einer verkürzten Übersichtsfassung auch bei *Straka; Macke* (2002) nachgelesen werden kann. Weitergehende Hinweise zur Nutzung der hier angedeuteten Befundlagen finden Sie auch in Abschnitt 6 dieses Lehrbuches.

## 5.2 Interaktionsprozesse in Lehr-Lernarrangements

Lernen vollzieht sich in institutionalisierten Lehr-Lernprozessen in der Regel als Interaktion[56] zwischen Lehrenden und Lernenden. In einem Teil der didaktischen Ansätze, wie z. B. in der kommunikativen Didaktik (*Schäfer; Schaller* 1973) wird das Interaktionsgeschehen als zentrales didaktisches Merkmal herausgestellt. Grundgedanke war dabei, dass eine möglichst symmetrische Kommunikation, mit anderen Worten, Kommunikationsformen, die den Beteiligten in gleichem Maße die Möglichkeit geben Inhalt und Ablauf des Kommunikationsprozesses zu bestimmen, einerseits Ausdruck demokratischer Verhältnisse und andererseits Voraussetzung für die Entwicklung von Mündigkeit sind. Autoritäre kommunikative Handlungen von Lehrenden, wie sie üblicherweise das Lehr-Lerngeschehens bestimmen, werden z. B. mit Verweis auf Erkenntnisse zu Gruppenprozessen als weniger entwicklungsförderlich eingestuft als demokratisch gestaltete kommunikative Handlungen (ebd. S. 170 ff.). In die didaktische Modellbildung fand dieser Grundgedanke verschiedentlich Eingang, u. a. auch in das lehrtheoretische Modell der Didaktik von *Schulz* (s. o.).

---

[55] *Helmke; Weinert* identifizierten in einer breit angelegten Studie an Hauptschulen z. B. die Ausbalancierung folgender Bedingungen für überdurchschnittliche Ergebnisse bei kognitiven und affektiv-motivationalen Unterrichtszielen: Klassenführung, Aufgabenorientierung, Klarheit, Adaptivität, Langsamkeitstoleranz und affektives Klima (*Helmke, Weinert* 1997, S. 150).

[56] Interaktion wird verstanden als Abfolge kommunikativer Akte.

Strukturell kann zwischen Interaktionsprozessen, die auf die Herstellung günstiger lernförderlicher Bedingungen zielen und Interaktionen innerhalb eines themenbezogenen Lehr-Lernprozesses unterschieden werden.

Der Zeitanteil, der für die Sicherung lernförderlicher Bedingungen im Lehr-Lerngeschehen aufgewendet werden muss, schwankt z. T. erheblich. Im Berufsvorbereitungsjahr erreicht dieser Anteil in ungünstigen Fällen bis zu 86% (*Domberg* 1996, S. 160), in einem typischen Fachunterricht in der Berufsschule ist das Verhältnis hingegen umgekehrt, d. h. ca. 80% der Interaktionen beziehen sich auf den Lehrgegenstand und der Rest ist als nicht themenbezogen einzustufen (ebd. S. 160 ff.).

In der Forschung hat das Interaktionsgeschehen aus verschiedenen Perspektiven Aufmerksamkeit erfahren:

a) wurde Interaktion auf der Verhaltensebene als eine Folge von Reaktionen mehrerer Personen, die aufeinander bezogen sind, untersucht, wobei sich die Vorstellung, die Schüler würden (nur) auf das Verhalten des Lehrers reagieren, als verkürzt erwies, denn bei aller Dominanz von Lehrenden bleibt auch den Lernenden die Möglichkeit den Verlauf des Interaktionsgeschehens zu beeinflussen;
b) wurde auf der Beziehungsebene der Frage nachgegangen, wie die Beteiligten die Interaktion erleben. In diese Kategorie fallen auch jene Studien, in welchen untersucht wurde, inwieweit das Denken der Lehrenden über ihre Schüler das Interaktionsgeschehen bestimmen und wie Schüler über Lehrende und den Unterricht denken und wie diese Kognitionen auf das Lehr-Lerngeschehen zurückwirken;
c) wurde auf der Inhaltsebene untersucht, wie die auf die Lehrinhalte bezogene Interaktion verläuft, wie z. B. auch methodenabhängig sich höchst unterschiedliche Interaktionsverläufe ergeben (*Hofer* 1997, S. 213 f.).

## Anmerkungen zu a)

In diese Untersuchungskategorie fallen z. B. jene Studien, in welchen untersucht wurde, wie Belohnungen, Bestrafungen usw. auftretendes Verhalten verstärken oder unterdrücken können (vgl. auch Bd. 6 der Lehrbuchreihe). In der Regel kann unterstellt werden, dass Lob verstärkend wird, es gibt jedoch auch Untersuchungen, in welchen „paradoxe“ Reaktionen auf Lob berichtet werden, in dem Schüler Lehrerlob als Ausdruck geringer Begabungszuschreibung interpretieren (*Hofer* 1997, S. 215). Deutlich wird hier, dass die Interpretation kommunikativer Akte in einem sozialen Kontext erfolgt, der eine eigene „Geschichte“ hat.

Aufschlussreich sind die in dieser Forschungsperspektive vorgenommenen Verhaltensbeobachtungen im Lehr-Lerngeschehen. In der folgenden Abbildung ist ein auf *Bales* zurückgehendes Kategoriensystem zur Beobachtung kleiner Gruppen wiedergegeben, aus dem zu entnehmen ist, dass eine Inhaltsebene (Aufgabenbereich Fragen und deren Beantwortung) und eine Beziehungsebene (sozialemotionaler Bereich) unterschieden werden und innerhalb dieser Bereiche die Kategorien der Orientierung, Bewertung, Kontrolle, Entscheidung, Spannungsbewältigung und Integration unterschieden werden.

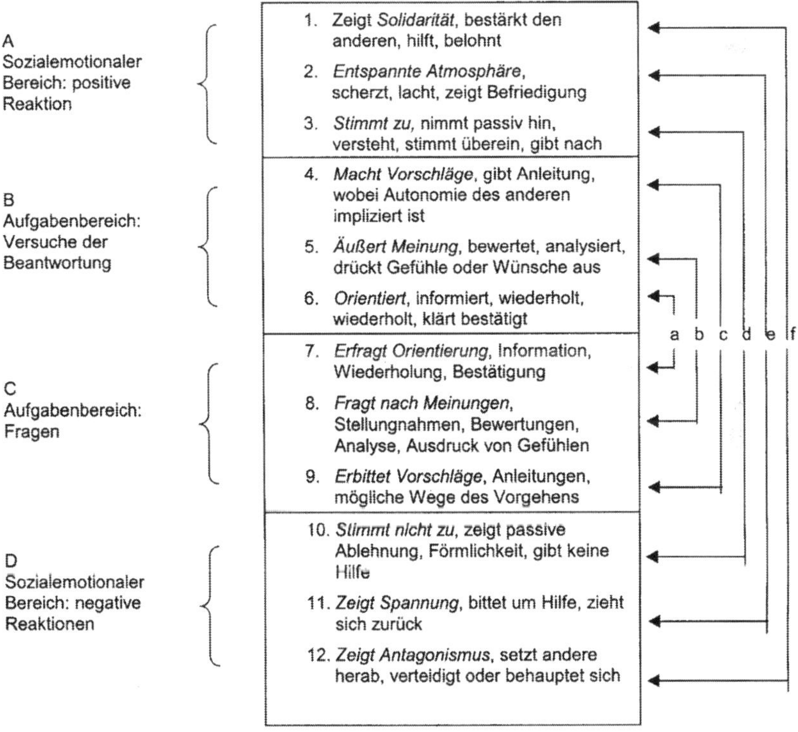


**Schlüssel:** a = Probleme der Orientierung; b = Probleme der Bewertung; c = Probleme der Kontrolle; d = Probleme der Entscheidung; e = Probleme der Spannungsbewältigung; f = Probleme der Integration

**Schlüssel:** a = Probleme der Orientierung; b = Probleme der Bewertung; c = Probleme der Kontrolle; d = Probleme der Entscheidung; e = Probleme der Spannungsbewältigung; f = Probleme der Integration

Abb. 19: Bewertungskriterien (König, Zedler 1983, S. 31)

Größere Beachtung fand auch das Interaktionsanalysesystem von *Flanders*, der affektive, kognitive, psychomotorische, aktive, inhaltliche, soziologische und Umgebungskategorien unterscheidet (*Hanke; Mandl; Prell* 1973, S. 17 ff.). Für den beruflichen Bereich liegen uns relativ wenige einschlägige Untersuchungen vor (z. B. *Manstetten 1982, Dubs* 1995, *Domberg* 1996). *Domberg* berichtet gestützt auf das Interaktionsanalysesystem von Flanders bezogen auf 25 untersuchte Klassen beruflicher Schulen von der Dominanz des Lehrervortrags (30.5 % des Interaktionsanteils) gefolgt von „Schülerbeiträgen ohne Aufforderung“ (10.3 %), Lehrerfragen (9.6 %) und „konstruktives Chaos“ (9.2 %), „nicht konstruktives Chaos“ (9.5 %), „Schülerantworten auf Fragen“ (7.8 %), „Anweisungen des Lehrers“ (6.0 %), „Schüler antwortet Schüler“ (5.7 %) und „Lehrerlob“ (5.4 %) (eigene Analysen im Anschluss an *Domberg* 1996). Weit geringere Anteile weisen Kategorien wie „Schüler initiiert Schüler“ (0.5 %), „Lehrer entmutigt“ (1.2 %) auf. Im Hinblick auf die Entwicklung kommunikativer Kompetenz bleibt auch zu berücksichtigen, dass ein großer Anteil der Schüleräußerungen im Frontalunterricht nur aus Satzfragmenten besteht.

*Sembill* u. a. stellen den positiven Einfluss selbstgesteuerten-handlungsorientierten Lernens auf das Interaktionsgeschehen heraus (*Sembill* u. a. 1998), wobei diese methodischen Ansätze *noch keine Gewähr für qualitativ befriedigende kommunikative Prozesse geben (Schlömer; Helmerking* 1996; *Ruhmke* 1998). Vor allem Metakommunikation, Empathie und Rollendistanz scheinen auch in solchen Lehrformen nur selten aufzufinden zu sein.

Der größte Teil der oben referierten Befunde zum Interaktionsgeschehen bezieht sich auf traditionelle, stark durch den Lehrer gesteuerte Lehrformen. In einzelnen Untersuchungen zum kaufmännischen Unterricht werden auch Ergebnisse zum Interaktionsgeschehen in schülerzentrierten Lehrsequenzen referiert (*Wuttke* 2005). *Wuttke* unterscheidet in ihrer Untersuchung drei Kommunikationstypen und geht der Frage nach, welche Qualität Schüleräußerungen in solch schülerzentrierten Unterrichtsequenzen haben, in der Annahme, dass diese Qualität in Wechselwirkung zum Lernerfolg steht. Den ersten Kommunikationstypus bezeichnet sie als „kumulative Kommunikation“, gekennzeichnet ist dieser durch vorschnelle Zustimmung zu Vorschlägen anderer, substantielle Diskussionen finden kaum statt.

Den zweiten Typus beschreibt sie als kommunikatives Streitgespräch und charakterisiert diesen als Disput, der gekennzeichnet ist durch Meinungsverschiedenheit und Wettbewerb, in dem es weniger darum geht zu einem Konsens zu kommen bzw. eine tragfähige Lösung zu finden, sondern den Disput zu gewinnen. Der dritte Typus, die erkundende, erforschende Kommunikation ist hingegen gekennzeichnet durch das Bemühen im Disput gemeinsam tragfähige Lösungen zu finden. Neben der Ausprägung dieser Kommunikationstypen erfasste sie die Qualität von Schülerbeiträgen wie z. B. die Qualität von Schülerfragen, Schülererklärungen und Argumentationssequenzen. Die Ergebnisse der Untersuchung zeigen, dass in schülerzentrierten Unterrichtssequenzen von Schülern hauptsächlich (ca. 92%) Fragen niederer Ordnung (mit ja/nein beantwortbar oder „nenne Fragen" auf die eine klar definierte Antwort zu erwarten ist) gestellt werden. Nur ca. 8 % der Fragen haben eine Qualität, die als Antwort eine Erklärung erwarten lassen. Bei diesem Befund bleibt allerdings zu beachten, dass im lehrerzentrierten Unterricht von den Schülern weit weniger Fragen gestellt werden. Elaborierte Erklärungen von Schülern haben auch im schülerzentrierten Unterricht Seltenheitswert. Die Analyse der Argumentationssequenzen ergibt einen Anteil von ca. 61 % der Kommunikationsform kumulative Kommunikation, der von *Wuttke* im Hinblick auf das Lerngeschehen zwar nicht als schädlich aber als hinderlich bewertet wird, da damit Zeit gebunden ist, die sinnvoller genutzt werden könnte[57]. Etwa 20% der Argumentationssequenzen sind dem kommunikativen Streitgespräch zuzuordnen, das auch empirisch als kontraproduktiv für den Lernerfolg ausgewiesen ist. Etwa 19% der Argumentationssequenzen kommen der erkundenden Kommunikation zu, der positive Effekte auf den Lernerfolg zugeschrieben werden können. Positiv wirkt sich diese Form nach den empirischen Befunden insbesondere auf die Wissensvernetzung aus[58]. *Seifried* berichtet von positiven Korrelationen des Auftretens von substantiellen Schülerfragen im Unterricht und der Kompetenzentwicklung der Schüler, wobei die Wahrscheinlichkeit des Auftretens solcher Fragen in selbstgesteuert-handlungsorientierten Lehr-Lernarrangements erheblich höher ist als im direktiven Unterricht (*Seifried* 2004).

Aufschlussreich sind auch die Analysen Vögeles zum Interaktionsgeschehen im computerunterstützten Lernen in der beruflichen Bildung, insbesondere auch zum Wechselspiel der Klarheit von Arbeitsaufträgen, Gruppengrößen und der Fähigkeit zur Teamarbeit, die für das Interaktionsgeschehen in schülerzentrierten Unterrichtssequenzen bedeutsam sind (*Vögele* 2003).

[57] Empirisch ergeben sich allerdings hohe positive Korrelationen zwischen „nenne Fragen" und dem Aufbau des Wissens.

[58] Vor dem Hintergrund dieser Befunde scheint es dringlich den Anteil der lernförderlichen Kommunikationsformen zu erhöhen und Anteile des kommunikativen Streitgesprächs zu senken. In schülerzentrierten Phasen setzt das allerdings voraus, dass die Schüler selbst über einschlägige metakognitive Kompetenzen verfügen.

## Anmerkungen zu b)

Untersucht wurde hier z. B. schülerbezogenes Lehrerhandeln und lehrerbezogenes Schülerhandeln. Zum ersten Themenfeld ging es z. B. um Schülerzuschreibungen von Seiten des Lehrers, die dessen Handeln bestimmen und Rückwirkungen auf die Schülerentwicklung haben. Besondere Aufmerksamkeit erhielten Studien, in welchen gezeigt wurde, dass die Erwartungen von Lehrenden an die Lernenden sich tatsächlich in den Lernleistungen niederschlagen. So führen höhere Erwartungen tendenziell zu günstigeren Entwicklungen der Lernleistungen (*Hofer* 1997, S. 219 f.). Erklärt werden diese Effekte z. B. durch eine stärkere sozio-emotionale Unterstützung, genauere und günstigere Rückmeldungen, die Vermittlung von mehr und schwierigerem Stoff, ein größeres Angebot von Antwort- und Fragegelegenheiten sowie motivationstheoretische Überlegungen. Motivationstheoretisch wird angenommen, dass bei Schülern, welchen ein größeres Leistungspotential zugeschrieben wird, mangelnde Leistungen der Schüler von den Lehrenden auf mangelnde Anstrengung zurückgeführt wird, bei schwächer eingeschätzten Schülern hingegen stabile, negativ ausgeprägte Eigenschaftszuschreibungen als Erklärung mangelnder Leistungen herangezogen werden. Bedeutsam scheint auch, dass sich die Lernenden in ihrem Lernverhalten an Erwartungen der Lehrenden orientieren. Die Zusammenhänge scheinen allerdings hoch komplex und Lehrende verhalten sich z. T. sehr unterschiedlich. So gibt es auch Lehrende, die durch die gezielte Förderung der Schwächeren ihren Erwartungen entgegenwirken. Insgesamt wird der Variablen Lehrererwartung ein Anteil von 5 % der Varianzaufklärung des Lernerfolgs zugeschrieben (*Hofer* 1997, S. 22). Das ist ein größerer Anteil als im Mittel durch die Methodenwahl erklärt wird. Neben Fremdzuschreibungen erweisen sich auch Selbstzuschreibungen von Schülern als relevant für den Lehr-Lernprozess. So nehmen z.B. erfolgszuversichtliche Schüler für das Lehr-Lerngeschehen günstigere Zuschreibungen von Erfolg und Misserfolg vor als misserfolgsängstliche Schüler. Während erfolgszuversichtliche Schüler Erfolg internal und Misserfolg variabel zuschreiben, schreiben misserfolgsängstliche Schüler Erfolge eher externalen, Misserfolge aber stabilen internalen Ursachen zu. Empfohlen wird vor diesem Hintergrund eine stärkere Berücksichtigung der individuellen Bezugsnormorientierung[59], da dadurch auch für die Schüler der Einfluss eigener Anstrengung auf den Lernerfolg besser sichtbar wird (*Dann* 2000, S. 96).

[59] Das bedeutet, dass z. B. Lernfortschritte nicht im Vergleich zu den Mitschülern (soziale Bezugsnorm), sondern bezogen auf die individuellen Lernfortschritte bewertet und rückgemeldet werden.

Bedeutsam für das Interaktionsgeschehen sind auch gegenseitige Kategorisierungen (guter Schüler / schlechter Schüler; guter Lehrer / schlechter Lehrer etc.). Besonders bekannt ist in diesem Kontext der so genannte Pygmalion Effekt, mit dem Effekte beschrieben werden, die Lehrerzuschreibungen auf das Interaktionsgeschehen und den Lernerfolg der Schüler haben. Für den beruflichen Bereich zeigt beispielsweise *Sembill*, dass negative Zuschreibungen, die Lehrende gegenüber Schülern vornehmen, u. a. weniger lernförderliche Aufgabenzuteilungen und damit ungünstigere Lernentwicklungen zur Folge haben (*Sembill* 2007).
Aus Schülersicht erweisen sich in einschlägigen Untersuchungen die fachliche Kompetenz des Lehrenden, die Qualität des Unterrichts (Klarheit, Spannung, Abwechslung, Strukturiertheit, Nutzung der Lehrzeit als Lernzeit, Disziplin, Durchsetzungsfähigkeit, aber auch affektive Dimensionen wie menschliche Wärme, soziale Kompetenz, Berücksichtigung von Schülerbedürfnissen als wichtige Beurteilungsdimensionen (*Hofer* 1997, S. 226). Bemerkenswert sind z. T. hoch unterschiedliche Beurteilungen von unterrichtsrelevanten Variablen durch Lernende und Lehrende. So diagnostizierten z. B. *Prenzel* u. a. im Hinblick auf die Motivationszuschreibungen erhebliche Diskrepanzen zwischen Selbst- und Fremdzuschreibungen. Wichtig scheint vor diesem Hintergrund auch, dass Lehrende von Schülern Rückmeldungen zu eigenem Verhalten bzw. zu Schülerwahrnehmungen / Einschätzungen des Lehr- Lernprozesses gewinnen.

Das Ernstnehmen der Lernenden, der Versuch, diese in die Lösung von Problemen/Konflikten einzubeziehen, bestimmt auch die Vorschläge zur Interaktionsgestaltung in Konfliktsituationen. Hilfreiche Hinweise für die pädagogische Praxis finden sich z. B. in den Arbeiten von *Gordon* und *Oser*. *Gordon* stellt mit dem Mittel des aktiven Zuhörens, in dem als eine der zentralen Annahmen das Zutrauen in den Schüler, seine Probleme letzten Endes selbst zu lösen gilt, ein breit einsetzbares „Werkzeug“ zur Steuerung von Interaktionsprozessen zur Verfügung (*Gordon* 2002, S. 77). Auch *Oser* plädiert für die Präsupposition von Begründungsfähigkeit und die Fähigkeit von Schülern unterschiedliche Ansprüche ausbalancieren zu können und sie zur Förderung ihrer eigenen Entwicklung in Entscheidungsprozesse einzubeziehen (*Oser* 1998).

Wie wir aus Arbeiten zur beruflichen Sozialisation wissen, erweisen sich Möglichkeiten der Individuen sich in (symmetrische) kommunikative Prozesse einbringen zu können, an Entscheidungsprozessen zu partizipieren, Verantwortung zu übernehmen, die Folgen eigenen Handelns zu erleben und zu reflektieren sowie die erfahrene Akzeptanz als Person als entwicklungsförderlich für die soziale Kompetenz (*Lempert* 1988, vgl. auch Bd. 5 dieser Lehrbuchreihe). Pädagogisch gewendet wären Interaktionsformen so zu gestalten, dass sie die Einlösung dieser lernförderlichen Bedingungen implizieren.

Einen gewichtigen Teil der Forschungen zur Beziehungsebene stellen auch die Arbeiten zu Erziehungs- und Unterrichtstilen dar. Im deutschsprachigen Raum spielen hier insbesondere die Arbeiten von *Tausch; Tausch* eine wesentliche Rolle (*Tausch; Tausch* 1973). *Tausch; Tausch* unterscheiden als Hauptdimensionen des Verhaltens von Lehrenden / Gruppenleitern eine emotionale Dimension (Wertschätzung, emotionale Wärme und Zuneigung vs. Geringschätzung, emotionale Kälte und Abneigung) und eine Lenkungsdimension (starke Lenkung, etwa autoritäre Kontrolle, Restriktion vs. minimale Lenkung etwa locker kontrollierend, Autonomie gewährend) (*Tausch; Tausch* 1973, S. 152 ff.). Mit diesen Dimensionen wird ein Koordinatensystem zur Einordnung von Lehrerverhalten gewonnen.

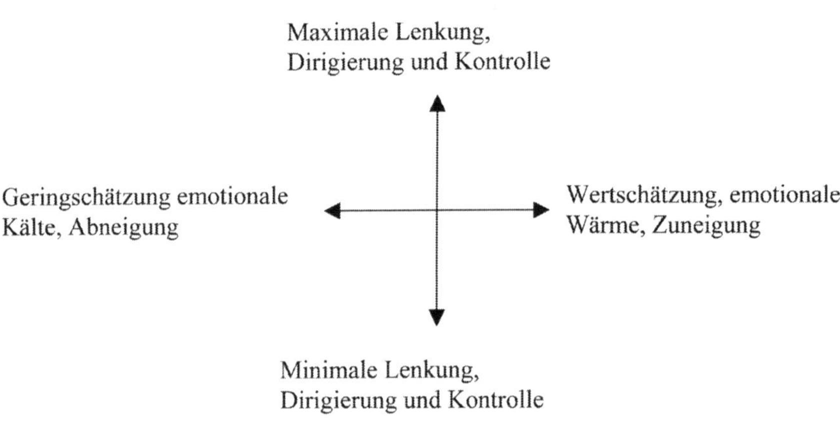


Abb. 20 Dimensionen des Lehrerverhaltens (*Tausch; Tausch* 1973, S. 162)

In Folgearbeiten wurde die Dimension der Lenkung auch weiter ausdifferenziert und neben der Lenkung „anregende Aktivitäten" des Lehrenden aufgenommen, womit Anstöße zu selbstständigem Lernverhalten, in Gang bringen von kreativem, flexiblem Denken, Interesse wecken etc. gemeint sind. (*Einsiedler* 2000, S. 114). Abgesehen davon, dass eine positiv ausgeprägte Wertschätzung auch unter humanitären Gesichtspunkten wünschenswert ist, wirkt sich diese auch günstig auf das Lerngeschehen aus. Bei der Lenkung erweist sich eine lernförderliche Ausprägung stark abhängig von den situativen Bedingungen.

### Anmerkungen zu C

Wie oben bereits angemerkt, bestimmen methodische Entscheidungen in hohem Grad auch das Interaktionsgeschehen im Lehr-Lernprozess (siehe auch Bd. 4 dieser Reihe und Bonz 2009).

Für den beruflichen Bildungsbereich liegen Untersuchungen vor, die einerseits selbstgesteuert-handlungsorientierten Lehr-Lernarrangements günstigere Entwicklungsbedingungen für die Individuen bescheinigen (*Sembill* u. a. 1998) und vor allem eine aktivere Schülerrolle dokumentieren. In anderen Untersuchungen werden auch unter diesen Bedingungen Optimierungsmöglichkeiten dokumentiert, die z. B. bezogen auf die Metakommunikation (*Schlömer-Helmerking*) oder die Steuerung des Lernprozesses bzw. des Interaktionsgeschehens in „selbstgesteuerten" Lernformen bestehen. Lernhilfen und bedarfsbezogene Unterstützung des „selbstgesteuerten" Lernens erweisen sich als wichtige Qualitätsindikatoren solcher Lernformen. Zu berücksichtigen bleibt generell, dass innerhalb ein und derselben Lehrform hoch unterschiedliche Interaktionsqualitäten erzielt werden können und mit der Lehrform die Interaktionsqualität keineswegs bestimmt ist (Nickolaus 2007).

### Aufgaben

1. Erstellen Sie im Anschluss an die Übersicht zu den Determinanten der Schulleistung eine Rangreihe und reflektieren Sie, welche der Determinanten Sie als Lehrender beeinflussen können.
2. Arbeiten Sie im Anschluss an diesen Abschnitt wichtige Qualitätskriterien von Unterricht heraus und reflektieren Sie, auf welche Weise Sie dieselben beeinflussen können.
3. Analysieren Sie Abschnitt 5.2 mit den folgenden Fragestellungen:
   a) Welche Aussagen sind enthalten zur Auswirkung des Interaktionsgeschehens auf den Lernerfolg bzw. die Entwicklung der Lernenden?
   b) Welche deskriptiven Aussagen sind zur realen Gestaltung des Interaktionsgeschehens enthalten?
   c) Welche Merkmale werden zur Beschreibung des Interaktionsgeschehens genutzt?
4. Entwickeln Sie im Anschluss an die Ergebnisse zu Aufgabe 3 Vorschläge zur Optimierung des Interaktionsgeschehens und reflektieren Sie deren Umsetzbarkeit.

5. Lesen Sie ergänzend *Roths* pädagogische Psychologie des Lernens (*Roth* 1973), gegebenenfalls auch in einer zusammengefassten Form (*Straka; Macke* 2002, *Straka* 2009 oder Bd. 6 der Studientexte).

# 6 Orientierungshilfen der didaktischen Modelle, Konzepte und Partialtheorien im Überblick

Wie aus den Ausführungen dieses Lehrbuches hervorgeht, gibt es die in sich geschlossene, alle Gestaltungsfragen abdeckende didaktische Theorien nicht. Deshalb ist es notwendig für die Planung und Analyse von Lehr-Lernprozessen verschiedene, sich ergänzende Theorien heranzuziehen. Dabei ist zu reflektieren ob die Theorieansätze kompatibel sind. Da es vielfältige spezielle didaktische Theorien gibt, die für spezifische Anwendungssituationen entwickelt wurden, war es in diesem Lehrbuch nur möglich eine kleine Auswahl didaktischer Theorien vorzustellen und für die Erschließung spezieller / weiterer Theorien Hinweise zu geben (vgl. insbesondere Abschnitt 2 und 3).

Die in Abschnitt 4.1 vorgestellten allgemeinen Modelle der Didaktik bieten vor allem wertvolle Hinweise zur Begründung von Lehrzielen und dazu, welche Aspekte bei der Planung und Analyse von Lehr-Lernprozessen zu berücksichtigen sind. Insbesondere *Klafki* bzw. dessen bildungstheoretisches Modell stellt auch gut begründete Kriterien für die Inhaltsbestimmung bereit. Zur inhaltlichen Konkretisierung sind allerdings ergänzende Theorien und Befunde nötig, wie z. B. Erkenntnisse zu den Qualifikationsanforderungen, die *Klafkis* Ansatz nicht bereitstellt. Zur Ausdifferenzierung der Lehrziele ist es zweckmäßig ergänzend auf die in Abschnitt 2 vorgestellten Zielklassifikationen zurück zu greifen. Eher unbefriedigend sind auch die in den allgemeinen Modellen bereitgestellten Orientierungspotentiale für methodische Entscheidungen, die Medienwahl, die Überprüfung von Lehr-Lernzielen und der konkreten Gestaltung der Lehr-Lernhandlungen. Offen bleibt auch, in welcher Weise sich die Entscheidungsfelder konkret bedingen, bzw. wie deren Ausgestaltung vor dem Hintergrund spezifischer Bedingungskonstellationen sinnvoller Weise erfolgen sollte. Zu diesen offenen Fragestellungen geben spezielle Konzepte der Beruflichen Bildung (Abschnitt 4.2), in der Lehr-Lernforschung gewonnene Erkenntnisse (insbesondere Abschnitt 5 aber auch Abschnitt 4.2.4 und 4.1), spezielle Publikationen zur Methodik beruflicher Bildung, die Medienpädagogik, die Sozialisationstheorie und die Diagnostik weiterführende Aufschlüsse.

Während der gestaltungsorientierte Ansatz *Rauners* strukturell große Ähnlichkeiten zu den allgemeinen Modellen der Didaktik aufweist und damit auch deren strukturelle Stärken und Schwächen teilt, bieten das Konzept der Handlungsorientierung und die fachwissenschaftsorientierten Ansätze bzw. die didaktische Reduktion substantielle eigene Konkretisierungen auf der Ziel-, Inhalts- und

Methodenebene. Das Konzept der Handlungsorientierung bietet von einer spezifischen Zielvorstellung ausgehend vor allem Hinweise zur methodischen Ausgestaltung, die auch weit reichende Implikationen für das Interaktionsgeschehen und die Medienwahl haben. Die inhaltlichen Implikationen dieses Konzepts werden vor allem in dessen Verknüpfung mit dem Lernfeldkonzept deutlich. Zur Konkretisierung der Zielebene scheinen auch in diesem Falle Hinweise hilfreich, wie sie aus den Taxomien der Lernziele (Abschnitt 2.3) zu gewinnen sind. Als alleiniger Referenzrahmen scheint dieses Konzept angesichts der referierten Befunde aus der Lehr-Lernforschung allerdings problematisch.

Die didaktische Reduktion gibt vor allem Hilfestellung für die notgedrungen in der beruflichen Bildung vorzunehmende Vereinfachung von Theorien, die einerseits für das berufliche Handeln bedeutsam sind, deren vollständige Erschließung jedoch aus verschiedenen Gründen ausscheidet. Eingesetzt wird die didaktische Reduktion i. d. R. auch in (Phasen) handlungsorientierten Lehrens.

Während die Orientierungspotentiale der didaktischen Modelle und Konzepte relativ leicht zugänglich sind[60], wenngleich auch hier Probleme auftreten, die theoretischen Gehalte zu situieren, ist die Ausschöpfung der aus der Lehr-Lernforschung stammenden Partialtheorien schwieriger. Um diesen Schritt zu erleichtern, werden hier abschließend im Anschluss an *Roths* Sequenzierung des Lerngeschehens in die Phasen der Motivation, Schwierigkeit, Lösung, Tun und Ausführen, Behalten und Einüben sowie Bereitstellen, Übertragen und Integration des Gelernten Anregungen gegeben, wie die Erkenntnisse aus der Lehr-Lernforschung in das praktische Handeln Eingang finden könnten.

## Anregungen zur Phase der Motivation

Im Anschluss an die in Abschnitt 5.1 ausgewiesenen motivationalen Bedingungen ist es angezeigt Maßnahmen zu ergreifen, die geeignet sind, die motivationalen Bedingungen günstig zu beeinflussen und damit Interesse zu wecken oder auch aufrecht zu erhalten.

Auf die *Kompetenzwahrnehmung* kann beispielsweise durch Rückmeldungen und Bekräftigung, die Zuweisung von herausfordernden aber bewältigbaren, aktive Beteiligung erfordernder und lebenspraktische Aufgaben, klare, anschau-

[60] So sind z. B. die Leitfragen *Klafkis* zur Auswahl von Inhalten mehr oder weniger direkt verwertbar oder aus dem Berliner Modell ist relativ leicht zu entnehmen, zu welchen Bedingungs- und Entscheidungsfeldern die Methodenwahl Interdependenzen aufweist und damit welche Aspekte bei der Methodenwahl zu berücksichtigen sind.

liche und strukturierte Präsentationen und bedarfsbezogener Unterstützung bei der Lösung von Aufgaben positiv Einfluss genommen werden.

Die *Autonomiewahrnehmung* kann z. B. durch offene Lehrformen, die in größerem Umfang Handlungsspielräume eröffnen, durch Möglichkeiten inhaltlicher Mitbestimmung, die gemeinsame Fixierung von Verhaltensregeln oder auch durch Formen der Selbstbewertung gesteigert werden.

Als hilfreich für die *Wahrnehmung sozialer Einbindung* durch die Lernenden dürfte sich ein partnerschaftliches Lehrer-Schüler-Verhältnis, das Interesse des Lehrers an seinen Schülern und gegebenenfalls eine produktive Zusammenarbeit zwischen den Schülern erweisen.

Die *Relevanzwahrnehmung* kann z. B. durch Verwertbarkeitszuschreibungen im praktischen Feld oder die Einsicht, dass Lehrinhalte notwendig sind, um übergeordnete Ziele zu erreichen, durch das vom Lehrer am Lehrstoff zum Ausdruck gebrachte Interesse, durch die Verknüpfung mit ausgeprägten Schülerinteressen und die Induzierung von kognitiven Konflikten gefördert werden.

Für *Abwechslung* könnte man z. B., methodisch oder über Medien (computerunterstützter Unterricht) sorgen, als günstig in diesem Sinne könnte es sich auch erweisen, Wettbewerbssituationen schaffen.

## Anregungen zur Phase der Schwierigkeit

Lange dominant war in pädagogischen Kompendien das Prinzip „vom Leichten zum Schweren". In der Lehr-Lernforschung hat sich als ein zentrales Gütekriterium des Unterrichts die Adaptivität erwiesen. In der Praxis stellt sich hieran anknüpfend die Aufgabe, einerseits den Schwierigkeitsgrad so zu wählen, dass ein Anreiz entsteht die Schwierigkeit zu überwinden, aber länger andauernde Überforderung vermieden wird. Angemessen erschweren und erleichtern, Vertrauen in die Lernenden zum Ausdruck bringen, eventuell Teilaufgaben bilden und innere Differenzierung sind beispielhafte Strategien zur Sicherung der Adaptivität.

Bei Lehrformen, die in größerem Maße die Selbststeuerung des Lernprozesses fordern, wäre gegebenenfalls eine sukzessive Heranführung angezeigt. In jedem Fall, d. h. unabhängig von der Lehrform, stehen die Lehrenden vor der Aufgabe Ausgangsprobleme in den Aufmerksamkeitsfocus der Lernenden zu rücken, die einerseits herausfordernd wirken und andererseits bewältigbar scheinen. Wichtig ist in dieser Phase die kognitive Aktivierung aller Lernenden, was am ehesten gelingen dürfte, wenn für die unterschiedlichen Leistungsgruppen inhaltlich interessante, herausfordernde und zugleich bewältigbar scheinende Aufgaben gestellt werden.

Im Anschluss an Ausubel[61] wäre zu denken Hilfen bereitstellen (Advance Organizer), die geeignet sind:

a) die Unterscheidbarkeit des „Neuen" von bereits erworbenen Wissen zu erleichtern,
b) vorab einen Überblick über das folgende Lehrmaterial zu geben,
c) das Einordnen von speziellem und konkreterem Wissen in den Gesamtzusammenhang erleichtern und damit insgesamt die Verankerung des Wissens in der vorhandenen kognitiven Struktur begünstigen.

## Anregungen zur Phase der Lösung

Im Anschluss an die in Abschnitt 5 referierten Befunde stehen Lehrende in dieser Phase vor der Aufgabe ein ganzes Bündel von Qualitätsmerkmalen möglichst günstig zu gestalten, wobei gegebenenfalls auch Situationen auftreten können, in welchen die Optimierung des einen Merkmals notgedrungen zu Lasten anderer Merkmale erfolgt. So kann beispielsweise eine *konsequente Nutzung der Unterrichtszeit* als Lehr- und Lernzeit zu Lasten des *Klassenklimas* erfolgen.

Für eine Reihe der Qualitätsmerkmale wie die *Adaptivität, Klarheit, Bekräftigung* wurden bereits bei den Maßnahmen zum Aufbau und zur Aufrechterhaltung der Motivation zentrale Hinweise gegeben, deren günstige Entwicklung dem Lehrenden auch die effektive Nutzung der Unterrichtszeit wesentlich erleichtert.

Zur Sicherung der *Strukturiertheit*, die nicht nur für den Lehrenden sondern auch für den Lernenden erkennbar und bezogen auf dessen Vorwissen die Verknüpfung bzw. *Vernetzung der Wissenselemente* begünstigen soll, haben die Lehrenden die Möglichkeit, durch das Aufzeigen oder Auffinden lassen von Zusammenhängen zwischen den Wissenselementen die Einordnung neuer Wissenselemente zu erleichtern und damit auch deren Abrufbarkeit zu begünstigen. Als hilfreich könnte sich in diesem Sinne beispielsweise die Bearbeitung folgender Fragen erweisen:

Was beeinflusst sich in welcher Weise? Welche Möglichkeiten gibt es auf eine Variable Einfluss zu nehmen? Mit was ist zu rechnen, wenn eine bestimmte Bedingungskonstellation gegeben ist? Mit welchen Konsequenzen ist bei spezifischen Lösungsansätzen zu rechnen? Muss gegebenenfalls das Vorwissen auf-

---

[61] Zu einer Übersichtsfassung siehe dazu *Straka; Macke* 2002 oder *Straka* 2009

grund der neuen Erkenntnisse modifiziert werden oder ist eine harmonische Einfügung möglich? Benötigen die Lernenden Unterstützung bei der Verarbeitung divergierender Aussagen und der Reorganisation ihres Wissens?

Die Beachtung der mit diesen Fragen in den Gesichtskreis gerückten Aspekte könnte einerseits für Erläuterungen des Lehrenden in direktiven Unterrichtsphasen und andererseits für die Ausgestaltung von Impulsen in offenen Lehrformen hilfreich sein. Wie die in Abschnitt 5.2 referierten Befunde zeigen, führt die Bearbeitung tiefer gehender Begründungsfragen insbesondere zu einer besseren Vernetzung des Wissens.

Im Anschluss an *Ausubel* oder auch an *Klafki* (Abschnitt 4.1.1) hätte der Lehrende auch zu sichern, dass das für die Erschließung des neuen Wissens notwendige Vorwissen vorhanden ist bzw. aktualisiert wird. Auch in eher direktiven Unterrichtsphasen kann das Erkennen von Zusammenhängen durch den Einbezug der Schüler und die gemeinsame „Entdeckung“ begünstigt werden. Das impliziert, dass Lernende selbst (gedanklich) probieren dürfen, Lehrende abwarten können, den Mut zu eigenen Einfällen zu stärken, dazu anzuhalten Lösungsideen sprachlich auszudrücken und zur Reflexion der Konsequenzen von Lösungsideen anzuregen. Insbesondere bei Leistungsschwächeren führt die Verletzung dieser Forderung zu Problemen neues Wissen aufnehmen und verarbeiten zu können.

In offenen Lehrformen ist eine bedarfsgerechte Unterstützung zu sichern! Ziel ist in allen Lehrformen letztlich die Verfügbarkeit relevanten Wissens (Begriffe, Fakten, Prinzipien, Zusammenhänge, Verfahrenswissen). Wichtige Qualitätsmerkmale des erworbenen Wissens sind die Klarheit und Stabilität des Wissens sowie dessen Vernetzung.

### Hilfen für das Behalten und Einüben

Das Einüben sollte in unterschiedlichen Kontexten erfolgen, so dass die Anwendungsbedingungen des Wissens deutlich werden. Erstrebenswert ist ein „verständnisvolles“ Üben. Bei motorischem Lernen hat sich auch die begleitende Verbalisierung der Tätigkeitsvollzüge als vorteilhaft erwiesen. Im Anschluss an die Vier-Stufen-Methode und den Ansatz des Cognitive Apprenticeship (vgl. Bd. 4 der Studientexte) empfiehlt sich auch die modellhafte Demonstration und die bedarfsbezogene, sukzessive zurückzuführende Lenkung.

Bezogen auf den Erwerb von Faktenwissen kann man hier auch an Erkenntnissen der pädagogischen Psychologie anknüpfen, die in diesem Studientext kaum zur

Sprache kamen aber z. B. in Beiträgen zu Lerntechniken problemlos nachlesbar sind.

## Hilfen für den Transfer

Im Anschluss an die vorgestellten, den Transfer von Wissen beeinflussenden Bedingungen, wäre erstens ein möglichst tiefes Verständnis zu sichern, zweitens sollte das Wissen in unterschiedlichen Kontexten zur Anwendung kommen, damit die Anwendungsbedingungen reflektiert werden können, drittens wären metakognitive Fähigkeiten der Lernenden zu fördern, die hilfreich sein können den eigenen Lern- und Lösungsweg zu kontrollieren, viertens wäre der Erwerb abstrakter Problemrepräsentationen zu sichern, da solche allgemeinen Wissenspräsentationen notwendig sind, um das allgemein Geltende in spezifischen Situationen zur Anwendung bringen zu können, fünftens können die Lernenden gefördert werden in problematischen Transfersituationen ihre eigene Motivationsentwicklung steuern zu können und sechstens wird angenommen, dass problemorientiertes Lernen vorteilhafter für den Wissenstransfer ist als faktenorientiertes Lernen. Letzteres ist allerdings nicht so zu verstehen, dass eher offene und handlungsorientierte Lehrformen generell günstiger für Transferleistungen sind, sondern nur dann, wenn gleichzeitig ein möglichst optimaler Wissensaufbau gesichert ist.

Abschließend möchte ich noch einmal darauf verweisen, dass letztlich immer wieder der Lehrende vor der Aufgabe steht, vielfältige Ansprüche und Qualitätsaspekte situationsadäquat auszugestalten, wozu häufig Ausbalancierungen unterschiedlicher Ansprüche vorzunehmen sind. In diesem Sinne sind die hier angedeuteten Hilfestellungen auch nicht als Rezepte zu begreifen, die bedingungslos anzuwenden wären, sondern als Anregungen zur situationsadäquaten Steuerung bzw. Moderation von Lehr-Lernprozessen.

# 7 Hinweise zur Bearbeitung der Aufgaben

Prinzipiell können die Aufgaben in variierender Ausführlichkeit bearbeitet werden. Es scheint empfehlenswert, die Bearbeitung zumindest soweit zu treiben, dass das Ergebnis der ausführlichen Bearbeitung gut abschätzbar scheint.

## Aufgaben zu Abschnitt 2

A 1: Achten Sie darauf, dass z. T. von Wissenschaft, z. T. von Theorien (als Ergebnis von Wissenschaft) und z. T. auch von praktisch-pädagogischem Tun die Rede ist und auch innerhalb dieser Bereiche der Begriffsumfang erheblich variiert.

A 2 u. 3: Die Fragen 2 und 3 sollen vor dem Hintergrund bearbeitet werden, dass gegenwärtig unterstellt wird, in fachsystematisch ausgerichtetem Unterricht werde in hohem Grade träges Wissen erworben, das in der Praxis nicht eingesetzt werden kann.
Reflektieren Sie Ihr Ergebnis auch dahingehend, ob es exemplarisch für einen fachsystematischen Unterricht ist oder ob gegebenenfalls der Ausschnitt der behandelten Fachsystematik ihr Ergebnis bestimmt. Reflektieren Sie des Weiteren, ob Ihnen die retrospektive Einschätzung Ihres Lernerfolgs verlässlich möglich ist.
Achten Sie bei der weiteren Lektüre darauf, welche Informationen dieses Lehrbuch zu dieser Problematik bereitstellt.

A 4: Sie sollten zumindest Argumente identifiziert haben, in welchen a) auf die individuelle Entwicklung von Individuen und b) auf gesellschaftliche Anforderungen rekurriert wird. Des Weiteren sollten Sie in diesem Zusammenhang auch deren Ausbalancierung reflektieren.

A 5: Orientieren Sie sich bei der Bearbeitung dieser Aufgabe nicht nur an programmatischen Aussagen, sondern auch daran, was in der Berufsbildungspraxis real geschieht.

A 6: Sie können dazu auch auf eine der Didaktiken zurückgreifen, in welcher Mündigkeit als Leitziel dient (z. B. *Klafki* 1985, vgl. auch Abschnitt 4).

A 7: Verschaffen Sie sich zunächst Klarheit, was man unter diesen Prinzipien versteht. Mit didaktischen Grundvorstellungen sind jene zur Ausgestaltung von Lehr-Lernprozessen historisch anzutreffenden Varianten gemeint, die in Kapitel 2 nur knapp in markanten Merkmalen beschrieben sind, wie z. B. *Kerschensteiners* Arbeitsschule.

## Aufgaben zu 2.3

A 1: Machen Sie sich zunächst klar, was die Lernzielniveaus kennzeichnet bzw. unterscheidet. Lesen Sie dazu auch nochmals die relevanten Passagen. Reflektieren Sie im Anschluss an Ihren Lösungsversuch der selbst entwickelten Aufgaben vergleichend deren Schwierigkeitsgrad.

A 2: Wenn Sie diese Aufgabe zunächst im Anschluss an die Darstellung der Bloomschen Klassifikation vornehmen, fällt Ihnen die inhaltliche Füllung der Taxonomie von *Anderson; Krathwohl* leichter.

A 3: Berücksichtigen Sie, sofern im gewählten Lehrplan in verschiedenen Passagen ausgewiesen, sowohl die Leitziele als auch weiter konkretisierte Ziele. Prüfen Sie, ob alle nach *Bloom* bestehenden Stufen vertreten sind und ob Sie zur Einlösung einzelner Ziele auf höherer Ebene (z.B. Synthese/Bewertung) selbst zusätzliche Zwischenziele anstreben sollten/müssen, um die höheren Zielstufen erreichen zu können.

A 4: Formulieren Sie diese Aufgabenstellungen zunächst für ein Themenfeld mit dem Sie gut vertraut sind und im Anschluss daran bezogen auf die in Abschnitt 2.3 behandelten Inhalte.

A 5: Lesen Sie, sofern Ihnen die Aufgabe Probleme bereiten sollte, nochmals Abschnitt 2.3.

A 6: Sofern Sie Aufgabe 2 bearbeitet haben, sind Ihnen die Dimensionen der kognitiven Prozesse vermutlich vertraut. In dem der Taxonomie vorausgehenden und nachfolgenden Teilabschnitt werden die Wissensdimensionen erläutert.

A 7: Wie würden Sie selbst die Aufgaben in der Klassenarbeit im Anschluss an die Lehrzielklassifikationen aufbauen? Wie würden Sie überprüfen, ob die verschiedenen Lehrzielstufen in der Klassenarbeit berücksichtigt sind?

## Aufgaben zu 3.1

zu 1. Sie finden dazu auch Hilfestellungen in Abschnitt 2.3

zu 2. Welche Mittel (Stellglieder) stehen Lehrenden zur Verfügung um das Lehrgeschehen zu steuern und wie wirkt bei Ihnen als Lernende bzw. Lernender der Einsatz einzelner Stellglieder, d.h. wie reagierten Sie auf die von Lehrenden eingesetzten Mittel zur Unterrichtssteuerung?

zu 3. Lesen Sie dazu auch die relevanten Begrifferläuterungen im Glossar zu 4. Was erwarten Sie sich vom Einsatz der einzelnen Methoden?

## Aufgaben zu 4.1

A 1. u. A 2: Die zu Beginn des Abschnitts gestellten Aufgaben haben die Funktion, dass Sie sich Ihres Wissens, das Sie zu dieser Problemstellung besitzen, bewusst werden und Unterschiede eigener Vorstellungen und der in der didaktischen Theorie auffindbaren Positionen besser erkennen können. Mit einer schriftlichen Ausarbeitung sichern Sie nicht nur eine Vergleichsmöglichkeit Ihres Vorwissens mit den didaktischen Theorien und damit eine möglich werdende bewusste Erweiterung, sondern werden sich über eigene Vorstellungen vermutlich eine bessere Übersicht verschaffen.

## Aufgaben zu 4.1.1

A 1: Vermutlich bestehen deutliche Unterschiede in der Ausdifferenzierung. Prüfen Sie in diesem Zusammenhang welche zusätzliche Orientierungsleistung die Überlegungen Klafkis bieten und versuchen Sie das an einem ausgearbeiteten Beispiel zu veranschaulichen.
In einer Synthese sollten nach Möglichkeit sich zunächst widersprechende oder ergänzende Positionen gleichermaßen aufgehoben sein.

A 2: Welche expliziten (und impliziten) Aussagen sind zur Ausgestaltung der Entscheidungsfelder (Intentionen, Inhalte usw.) enthalten? Welche Entscheidungsfelder werden nicht (explizit) thematisiert? Welche expliziten Aussagen und impliziten Annahmen sind zu den Bedingungen und Folgen, welche zum Verarbeitungsprozess der Lernenden enthalten? Erfolgt eine Thematisierung der Beziehung zwischen den Lehrorten?

A 3: Sie können das so markierte Strukturschema im Laufe der Lektüre des Lehrbuchs fortschreiben und verfügen am Ende über eine „Landkarte" zu den Orientierungsleistungen unterschiedlicher didaktischer Konzepte und Partialtheorien.

## Aufgaben zu 4.1.2

A 1: Nutzen Sie dazu als Orientierungshilfen das im Anschluss an die Abb. eingebrachte Beispiel.

A 2: Nutzen Sie zur Bearbeitung dieser Aufgabe auch die in Band 4 der Lehrbuchreihe enthaltenen Orientierungspotentiale.

A 3: Berücksichtigen Sie bei der Bearbeitung der Aufgabe die Interdependenzthese und die Bedingungsfelder.

A 4: Sie finden dazu in den Abschnitten 4.2.4 und 5 weitere Hinweise.

A 5: Sie können dazu im Anschluss an die Entscheidungs- und Bedingungsfelder Ausdifferenzierungen derselben vornehmen (z. B. welche Zieltypen (z. B. im Anschluss an *Bloom*) haben den Lehr-Lernprozess bestimmt, welche wurden vernachlässigt).

A 6: Sie können hier Ihre „Landkarte“ (vgl. Hinweis zu Aufgabe 3, Abschnitt 4.1.1) fortschreiben.

A 7: Prüfen Sie dazu was in Abschnitt 4.1 zu Zusammenhängen zwischen Zielen und anderen Entscheidungs- bzw. Bedingungsfeldern ausgesagt wurde.

## Aufgaben zu 4.2.1

A 1: Sie könnten dazu z. B. ein Themenfeld wählen, das auf wissenschaftlichem Niveau mit Hilfe der Mathematik dargestellt wird, die den Hauptschülern nur in einfachster Form zugänglich ist.

A 3: Prüfen Sie dazu inwieweit die Kriterien der Exemplarität etc. explizit oder implizit im Konzept der didaktischen Reduktion Berücksichtigung finden. Zu welchen Entscheidungsfeldern bietet die didaktische Reduktion Orientierung?

## Aufgaben 4.2.2

A 1: Sie sollten ein technisches System auswählen, zu dem Sie möglichst viele Vorkenntnisse einbringen können. Das technische System kann auch einem anderen Bereich als dem der Elektrotechnik entnommen werden, die Dimensionen (Abb. 12) sind dann entsprechend anzupassen. Reflektieren Sie auch die Kompetenzprobleme, die sich Lehrenden bei einer so zugeschnittenen Techniklehre stellen, sofern sie „nur“ ein ingenieurwissenschaftliches oder ein sonstiges Fachstudium absolviert haben.

A 2: Das Problem der Umsetzbarkeit sollte hinsichtlich der Zeitkontingente einerseits und andererseits hinsichtlich der Folgen reflektiert werden, die sich bei einer gründlichen Behandlung aller Dimensionen für die Entwicklung der Fachkompetenz ergeben könnten.

A 3: Versuchen Sie diese Unterschiede zu konkretisieren, in dem Sie an einem kleinen, selbst gewählten Thema jeweils eine inhaltliche Unterrichtsskizze in Anlehnung an die Konzepte erstellen.

A 4: Entwickeln Sie dazu in einem ersten Schritt im Anschluss an das Hamburger Modell Analysekriterien. Zu welchen Bedingungs- und Entscheidungsfeldern und deren Relationen sind Aussagen enthalten?

A 5: Sie können zur Bearbeitung dieser Aufgabe auch auf die Ergebnisse von Aufgabe 4 zurückgreifen. Prüfen Sie inwieweit die in dem in Kapitel 2 vorgestellten Strukturmodell ausgewiesenen Elemente in den Konzepten der didaktischen Reduktion und im gestaltungsorientierten Ansatz Rauners thematisiert werden.

## Aufgaben zu 4.2.3

A 1: Sie können dabei auch auf die Lernzieltaxomonien, z. B. jene von *Bloom*, zurückgreifen.

A 2: Überprüfen Sie, ob die im Lehrbuch enthaltene Einschätzung der Schlüsselqualifikationsproblematik mit jener von *Reetz* vereinbar ist.
Reflektieren Sie, ob dieser Hinweis Ihr Lektüreverhalten, d. h. die Art und Weise, wie Sie den Beitrag von *Reetz* lasen, beeinflusst hat.

A 3: Überlegen Sie dazu zunächst, wie eine Untersuchung aussehen müsste damit man die Entwicklung von Persönlichkeitsmerkmalen diagnostizieren kann. Siehe dazu auch den Lehrbuchband zur beruflichen Sozialisation.

A 4: Schreiben Sie zur Beantwortung dieser Frage die „Landkarte“ zu den Orientierungspotentialen der einzelnen Ansätze fort. Siehe auch den Hinweis zu Aufgabe 3 von Abschnitt 4.1.1

## Aufgaben zu 4.2.4

A 2: Stellen Sie dazu die Annahmen und die zugehörigen Befunde gegenüber und reflektieren Sie, soweit auf der Basis der in diesem Abschnitt angegebenen Quellen möglich, den mit den Befunden verbundenen Geltungsanspruch (wie gut sind die Befunde abgesichert, für welche Bereiche gelten sie?).

A 3: Zur Vertiefung bieten Ihnen verschiedene Beiträge in *Lauth; Grünke; Brunstein* 2004 sehr gute Anregungen. Das gilt zur Bearbeitung dieser Aufgabe und zur Förderung der Lernfähigkeit generell.

A 4: Vielfältige Informationen gibt Ihnen dazu Band 4 dieser Studientexte, siehe auch *Bonz* 2009.

A 5: Berücksichtigen Sie bei der Bearbeitung der Aufgabe auch die Widersprüchlichkeit der Befundlage und reflektieren Sie die Geltungsansprüche bzw. die Übertragbarkeit der Befundlagen auf andere Anwendungskontexte als in jenen, in welchen sie entstanden sind.

## Aufgaben zu 4.2.5

A 1: Zur Umrissplanung ist es hilfreich zunächst die Vorgaben zu den einzelnen Entscheidungsfeldern herauszuarbeiten und dann mit den Zielsetzungen und Inhalten beginnend eine Ausdifferenzierung (u.a. im Rückgriff auf die Lernzieltaxonomien und relevante Fachstrukturen) vorzunehmen. In einem weiteren Schritt wäre dieses Ergebnis vor dem Hintergrund personeller Voraussetzungen der Lernenden (und Lehrenden) und organisatorischer Bedingungen auf Modifikationsnotwendigkeiten zu prüfen. In weiteren Schritten könnten die Vermittlungsvariablen (Methoden / Medien) in Bezug auf die Ziele / Inhalte konkretisiert werden. Berücksichtigen Sie dazu auch relevante empirische Befunde. Hilfreich zur Bearbeitung dieser Aufgabe könnte sich auch die Lektüre von Abschnitt 6 erweisen.

A 2: Nutzen Sie dazu z.B. auch die Literaturinformationen zur beruflichen Bildung, die inzwischen auch über das Internet zugänglich sind (KIBB.de).

## Aufgaben zu Abschnitt 5 (5.1 und 5.2)

A 1: Versuchen Sie ergänzend zu klären, was sich hinter den jeweiligen Determinanten verbirgt. Nutzen Sie dazu gegebenenfalls eine Einführung in die pädagogische Psychologie und *Lauth; Grünke; Brunstein.*

A 2: Wie sichern Sie z.B. in leistungsheterogen zusammengesetzten Lerngruppen Adaptivität?

A 3: Überlegen Sie ergänzend welche Implikationen die zu b) vorliegenden Befunde für die Förderung kommunikativer Kompetenz haben.

# 8 Glossar

***Beruf:*** Bezeichnung für die spezifische Bündelung von Tätigkeits- bzw. Qualifikationsmustern zu einer Einheit.

In vielen Definitionen des Berufs werden anders als hier auch Funktionen des Berufs als Definitionselemente aufgenommen wie z. B. die Möglichkeit des Einzelnen sich mit seinem Beruf zu identifizieren (innere Berufung), die Rolle des Berufs als Basis der Lebenssicherung, Muster gesellschaftlicher Arbeitsteilung, Statusrelevanz etc. Ob und inwieweit solche Funktionen tatsächlich eingelöst werden, kann jedoch nicht per Definition bestimmt, sondern nur empirisch geprüft werden.

***Berufsbildung:*** Berufsbildung wird als spezielle und zweckhafte Bildung häufig von der sogenannten Allgemeinbildung unterschieden.

Mit Allgemeinbildung ist häufig gemeint, dass diese (1) ohne einen speziellen Verwendungszweck verfolgt werde, (2) auf allseitige / vielseitige Entwicklung der Person ziele oder (3) in sozialem Sinne für alle von Bedeutung sei. Berufsbildung wurde im Neuhumansimus (z. B. Humboldt) als hinderlich für eine allseitige Entwicklung eingeschätzt. Die Begründer der Berufs- und Wirtschaftspädagogik (*Kerschensteiner / Spranger*) sahen hingegen gerade im Beruf bzw. der Berufsarbeit die Voraussetzungen für eine gelingende Entfaltung der Person. Inzwischen liegen zahlreiche empirische Befunde vor die zeigen, dass sich Individuen zu Beginn ihrer Berufsausbildung noch nicht voll entfaltet haben, sich während der Berufsausbildung und der Berufsarbeit in Abhängigkeit vom Anforderungsgrad der Berufsarbeit weiter entwickeln oder auch stagnieren (vgl. Bd. 5 der Lehrbuchreihe).

***Bildung:*** a) Bezeichnung eines auf Mündigkeit bzw. möglichst umfassende Entfaltung persönlicher Potentiale gerichteten Entwicklungsprozesses der Person, b) Bezeichnung für die „Ausstattung“ der Person mit Kenntnissen, Fähigkeiten und Fertigkeiten und c) Bezeichnung eines positiv bewerteten Entwicklungsstandes.

Die Verwendung des Begriffs in der pädagogischen Fachsprache geht auf die Aufklärung zurück, von daher stammt auch das mit dem Begriff verbundene „kritische Moment“, d. h. die Zurückweisung des Anspruchs Individuen nur an gesellschaftlichen Bedürfnissen anzupassen und statt dessen die Betonung der zu Vernunft fähigen Person als Bezugspunkt pädagogischen Handelns.

In der Bildungstheorie findet sich die Unterscheidung von materialer (Wissenserwerb) und formaler Bildung (Erwerb von Fähigkeiten). *Klafki* schlägt vor, beide Aspekte aufeinander zu beziehen, da das Eine ohne das Andere nicht möglich ist (vgl. Abschnitt 4)

***Curriculum:*** Der Begriff des Curriculums wird häufig synonym zum Begriff des Lehrplans verwendet. Im Gegensatz zu konventionellen Lehrplänen wurde in der Curriculumstheorie allerdings der Anspruch formuliert, nicht nur Angaben zu den bildungspolitisch fixierten Lehrzielen und den Lehrinhalten, gegebenenfalls verbunden mit methodischen Hinweisen bereit zu stellen, sondern die Unterrichtsplanung und Gestaltung umfassend sozialwissenschaftlich abzusichern. Das schließt nicht nur eine elaborierte und wissenschaftlich begleitete Legitimation von Zielen und Inhalten ein, sondern erstreckt sich auch auf die wissenschaftlich fundierte Gestaltung von Lernsituationen, Medien und Evaluationsprozesse. Dieser programmatische Anspruch aus den 70er Jahren wurde allerdings nur begrenzt eingelöst.

***Didaktik:*** a) Wissenschaft des Lehrens und Lernens, b) Theorie des Lehrens und Lernens (als Ergebnis von Wissenschaft) und c) Praxis des Lehrens und Lernens. Zum Teil werden die Begrifflichkeiten auch weiter eingeschränkt wie z. B. auf die Theorie der Bestimmung von Lehrinhalten oder die Theorie des Unterrichts und der Unterweisung in formellen Kontexten.

***Didaktisches Konzept:*** Didaktische Konzepte stellen begründete Handlungsentwürfe dar, die im Gegensatz zu didaktischen Modellen relativ konkrete Umsetzungsstrategien enthalten wie z. B. das Konzept der Handlungsorientierung (s. Abschnitt 4.2.4)

***Didaktisches Modell:*** Modell zur Strukturierung des Lehr-Lerngeschehens, in dem die als besonders relevant erachteten Elemente und deren Beziehungen dargestellt werden. Die Akzentsetzungen variieren dabei mehr oder weniger stark, was meist auch in den Bezeichnungen Ausdruck findet (z. B. informationstechnisches Modell, bildungstheoretisches Modell etc.). Den Modellen liegen auch unterschiedliche wissenschaftstheoretische Prämissen zugrunde, die beispielsweise in den präferierten Zielsetzungen oder auch im generellen Verzicht einer Leitzielfixierung Ausdruck finden. Letztlich wird mit diesen Modellen eine Komplexitätsreduktion vorgenommen um Transparenz zu schaffen.

***Erziehung:*** a)Bezeichnung für absichtsvolle Handlungen, die darauf zielen, die Entwicklung von Persönlichkeiten positiv zu beeinflussen. Zum Teil auch weiter eingeschränkt Erziehungshandlungen von Erwachsenen gegenüber Kindern und b) Bezeichnung für positiv wirksame Einflüsse auf die Persönlichkeitsentwicklung, d. h. auch unbeabsichtigte Einflüsse aus der sozialen und materiellen Umwelt sofern sie positiv wirken.

Zum Teil wird auch näher bestimmt, was als positiv gewertet wird (z. B. Erziehung zur Mündigkeit) eher selten wird in die Begriffsstimmung auch die Wechselseitigkeit der Einflussnahme (Kinder wirken z. B. auf ihre Eltern ein) berücksichtigt.

***Handeln:*** Bezeichnung für ein zielorientiertes Tun. Mit der Zielorientierung sind Motive, Beweggründe, normengeleitete Entschlüsse verbunden. Wer handeln will, muss sich der für sein Vorhaben relevanten Gegebenheiten versichern (z. B. rechtliche Bedingungen, Verfügbarkeit über die Gegebenheiten) sowie den Handlungsvollzug antizipierten und auf seine Angemessenheit hin überprüfen. Von einer vollständigen Handlung spricht man, wenn diese im Anschluss an die Zielsetzung sowohl die Planung (Orientieren über Handlungsbedingungen, Ausführungsmöglichkeiten und Entwerfen eines Aktionsprogramms), Durchführung (Entscheiden über Ausführungsweisen und Umsetzung) und Bewertung (Kontrollieren, des Ausführens, Soll-Ist Vergleich und Bewertung) der Handlung einschließt. Unterschieden wird ein gegenständliches und intersubjektives Handeln. Intersubjektives Handeln zielt – im Gegensatz zu gegenständlichem Handeln – nicht auf ein gegenständliches Werk, der Andere in sozialem Handeln wird nicht als Gegenstand, sondern als Subjekt begriffen.

***Handlungsorientierung:*** In vielfältigen Varianten gebrauchter Begriff für die Kennzeichnung methodischer Ansätze in der beruflichen Bildung, die üblicherweise damit legitimiert werden, dass sie besonders geeignet seien, Handlungskompetenz anzubahnen und die Motivationsentwicklung günstig zu beeinflussen.
Als zentrale Merkmale handlungsorientierter Lehr-Lernformen sind zu nennen: (1) Inwieweit sind die Elemente einer vollständigen Handlung erkennbar, (2) Welche Ausbalancierung erhalten selbstbestimmte und angeleitete Handlungssequenzen d. h. inwieweit können die Lernenden auf die Zielsetzung der (Lern)-handlung oder auf den Planungsprozess Einfluss nehmen und was wird ihnen vorgegeben? (3) Besitzt der Lern- bzw. Handlungsprozess notwendig den Ernstcharakter der Alltagstätigkeit oder hat er eher den Charakter eines Probehandelns? (simulativ wie z. B. bei Rollenspielen – oder technischen Simulation oder auch rein gedanklich)? (4) In welchem Verhältnis steht Kasuistik und verallgemeinernde Abstraktion bzw. welcher Stellenwert kommt der Reflexion von Lernhandlungen zu? (5) Bezieht sich das „Lernhandeln“ auf die Operation mit

Symbolen, materiell-körperliche Gegenstände oder auf kommunikative Akte und Ergebnisse?

***Kompetenz:*** Bezeichnung für das Vermögen einer Person, ein Regelsystem, wie z. B. das der Sprache zugrunde liegende, zur Erbringung von Leistungen in unterschiedlichsten Kontexten anzuwenden. Am Beispiel der Kompetenz des grammatisch-korrekten Sprechens kann man zeigen, dass das Regelsystem nicht unbedingt bewusst sein muss, es ist jedoch bewusstseinsfähig.

Während in der empirisch ausgerichteten Forschung mit Kompetenz meist „nur" das Vermögen einer Person, d. h. die wissensbasierten Fähigkeiten und Fertigkeiten gemeint ist, findet man auf curricularer Ebene in der beruflichen Bildung auch häufig Definitionen, die Bereitschaften von Personen einschließen. Beispielhaft stehen dafür z. B. die Definitionen der KMK (vgl. Abschnitt 4.2.4). So bezeichnet Fachkompetenz nach der KMK-Definition „die Bereitschaft und Fähigkeit ...Aufgaben und Probleme zielorientiert, sachgerecht, methodengeleitet und selbständig zu lösen und das Ergebnis zu beurteilen" (Sekretariat der ständigen Konferenz der Kultusminister der Länder in der BRD ...Handreichungen 2000, S. 9).

Für den Einbezug von Bereitschaften als weiteres Definitionselement spricht, dass erst im Zusammenspiel von Fähigkeiten und der Bereitschaft diese Fähigkeiten situationsbezogen zu aktualisieren das Vermögen der Person sichtbar bzw. wirksam wird. Andererseits führt die Aufnahme von Bereitschaften als weiteres Definitionselement zu erheblichen Problemen, da Bereitschaften gegebenenfalls über die Zeit hinweg erheblich schwanken können und eine Person am Morgen gegebenenfalls als kompetent einzustufen ist, am Nachmittag jedoch bereits die Bereitschaft verloren hat, ihre Fähigkeiten zum Einsatz zu bringen.

Im Bereich der beruflichen Bildung hat der Kompetenzbegriff den Bildungs- und Qualifikationsbegriff inzwischen weitgehend abgelöst. Ausgehend von einem in der Regel nicht näher bestimmten Konstrukt „beruflicher Handlungskompetenz" wurden verschiedene Ausdifferenzierungen vorgenommen wie z. B. jene der KMK, in der Fachkompetenz, Sozialkompetenz und Personalkompetenz unterschieden werden (vgl. Abschnitt 4.2.4). Zu einzelnen Ausschnitten des Kompetenzspektrums wie z. B. der moralischen Urteilsfähigkeit als wichtigem Element der Sozialkompetenz liegen elaborierte und empirisch bestätigte Konkretisierungen vor. Im Bereich der Fachkompetenzen liegen inzwischen ebenfalls für einzelne Berufe empirisch gestützte Kompetenzmodellierungen vor (*Lehmann; Seeber* 2007; *Geißel* 2008; *Gschwendtner* 2008; *Nickolaus* 2008; *Nickolaus; Gschwendtner; Geißel* 2008; *Seeber* 2008; *Nickolaus; Seeber* 2013).

Innerhalb des Fachwissens scheinen sich bisher, gemessen an den Wissensformen, eindimensionale Kompetenzmodelle am besten zu bewähren. D.h., das deklarative, konzeptionelle und prozedurale Wissen fällt empirisch in eine Dimension. Zugleich ergeben sich jedoch mehr oder weniger starke inhaltliche Ausdifferenzierungen (*Nickolaus; Seeber* 2013). Dieser Sachverhalt spricht z.B. dafür, methodische Kompetenzen nicht als eigene Kompetenzdimension zu konzeptualisieren. Zweidimensionale Fachkompetenzmodelle ergeben sich in der Regel bei Einbezug der fachbezogenen Problemlösefähigkeit.

Ein wesentlicher Unterschied des Kompetenz- und Qualifikationsbegriffs besteht darin, dass im ersten Fall das Vermögen der Person in offenen Situationen kompetent zu handeln bezeichnet wird, der Qualifikationsbegriff hingegen auf die Bewältigung z.B. durch die spezifische Arbeitsplatzgestaltung vorgegebener Anforderungen bezogen ist. Es läßt sich allerdings nicht definitorisch festlegen, dass Qualifikationen, die bezogen auf einen spezifischen Kontext erworben werden, nicht auch in anderen Anforderungssituationen genutzt werden können.

***Lehren:*** Bezeichnung für die planvolle Ermöglichung von Lernprozessen durch die Bereitstellung geeigneter Lernbedingungen.

***Lehrziel/Lernziel:*** Lehrziele sind normative Setzungen, die für die Lernenden als Ideal gesetzte psychische Dispositionen beschreiben und mit dem Anspruch verbunden sind, dass die Lehrenden so handeln, dass die Lernenden sich diesem Ideal so weit wie möglich annähern. Ob ein in Ordnungsvorgaben (z.B. Lehrplänen) formuliertes Lehrziel auch für die Lernenden zu einem (selbst gesteckten) Lernziel wird, ist offen. Lehrziele werden einerseits legitimiert durch gesellschaftliche Bedarfslagen (Qualifikationsanforderungen an den Arbeitsplätzen, Befähigung zur gesellschaftlichen Teilhabe) und andererseits durch den Rekurs auf individuelle Ansprüche (z.B. Recht auf Bildung). Lehrziele werden in unterschiedliche Bereiche (z.B. kognitiv, affektiv, motorisch) und Stufen (z.B. Wissen, Verstehen, Anwenden, Analyse, Synthese, Bewertung) klassifiziert. Als weitgehend konsensfähiges Leitziel beruflicher Bildung gilt gegenwärtig das der beruflichen Handlungskompetenz, die in Teilkompetenzen ausdifferenziert wird.

***Lernen:*** Bezeichnung für nicht direkt beobachtbare Vorgänge in einem Organismus, vor allem in seinem zentralen Nervensystem (Gehirn), die durch Erfahrungen (nicht durch Reifung, Drogen o.ä.) bedingt sind und eine relativ dauerhafte Veränderung bzw. Erweiterung des Verhaltensrepertoires zur Folge haben. Modellhaft nimmt man an, dass das Verhalten und Handeln einer Person gegenüber seinen Umgebungsbedingungen (Personen, Gegenstände etc.) auf ihre inneren Bedingungen (Wissen, Fertigkeiten, Fähigkeiten, Motive etc.) zurückwirkt.

***Lernfelder:*** Laut Handreichung der KMK sind Lernfelder durch Zielformulierungen, Inhalte und Zeitrichtwerte beschriebene thematische Einheiten, die an beruflichen Aufgabenstellungen und Handlungsabläufen orientiert sind. Im Verlauf der letzten Jahre wurden zahlreiche Lehrpläne für berufliche Schulen in Orientierung am Lernfeldkonzept ausgerichtet. In der Berufs- und Wirtschaftspädagogik ist das Lernfeldkonzept umstritten (vgl. Abschnitt 4.2.5).

***Methode:*** Ganz allgemeine Bezeichnung für ein Verfahren das als geeignet erachtet wird um ein Ziel zu erreichen.
Als Lehrmethoden bezeichnen wir Arrangements der externen Bedingungen des Lernens, die darauf zielen in einem bestimmten institutionellen Kontext zwischen individuellen Voraussetzungen der Lernenden (und Lehrenden) und objektiven Ansprüchen (fach- bzw. berufsspezifische Anforderungen, Anforderungen der Gesellschaft, Ansprüche der Individuen) zu vermitteln. Unterschieden werden verschiedene Ebenen methodischer Entscheidungen und Methodentypen (vgl. Bd. 4 der Studientexte und Bonz 2009).

***Motivation:*** Bezeichnet den Prozess der Verhaltensaktivierung, der Aufrechterhaltung dieser Aktivierung und der Steuerung des Verhaltens. In der neueren Motivationsforschung werden in Orientierung am Ausmaß der Selbstbestimmung und der Inhalts- bzw. Tätigkeitsanreize die Motivationsvarianten amotiviert, extrinsisch, introjeziert, identifiziert, intrinsisch und interessiert unterschieden. Als amotiviert werden Zustände beschrieben, die durch fehlende Selbstbestimmung, gleichgültige bis apathische Haltungen und ohne inhaltliche Anreize gekennzeichnet sind. Extrinsische Motivation kennzeichnet Zustände, in welchen die Aktivierung von außen erfolgt und ohne äußeren Druck z. B. nicht gelernt werden würde. Von introjezierter Motivation wird gesprochen, wenn die Person die äußeren Anreize gewissermaßen verinnerlicht hat und das Lernen auch ohne dauernden Druck von außen erfolgt. Die identifizierte Motivationsvariante könnte man auch als instrumentelle Variante bezeichnen, gelernt wird hier zwar immer noch ohne inhaltlichen Anreiz, aber das Verhalten wird als zweckmäßig erachtet, um ein selbst gesetztes Ziel zu erreichen. Die intrinsischen und interessierten Motivationsvarianten sind einerseits durch eine hohe Selbstbestimmung und andererseits durch inhaltliche Interessen gekennzeichnet.

***Orientierungsleistung:*** In diesem Band verwendet zur Bezeichnung dessen, was verschiedene Theorien an Orientierungshilfen für den Praktiker bereitstellen. Da es keine das Lehr-Lerngeschehen insgesamt abdeckende Theorie gibt, ist es notwendig und zweckmäßig, verschiedene Theorien für die Planung und Reflexion von Lehr-Lernprozessen heran zu ziehen.

***Qualifikationen:*** Als Qualifikationen werden Kenntnisse, Fähigkeiten und Fertigkeiten bezeichnet, die zur Bewältigung vorgegebener Anforderungen erforderlich sind.
Da es schwierig ist künftig nötige Qualifikationen zu prognostizieren und sich die Qualifikationsanforderungen in zahlreichen Berufen schnell verändern, wurde das Konzept der Schlüsselqualifikation (SQ) entwickelt, mit dem die Hoffnung verbunden ist, dass es übergreifende Qualifikationen gäbe, die geeignet sind, sich neue Qualifikationen (selbst) zu erschließen. Empirisch ist dieses Konzept nur partiell abgesichert (vgl. Abschnitt 4.2.3).

***Träges Wissen:*** Bezeichnung für Wissen, das eine Person zwar reproduzieren jedoch nicht anwenden kann.

***Unterricht:*** Bezeichnung für die gezielte Planung, Organisation und Gestaltung von Lehr-Lernprozessen. Im beruflichen Bereich ist es üblich für den im Betrieb angesiedelten „Unterricht" zur Vermittlung motorischer Fähigkeiten den Terminus *Unterweisung* zu nutzen.

# Literatur


Abele, S.; Greiff, S.; Gschwendtner, T.; Wüstenberg, S.; Nickolaus, R.; Nitzschke, A.; Funke, J.: Dynamische Problemlösekompetenz. Ein bedeutsamer Prädiktor von Problemlöseleistungen in technischen Anforderungskontexten? Zeitschrift für Erziehungswissenschaft, (15), 2012, 363–391

acatech (Hrsg.): Kompetenzentwicklungsstudie Industrie 4.0 – Erste Ergebnisse und Schlussfolgerungen. München, 2016

Achtenhagen, Frank (Hrsg.): Didaktik des Rechnungswesens. Programm und Kritik eines wirtschaftsinstrumentellen Ansatzes. Wiesbaden: Gabler 1990

Achtenhagen, Frank: Didaktik des Wirtschaftslehreunterrichts. Opladen: Leske + Budrich 1984

Achtenhagen, Frank: Theorie der Fachdidaktik. In: Twellmann, Walter (Hrsg.): Handbuch Schule und Unterricht. Bd. 5.1, Düsseldorf: Schwann 1981, S. 275–294

Ackerman, P. L: Predicting individual differences in complex skill acquisition: Dynamics of ability determinants. In: Journal of Applied Psychology, 77, 1992, S. 598–614

Aebli, Hans: Psychologische Didaktik. Didaktische Auswertung der Psychologie von Jean Piaget. Stuttgart: Klett 1963

Adl-Amini, Bijan; Künzli, Rudolf (Hrsg.): Didaktische Modelle und Unterrichtsplanung. 3. Aufl. Weinheim und München: Juventa 1991

Ahlborn, Hans; Pahl, Jörg-Peter (Hrsg.): Didaktische Vereinfachung. Eine kritische Reprise des Werkes von Dietrich Hering. Seelze – Velber: Kallmeyer 1998

Albers, Hans-Jürgen: Modelle und didaktische Konzepte in der Berufsbildung. In: Bonz, Bernhard (Hrsg.): Didaktik der beruflichen Bildung. Baltmannsweiler: Schneider Verlag Hohengehren 2001, (Berufsbildung konkret; Bd. 2), S. 31–49

Anderson, Lorin W.; Krathwohl, David R.: A Taxonomy for Learning, Teaching and Assessing. New York u. a.: Longman 2001

Arnold, Rolf; Lipsmeier, Antonius (Hrsg.): Handbuch der Berufsbildung. Opladen: Leske+Budrich 1995

Artelt, Cordula; Baumert, Jürgen; Mc Elvany, Nele Julius: Selbstreguliertes Lernen: Motivationen und Strategien in den Ländern der Bundesrepublik Deutschland. In: Deutsches Pisa-Konsortium (Hrsg.): Pisa 2000. Ein differenzierter Blick auf die Länder der Bundesrepublik Deutschland. Opladen: Leske + Budrich 2003, S. 131–165

Artelt, Cordula; Demmrich, Anke; Baumert, Jürgen: Selbstreguliertes Lernen. In: Deutsches Pisa-Konsortium (Hrsg.): Pisa 2000. Opladen: Leske + Budrich 2001, S. 271–298

Bachmann, Karl: Lust oder Last? Berufszufriedenheit und Belastung im Beruf bei Lehrerinnen und Lehrern an berufsbildenden Schulen. Baltmannsweiler: Schneider Verlag Hohengehren 1999

Bader, Reinhard: Strategien zur Umsetzung des Lernfeldkonzepts. In. Gramlinger, Franz; Steinemann, Sandra; Tramm, Tade (Hrsg.): Lernfelder gestalten – miteinander lernen – Innovationen vernetzen. Beiträge der 1. CULIK Fachtagung. Paderborn: Eusl-Verlagsgesellschaft 2004, S. 111–122

Bader, Reinhard; Bonz, Bernhard (Hrsg.): Fachdidaktik Metalltechnik. Baltmannsweiler: Schneider Verlag Hohengehren, 2001 (Berufsbildung konkret; Bd. 4)

Bader, Reinhard; Jenewein, Klaus (Hrsg.): Didaktik der Technik zwischen Generalisierung und Spezialisierung. Frankfurt am Main: Verlag der Gesellschaft zur Förderung arbeitsorientierter Forschung und Bildung (GAFB), 2000

Bader, Reinhard; Schäfer, Bettina: Lernfelder gestalten. In: Die berufsbildende Schule (BbSch), 50. Jg., H. 7-8 (1998), S. 229–234

Baethge, Martin: Ordnung der Arbeit – Ordnung des Wissens: Wandel und Widersprüche im betrieblichen Umgang mit Humanressourcen. In: Mitteilungen des Soziologischen Forschungsinstituts Göttingen Nr. 32, 2004, S. 7–21

Baethge, Martin; Oberbeck, H.: Die Zukunft der Angestellten. Frankfurt a. M.: Campus 1986

Ballauff, Theodor; Schaller, Klaus: Pädagogik. Eine Geschichte der Bildung und Erziehung. 3 Bde., Freiburg / München: Verlag Karl Alber 1969

Baumert, Jürgen u. a.: PISA 2000. Basiskompetenzen von Schülerinnen und Schülern im internationalen Vergleich. Opladen: Leske + Budrich 2001

Baumert, Jürgen (Hrsg.): PISA 2000 – die Länder der Bundesrepublik Deutschland im Vergleich. Opladen: Leske + Budrich 2002

Beck, Erwin; Borner, Annemarie; Aebli, Hans: Die Funktion der kognitiven Selbsterfahrung des Lehrers für das Verstehen von Problemlöseprozessen bei Schülern. In: Unterrichtswissenschaft, 14. Jg., (1986) 3, S. 303–317

Beck, Klaus u. a.: Die moralische Urteils- und Handlungskompetenz von kaufmännischen Lehrlingen – Entwicklungsbedingungen und ihre pädagogische Gestaltung. In: Beck; Dubs 1998, S. 188–210

Beck, Klaus u. a.: Zur Entwicklung moralischer Urteilskompetenz in der kaufmännischen Erstausbildung – empirische Befunde und praktische Probleme. In: Beck; Heid 1996, S. 188–207

Beck, Klaus; Dubs, Rolf (Hrsg.): Kompetenzentwicklung in der Berufserziehung. Kognitive, motivationale und moralische Dimensionen kaufmännischer Qualifizierungsprozesse. Zeitschrift für Berufs- und Wirtschaftspädagogik, Beiheft 14. Stuttgart: Steiner 1998

Beck, Klaus; Heid, Helmut (Hrsg.): Lehr-Lern-Prozesse in der kaufmännischen Erstausbildung – Wissenserwerb, Motivierungsgeschehen und Handlungskompetenzen. Zeitschrift für Berufs- und Wirtschaftspädagogik, Beiheft 13. Stuttgart: Steiner 1996

Beck, Klaus; Müller, Wolfgang u. a. (Hrsg.): Berufserziehung im Umbruch. Didaktische Herausforderungen und Ansätze zu ihrer Bewältigung. Weinheim: Deutscher Studien Verlag 1996

Behrendt, S.; Abele, S.; Nickolaus, R. (2017): Struktur und Niveaus des Fachwissens von Kfz-Mechatronikern gegen Ende der formalen Ausbildung. Journal of Technical Education (JOTED), Jg. 5 (Heft 1), S. 47–75

Bendorf, Michael: Bedingungen und Mechanismen des Wissenstransfers. Lehr- und Lern-Arrangements für die Kundenberatung in Banken. Wiesbaden: Dt. Univ. Verl. 2002

Betzler, Jörg: Vergleich zwischen schülerzentriertem und lehrerzentriertem Unterricht an einer Fachschule für Technik. In: Die Berufsbildende Schule, 58. Jg., H. 2, 2006, S. 56–60

Blankertz, Herwig: Analyse von Lebenssituationen unter besonderer Berücksichtigung erziehungswissenschaftlicher Modelle. Didaktische Strukturgitter. In: Frey, Karl (Hrsg.): Curriculum-Handbuch Bd. 2, München: Piper 1975

Blankertz, Herwig: Theorien und Modelle der Didaktik. München: Juventa Verlag, 1974 (Grundfragen der Erziehungswissenschaft. Bd. 6)

Bloom, Benjamin S. (Hrsg.): Taxonomie von Lernzielen im kognitiven Bereich 3. Aufl. Weinheim-Basel: Beltz 1903

Boehm, Ullrich u. a.: Qualifikationsstruktur und berufliche Curricula. Hannover: Schroedel 1974

Bonz, Bernhard (Hrsg.): Didaktik und Methodik der Berufsbildung. Baltmannsweiler: Schneider Verlag 2009 (Berufsbildung konkret Bd. 10)

Bonz, Bernhard (Hrsg.): Didaktik der beruflichen Bildung. Baltmannsweiler: Schneider Verlag Hohengehren 2001 (Berufsbildung konkret; Bd. 2)

Bonz, Bernhard (Hrsg.): Didaktische Beiträge zur Berufsbildung. Stuttgart: Holland & Josenhans, 1976 (Beiträge zur Pädagogik für Schule und Betrieb. Bd. 5)

Bonz, Bernhard: Methoden der Berufsbildung. Ein Lehrbuch. 2. Aufl., Stuttgart: Hirzel 2009

Bonz, Bernhard: Methoden in der schulischen Berufsbildung. In. Bonz, Bernhard (Hrsg.): Didaktik und Methodik der Berufsbildung: Schneider Verlag Hohengehren, 2009 (Berufsbildung konkret; Bd. 10), S. 90–111

Bonz, Bernhard; Ott, Bernd (Hrsg): Allgemeine Technikdidaktik – Theorienansätze und Praxisbezüge. Baltmannsweiler: Schneider Verlag Hohengehren, 2003 (Berufsbildung konkret; Bd. 6)

Bonz, Bernhard; Ott, Bernd (Hrsg.): Fachdidaktik des beruflichen Lernens. Stuttgart: Steiner 1998

Bracht, Glenn H.: Experimentelle Faktoren in Beziehung zur Wechselwirkung zwischen Schülermerkmalen und Unterrichtsmethoden. In: Schwarzer, Ralf; Steinhagen, Klaus (Hrsg.):Adaptiver Unterricht. München: Kösel 1975, S. 94–108

Braun, Peter: Ansätze und Konzepte zur Fachdidaktik Elektrotechnik im Bereich der beruflichen Bildung des Berufsfeldes Elektrotechnik. Universität Stuttgart, Institut für Berufs-, Wirtschafts- und Technikpädagogik, 1997 (Diplomarbeit)

Bredow, Antje; Dobischat, Rolf; Rottmann, Joachim (Hrsg.): Berufs- und Wirtschaftspädagogik von A–Z. Grundlagen, Kernfragen und Perspektiven. Baltmannsweiler: Schneider Verlag Hohengehren 2003, (Diskussion Berufsbildung, Bd. 4)

Breuer, Klaus; Wosnitza, Marold: Befähigung zur Selbstregulation in der Entwicklung während der Ausbildung. In: Matthias Pilz (Hrsg.): Sozialkompetenzen zwischen theoretischer Fundierung und pragmatischer Umsetzung. Bielefeld: Bertelsmann 2004, S. 47–60

Bünning, Frank: Experimentierendes Lernen in der Bau- und Holztechnik - Entwicklung eines fachdidaktisch begründeten Experimentalkonzepts als Grundlage für die Realisierung eines handlungsorientierten Unterrichts für die Berufsfelder der Bau- und Holtechnik. Habilitationsschrift der Otto-von-Guericke-Universität Magdeburg 2007

Buer van, J.; Matthäus, S.: Kommunikative Alltagskultur in der beruflichen Erstausbildung – Ansprüche und Befunde. In: Studien zur Wirtschafts- und Erwachsenenpädagogik aus der Humboldt-Universität in Berlin. Berlin 1994, S. 36–120

Bundesanzeiger: Bekanntmachung der Verordnung über die Berufsausbildung zum Mechatroniker; zur Mechatronikerin nebst Rahmenlehrplan vom 5. Juni 1998. Herausgegeben vom Bundesministerium der Justiz, Jahrgang 50, Nummer 168a

Bund-Länder-Kommission für Bildungsplanung und Forschungsförderung (Hrsg.): Kooperation der Lernorte im dualen System der Berufsbildung. Bonn, 1999, (Materialien zur Bildungsplanung und zur Forschungsförderung; 73)

Clement, Ute: Berufliche Bildung zwischen Erkenntnis und Erfahrung. Realisierungschancen des Lernfeldkonzepts an beruflichen Schulen. Baltmannsweiler: Schneider Verlag Hohengehren 2003

Collins, A.; Brown, J.C.; Newman, S.: Cognitive Apprenticeship: Teaching the Crafts of Reading, Writing and Mathematics. In: Resnick, L. B. (Hrsg.): Knowing, Learning, and Instruction. Hillsdale (NJ), 1989, S. 453-494

Cree, Viviene E.; Macaulay, Cathlin: Transfer of learning in professional and vocational education. Handbook for Social Work Training. London and New York: Routledge 2000

Cube von, Felix: Kybernetische Grundlagen des Lernens und Lehrens. Stuttgart: Klett 1970

Cube von, Felix: Die kybernetisch-informationstheoretische Didaktik. In: Gudjons, Herbert; Teske, Rita ; Winkel, Rainer (Hrsg.): Didaktische Theorien. Hamburg: Bergmann + Helbig 1986, S. 49–62

Czycholl, Reinhard: Handlungsorientierung und Kompetenzentwicklung in der beruflichen Bildung. In: Bonz, Bernhard (Hrsg.): Didaktik und Methodik der Berulsbildung. Baltmannsweiler: Schneider Verlag Hohengehren 2009, (Berufsbildung konkret; Bd. 10), S. 172–194

Czycholl, Reinhard: Wirtschaftsdidaktik. Dimensionen ihrer Entwicklung und Begründung. Trier: Spee Verlag 1974 (Wirtschaftspädagogische und berufspädagogische Abhandlungen)

Dann, Hans Dietrich: Lehrerkognitionen und Handlungsentscheidungen. In: Schweer, Martin K. W. (Hrsg.): Lehrer-Schüler-Interaktion. Pädagogisch-psychologische Aspekte des Lehrens und Lernens in der Schule. Opladen: Leske+ Budrich 2000 (Reihe Schule und Gesellschaft; Bd. 24), S. 79–108

Datenreport zum Berufsbildungsbericht 2017, Bonn 2017

Dauenhauer, Erich: Didaktik der Wirtschaftslehre. Paderborn: Schönigh 1978

Decker, Franz (Hrsg.): Wirtschaftsdidaktische Konzepte. Ergebnisse des Internationalen Symposions Wirtschaftsdidaktik Weingarten 1974. Ravensburg: Otto Maier 1975

Dehnbostel, Peter; Walter-Lezius, Hans-Joachim (Hrsg.) unter Mitarbeit von Amdt, Herbert: Didaktik moderner Berufsbildung. Standorte, Entwicklungen, Perspektiven. Bielefeld: Bertelsmann 1995 (Berichte zur beruflichen Bildung; H. 186)

Dehnbostel, Peter: Betriebliche Bildungsarbeit. Kompetenzbasierte Aus- und Weiterbildung im Betrieb. Schneider Verlag Hohengehren. Baltmannsweiler 2010

Dörig, Roman: Handlungsorientierter Unterricht-Ansätze, Kritik und Neuorientierung aus bildungstheoretischer, curricularer und instruktionspsychologischer Perspektive. Stuttgart und Berlin: WiKu – Verlag 2003

Dörner, Dietrich: Lernen des Wissens- und Kompetenzerwerbs. In: Treiber, Bernhard; Weinert, Franz E. (Hrsg.): Lehr-Lern-Forschung. Ein Überblick in Einzeldarstellungen. München / Wien / Baltimore: Urban und Schwarzenberg 1982, S. 134–148

Domberg, Frank: Zwischenmenschliche Kommunikation und Interaktion im Schulwesen. Universität Stuttgart, Institut für Berufs-, Wirtschafts- und Technikpädagogik, 1996 (Diplomarbeit)

Drechsel, Rainer; Gronwald, Detlef; Voigt, Bodo (Hrsg.): Didaktik beruflichen Lernens: Diskussionsbeiträge zu einem ungelösten Problem. Frankfurt a. M. / New York: Campus 1981

Dubs, Rolf: Lehrerverhalten. Ein Beitrag zur Interaktion von Lehrenden und Lernenden im Unterricht. 1. Aufl. Zürich: Verlag des Schweizerischen Kaufmännischen Verbandes, 1995 (Schriftenreihe für Wirtschaftspädagogik 1995; Bd. 23)

Einsiedler, Wolfgang: Von Erziehungs- und Unterrichtsqualität. In: Schweer, Martin K.W. (Hrsg.): Lehrer-Schüler-Interaktion. Pädagogisch- psychologische Aspekte des Lehrens und Lernens in der Schule. Opladen: Leske+ Budrich 2000 (Reihe Schule und Gesellschaft; Bd. 24), S. 109–128

Euler, Dieter: Didaktik einer sozio-informationstechnischen Bildung. Köln: Botermann & Botermann, 1994 (Wirtschafts-, Berufs- und Sozialpädagogische Texte; Bd. 22)

Euler, Dieter; Hahn, Angela: Wirtschaftsdidaktik. Bern, Stuttgart, Wien: Haupt 2004

Fegebank, Barbara; Schanz, Heinrich (Hrsg.): Arbeit – Beruf – Bildung in Berufsfeldern mit personenorientierten Dienstleistungen. Baltmannsweiler: Schneider Verlag Hohengehren 2004 ( Berufsbildung konkret; Bd. 7)

Fischer, Martin: Von der Arbeitserfahrung zum Arbeitsprozesswissen. Opladen: Leske + Budrich 2000

Flammer, August: Wechselwirkungen zwischen Schülermerkmalen und Unterrichtsmethoden. In: Schwarzer, Ralf ; Steinhagen, Klaus: Adaptiver Unterricht. Zur Wechselwirkung von Schülermerkmalen und Unterrichtsmethoden. München: Kösel 1975, S. 27–41

Fleuchaus, Isolde: Kommunikative Kompetenzen von Auszubildenden in der beruflichen Ausbildung. Ausprägungen, Förderung und Relevanz im Urteil von Ausbildern, Lehrern und Auszubildenden. Hamburg: Kovač 2004

Frackmann, Margit: Neue Qualifikationsanforderungen und Berufsbildung. In: Heinrich Schanz (Hrsg.): Berufs- und wirtschaftspädagogische Grundprobleme, Hohengehren, Baltmannsweiler: Schneider Verlag Hohengehren 2001, (Berufsbildung konkret, Bd. 1)

Fuchs, Max: Didaktische Prinzipien: Geschichte und Logik. Köln: Pahl-Rugenstein Verlag, 1984 (Serie: Perspektiven der Pädagogik 1)

Fürstenau, B: Lehr-Lern-Theorien. Behaviorismus, Kognitivismus, Konstruktivismus: Lernen und Expertise verstehen und fördern. Schneider Verlag Hohengehren. Baltmannsweiler 2016

Geiger, Robert; Riedl, Alfred: Lehr-Lern-Prozesse im technischen beruflichen Unterricht – Gestaltungsvarianten eines handlungsorientierten Unterrichts. Erste Ergebnisse einer empirischen Untersuchung bei Mechatronikern. In: Die berufsbildende Schule (BbSch) Jg. 56 (2004) 9. S. 195–201

Geißel, Bernd: Ein Kompetenzmodell für die elektrotechnische Grundbildung: Kriteriumsorientierte Interpretation von Leistungsdaten. In: Nickolaus, Reinhold; Schanz, Heinrich (Hg.): Didaktik gewerblich-technischer Berufsbildung. Hohengehren 2008 (im Druck)

Geißel, Bernd; Gschwendtner, Tobias; Nickolaus, Reinhold; Ziegler, Birgit: Motivation in der elektrotechnischen Grundbildung. In: ZBW, 2007; Bd. 103, H 3, S. 397–415

Gewerkschaft Erziehung und Wissenschaft (Hrsg.): Das Lernfeldkonzept an der Berufsschule. Pädagogische Revolution oder bildungspolitische und didaktische Reformoption? Neustadt/Weinstrasse: Verlag Pfälzische Post 2001

Göbel, Rolf Friedrich: Das didaktische Raster – eine Möglichkeit zur didaktischen Strukturierung des Wirtschaftslehreunterrichts an kaufmännischen Berufsschulen. Bad Honnef: Bock+Herchen 1980

Gonon, Philipp (Hrsg.): Schlüsselqualifikationen kontrovers. Aarau: Sauerländer 1996

Gordon, Thomas: Lehrer – Schüler – Konferenz. Hamburg: Rowolth 1982, Neuauflage: München: Heyne 2002

Gräsel, Cornelia: Problemorientiertes Lernen. Strategieanwendung und Gestaltungsmöglichkeiten. Göttingen u. a.: Hogrefe 1997

Gräsel, Cornelia; Mandl, Heinz: Förderung des Erwerbs diagnostischer Strategien in fallbasierten Lernumgebungen. In: Unterrichtswissenschaft. Jg. 21 (1993), S. 355–370

Gramlinger, Franz; Steinemann, Sandra; Tramm, Tade (Hrsg.): Lernfelder gestalten – miteinander lernen – Innovationen vernetzen. Beiträge der 1. CULIK Fachtagung. Paderborn: Eusl-Verlagsgesellschaft 2004

Greinert, Wolf-Dietrich: Konzepte beruflichen Lernens. Stuttgart: Holland & Josenhans 1997

Greinert, Wolf-Dietrich: Schule als Instrument sozialer Kontrolle und Objekt privater Interessen. Hannover: Schroedel 1975

Grüner, Gustav: Bausteine zur Berufsschuldidaktik. Trier: Spee-Verlag 1978

Grüner, Gustav: Curriculumproblematik der Berufsschule. Zur Entwicklungsgeschichte der Lehrpläne gewerblicher Berufsschulen. Stuttgart: Holland & Josenhans 1975 (Beiträge zur Pädagogik für Schule und Betrieb; 6)

Grundmann, Hilmar: Prolegomena zur Didaktik und Methodik des Rechtschreibunterrichts an berufsbildenden Schulen. Darmstadt: Winkler 1990

Gschwendtner, Tobias: Ein Kompetenzmodell für die kraftfahrzeugmechatronische Grundbildung. In: Nickolaus, Reinhold; Schanz, Heinrich (Hg.): Didaktik gewerblich-technischer Berufsbildung. Hohengehren 2008, S. 103–120

Gschwendtner, T.: Die Ausbildung zum Kraftfahrzeumechatroniker im Längsschnitt. Analysen zur Struktur von Fachkompetenz am Ende der Ausbildung und Erklärung von Fachkompetenzentwicklungen über die Ausbildungszeit. In: Nickolaus, R.; Pätzold, G. (Hrsg.): Lehr-Lernforschung in der gewerblich-technischen Berufsbildung. Beiheft 25 zur ZBW, 2011, S. 55–76

Gschwendtner, T.: Förderung des Leseverständnisses in Benachteiligtenklassen der beruflichen Bildung: Studien zur Wirksamkeit von reciprocal teaching. Dissertation Universität Stuttgart, 2012

Gschwendtner, T.: Förderung des Leseverständnisses in Benachteiligtenklassen der beruflichen Bildung: Studien zur Implementation und Wirksamkeit von Reciprocal Teaching. Shaker Verlag: Aachen 2012

Gudjons, Herbert; Teske, Rita; Winkel, Rainer (Hrsg.): Didaktische Theorien. Braunschweig: Westermann 1981

Gudjons, Herbert; Teske, Rita; Winkel, Reiner (Hrsg.): Didaktische Theorien. 4. Aufl. Hamburg: Bergmann+ Helbig Verlag 1986

Güzel, E.; Nickolaus, R.; Zinn, B.; Würmlin, J.; Sari, D.: Soziale Kompetenzen von angehenden Servicetechnikern – Relevanz, Förderung und Ausprägung. In: Zeitschrift für Berufs- und Wirtschaftspädagogik (ZBW), Jg. 112 (2016), H. 4, S. 555–583

Häfeli, Kurt; Wild-Näf, Martin; Elsässer, Traugott (Hrsg.): Berufsfelddidaktik. Zwischen Fachsystematik und Handlungsorientierung. Baltmannsweiler: Schneider Verlag Hohengehren 2001 (Diskussion Berufsbildung Bd. 1)

Hanke, Barbara; Mandl, Heinz; Prell, Siegfried: Soziale Interaktion im Unterricht. München: Oldenbourg 1973

Hartmann, Karl-O.: Die Unterrichtsgestaltung der Berufs-, Werk- und Fachschulen. Frankfurt a.M.: Diesterweg 1928

Hardt, Beate u. a.: Untersuchungen zu Motivierungspotential und Lernmotivation in der kaufmännischen Erstausbildung. In: Beck; Heid 1996, S. 128–149

Hasemann, Klaus; Stern, Elsbeth: Die Förderung des mathematischen Verständnisses anhand von Textaufgaben – Ergebnisse einer Interventionsstudie in Klassen des 2. Schuljahres. In: Journal für Mathematik-Didaktik. Zeitschrift der Gesellschaft für Didaktik der Mathematik, Jg. 23 (2002), H. 1, S. 222–242

Hattie, J.: Lernen sichtbar machen. Überarbeitete deutschsprachige Ausgabe von „Visible Learning" besorgt von Wolfgang Beywl und Klaus Zierer. Schneider Verlag Hohengehren. Baltmannsweiler 2013

Heimann, Paul: Didaktische Arbeiten. Zur Lehrerbildung Medienpädagogik. In: Reich, Kersten; Thomas; Helga (Hrsg.): Didaktik als Unterrichtswissenschaft. Stuttgart: Klett 1976

Heimann, Paul; Otto, Gunter; Schulz, Wolfgang: Unterricht. Analyse und Planung. Hannover: Schroedel 1965 (Auswahl Reihe B)

Heimann, Paul; Otto, Gunter; Schulz, Wolfgang: Unterricht. Analyse und Planung. 6. Aufl., Hannover: Schroedel 1972

Helmke, Andreas: Unterrichtsqualität erfassen, bewerten, verbessern. 3. Aufl. Seelze: Velber 2004

Helmke, Andreas; Weinert, Franz E.: Bedingungsfaktoren schulischer Leistung. In: Weinert F.E. (Hrsg.): Psychologie des Unterrichts und der Schule. Göttingen u. a.: Hogrefe, 1997 (Enzyklopädie der Psychologie Themenbereich D, Praxisgebiete: Ser. 1 Pädagogische Psychologie; Bd. 3), S. 71–176

Henkel, Ludwig: Zur pädagogischen Transformation in der politischen Bildung. Ein integrativer Ansatz für die Praxis in der Berufsschule. Frankfurt a. M. u. a.: Lang 1991

Hering, Dietrich: Zur Fasslichkeit naturwissenschaftlicher und technischer Aussagen. Nachdruck in Ahlborn; Pahl 1998, S. 25–180

Hofer, Manfred: Lehrer-Schüler-Interaktion. In: Weinert, Franz E. (Hrsg.): Psychologie des Unterrichtes und der Schule. Göttingen u. a.: Hogrefe, 1997 (Enzyklopädie der Psychologie: Themenbereich D, Praxisgebiete: Ser. 1, Pädagogische Psychologie; Bd. 3), S. 215–252

Hofer, Manfred u. a.: Pädagogische Hilfen für interaktive selbstgesteuerte Lernprozesse und Konstruktion eines neuen Verfahrens zur Wissensdiagnose. In: Beck; Heid 1996, S. 53–67

Huisinga, Richard; Lisop, Ingrid: Wirtschaftspädagogik: ein interdisziplinär orientiertes Lehrbuch. München: Vahlen 1999

Huisinga, Richard; Lisop, Ingrid; Speier, Hans-Dieter (Hrsg.): Lernfeldorientierung. Konstruktion und Unterrichtpraxis. Frankfurt am Main: Verlag der Gesellschaft zur Förderung arbeitsorientierter Forschung und Bildung (GAFB), 1999

Hüttner, Andreas: Technik unterrichten. Methoden und Unterrichtsverfahren im Technikunterricht. Haan-Gruiten: Verlag Europa-Lehrmittel 2002

Jenewein, Klaus: Auftragsorientiertes Lernen und Arbeiten. In: Holz, H.; Rauner, F. (Hrsg.): Ansätze und Beispiele der Lernortkooperation. Bielefeld: Bertelsmann, 1998 (Berichte zur Beruflichen Bildung, H. 226), S. 151–174

Jungkunz, Diethelm; Thilo, Rose: Didaktische Modelle zur Unterrichtsvorbereitung und -gestaltung im Rahmen des Lernfeldkonzepts. In: Wirtschaft und Erziehung, 56. Jg., H. 5, 2004, S. 195–204

Kaiser, Franz- Josef; Kaminski, Hans (Hrsg.): Wirtschaftsdidaktik. Bad Heilbrunn/OBB.: Klinkhardt 2003

Kenner, Martin: Interkulturelles Lernen an beruflichen Schulen. Aachen: Shaker Verlag 2007

Kenner, Martin: Förderung sozialer Kompetenzen. Ein Unterrichtsbeispiel zur Entwicklung moralischer Urteilsfähigkeit im Fach Gemeinschaftskunde an berufsbildenden Schulen. In: Sommer, Karl-Heinz (Hrsg.): Didaktisch-organisatorische Gestaltungen vorberuflicher und beruflicher Bildung. Esslingen: DEUGRO 1998 (Stuttgarter Beiträge zur Berufs- und Wirtschaftspädagogik. Bd. 22), S. 421–462

Kern, Horst; Schumann, Michael: Das Ende der Arbeitsteilung? Rationalisierung in der industriellen Produktion. München: Beck 1984

Klafki, Wolfgang: Neue Studien zur Bildungstheorie und Didaktik. Beiträge zur kritisch- konstruktiven Didaktik. Weinheim und Basel: Beltz 1985

Klafki, Wolfgang: Neue Studien zur Bildungstheorie und Didaktik. Zeitgemäße Allgemeinbildung und kritisch- konstruktive Didaktik. 2.; erw. Aufl. Weinheim und Basel: Beltz 1991

Klafki, Wolfgang: Studien zur Bildungstheorie und Didaktik. 29.–32. Taus. Weinheim und Basel: Beltz 1963

Klafki, Wolfgang: Studien zur Bildungstheorie und Didaktik. Weinheim und Basel: Beltz 1973

Kleinschmidt, Matthias; Pekruhl, Ulrich: Kooperative Arbeitsstrukturen und Gruppenarbeit Deutschland. Ergebnisse einer repräsentativen Beschäftigtenbefragung, Gelsenkirchen: Institut Arbeit und Technik, 1994, (IAT Strukturberichterstattung 1)

König, Eckard; Zedler, Peter: Einführung in die Wissenschaftstheorie der Erziehungswissenschaft. Düsseldorf: Schwann 1983

Kötteritz, Eike-Volkmar: Georg Kerschensteiners Arbeitsschule und die Arbeitslehre der Gegenwart. Eine vergleichende Untersuchung. Köln, Wien: Böhlau Verlag 1981 (Sozialwissenschaftliches Forum; 15)

Krathwohl, David; Bloom, Benjamin S.; Masia, Bertram: Taxonomie von Lernzielen im affektiven Bereich. Weinheim und Basel: Beltz 1975

Kremer, Hugo; Sloane, Peter F. E.: Lernfelder implementieren. Zur Entwicklung und Gestaltung Fächer- und Lernortübergreifender Lehr-/Lernarrangements im Lernfeldkonzept. Paderborn: Eusl – Verlagsgesellschaft, 2001 (Reihe Wirtschaftspädagogisches Forum; Bd. 10)

Kron, Friedrich W.: Grundwissen Didaktik. 3. aktual. Aufl. – München; Basel: E. Reinhardt 2000

Kuhlmeier, Werner: Berufliche Fachdidaktiken zwischen Anspruch und Realität. 2. Aufl., Baltmannsweiler: Schneider Verlag Hohengehren 2005 (Diskussion Berufsbildung; Bd. 3)

Kutscha, Günter: Das politisch-ökonomische Curriculum. Wirtschaftsdidaktische Studien zur Reform der Sekundarstufe II. Kronberg: Athenäum-Verl. 1976

Lauth, Gerhard; Grünke, Matthias; Brunstein, Joachim (Hrsg.): Interventionen bei Lernstörungen. Förderung, Training und Therapie in der Praxis. Göttingen u. a.: Hogrefe 2004

Lehmann, Rainer H.; Seeber, Susan: ULME III. Untersuchungen von Leistungen, Motivation und Einstellungen der Schülerinnen und Schüler in den Abschlussklassen der Berufsschulen. Hamburg 2007

Lempert, Wolfgang: Industriearbeit als Lernprozess – Eine Auseinandersetzung mit dem „dynamischen" Konzept der Industriesoziologie von Werner Friedel. In: Soziale Welt 28. Jg. (1977), H. 3, S. 306–327

Lempert, Wolfgang: Moralisches Denken. Essen: Neue Deutsche Schule Verl. 1988

Lempert, W.: Berufliche Sozialisation oder Was Berufe aus Menschen machen. Schneider Verlag Hohengehren. Baltmannsweiler 2002

Lewalter, Doris u. a.: Die Bedeutsamkeit des Erlebens von Kompetenz, Autonomie und sozialer Eingebundenheit für die Entwicklung berufsspezifischer Interessen. In: Beck; Dubs 1998, S. 143–168

Linke, Werner (Hrsg.): Hauptschule – Berufsschule – Gesamtschule. Arbeitslehre und Berufslehre in kritischer Reflexion. Weinheim, Berlin Basel: Beltz 1971

Lipsmeier, Antonius: Didaktik gewerblich-technischer Berufsausbildung (Technikdidaktik) In: Arnold, Rolf; Lipsmeier, Antonius (Hrsg.): Handbuch der Berufsbildung. Opladen: Leske + Budrich 1995, S. 230–244

Lipsmeier, Antonius: Ganzheitlichkeit, Handlungsorientierung und Schlüsselqualifikationen – über den berufspädagogischen Gehalt der neuen Zielgrößen für die berufliche Bildung in Kontext der neuen Technologien. In: Bonz, Bernhard; Lipsmeier, Antonius: Computer und Berufsbildung. Beiträge zur Didaktik neuer Technologien in der gewerblich-technischen Berufsbildung. Stuttgart: Holland + Josenhans 1991, S. 103–124

Mandl, Heinz; Gruber, Hans; Renkl, Alexander: Neue Lernkonzepte für die Hochschule. In: Das Hochschulwesen 41, (1993), S. 77–86

Manstetten, Rudolf: Kommunikation und Interaktion im Unterricht. Düsseldorf: Verlagsanstalt Handwerk, 1982 (Wirtschafts-, Berufs- und Sozialpädagogische Texte; Bd. 4)

Mertens, Dieter: Schlüsselqualifikationen: Thesen zur Schulung für eine moderne Gesellschaft. In: Mitteilungen aus der Arbeitsmarkt- und Berufsforschung 7 (1974) 1, S. 36–43

Metzger, Christoph: Wie lerne ich? Eine Anleitung zum erfolgreichen Lernen für Mittelschulen und Berufschulen. Aarau: Sauerländer 1998, (WLI-Schule)

Meyser, Johannes (Hrsg.): Kompetenz für die Baupraxis: Ausbilden- Lernen- Prüfen. Ausbildungskonzepte und didaktische Materialien für alle Lernorte. 1. Aufl. Konstanz: Christiani 2003

Möller, Christine: Die curricurale Didaktik oder: Der lernzielorientierte Ansatz. In: Gudjons, H; Teske, R., Winkel, R. (Hrsg.): Didaktische Theorien, Hamburg: Bergmann+ Helbig 1986, S. 63–77

Müllges, Udo: Berufserziehung im Umbruch. In: Linke, Werner (Hrsg.): Hauptschule – Berufsschule – Gesamtschule. Arbeitslehre und Berufslehre in kritischer Reflexion. Weinheim, Berlin, Basel: Beltz 1971, S. 191–215

Müllges, Udo: Berufspädagogik. (Hrsg. von Justin, Jürgen) Mannheim u. a.: BI Wissenschaftsverlag, 1991, S. 212–231

Neef, C.: Förderung beruflicher Handlungskompetenz – Ein experimenteller Vergleich zwischen handlungsorientiertem und traditionellem Unterricht. Stuttgart 2008

Neef, Christof: Förderung beruflicher Handlungskompetenz. Stuttgart: ibw Hohenheim, 2008 (Hohenheimer Schriftenreihe zur Berufs- und Wirtschaftspädagogik, Bd. 9)

Nickolaus, Reinhold: Politischer Unterricht an gewerblichen Berufsschulen in Baden und Württemberg im gesellschaftlichen Kontext. Herausgegeben von Prof. Dr. rer. Pol. Karl-Heinz Sommer, Esslingen: DEUGRO 1987, (Stuttgarter Beiträge zur Berufs- und Wirtschaftspädagogik; Bd. 6)

Nickolaus, Reinhold: Der Auftrag der Berufsschulen im „dualen System". In: Karl-Heinz Sommer (Hrsg.): Didaktisch-organisatorische Gestaltungen vorberuflicher und beruflicher Bildung., Esslingen: DEUGRO 1998, (Stuttgarter Beiträge zur Berufs- und Wirtschaftspädagogik; Bd. 22), S. 291–311

Nickolaus, Reinhold: Fachdidaktik politischer Bildung für berufliche Schulen – Diskussionsstand, offene Fragen und relevante Erträge beruflicher Sozialisationsforschung. In: Karl-Heinz Sommer (Hrsg.): Didaktisch-organisatorische Gestaltungen vorberuflicher und beruflicher Bildung, Esslingen: DEUGRO 1998, (Stuttgarter Beiträge zur Berufs- und Wirtschaftspädagogik; Bd. 22), S. 380–420

Nickolaus, Reinhold: Handlungsorientierung als dominierendes didaktisch-methodisches Prinzip in der beruflichen Bildung – Anmerkungen zur empirischen Fundierung einschlägiger Entscheidungen. In: Zeitschrift für Berufs- u. Wirtschaftspädagogik Jg. 96 (2000), S. 190–206

Nickolaus, Reinhold: Empirische Befunde zur Didaktik der Berufsbildung. In: Bonz, Bernhard (Hrsg.): Didaktik der beruflichen Bildung. Baltmannsweiler: Schneider Verlag Hohengehren 2001, S. 239–252

Nickolaus, Reinhold: Professionalisierung- ein tragfähiges Konstrukt für die Optimierung beruflicher Bildungsprozesse? In: Albers, Hans-Jürgen; Bonz, Bernhard; Nikolaus, Reinhold (Hrsg.): Impulse zur Professionalisierung pädagogischer Tätigkeiten im Bildungs- und Beschäftigungssystem. Baltmannsweiler: Schneider Verlag Hohengehren 2001 (Schriftenreihe Diskussion Berufsbildung; Bd. 2)

Nickolaus, Reinhold: Soziale Kompetenzentwicklung in der beruflichen (Aus)bildung – Annahmen zu Möglichkeiten der Förderung und empirische Befunde zur Entwicklung. In: Pilz, Matthias (Hrsg.): Sozialkompetenzen zwischen theoretischer Fundierung und pragmatischer Umsetzung. Bielefeld: Bertelsmann 2004b, S. 29–46

Nickolaus, Reinhold: Methodische Entscheidungen und der Lernerfolg Schwächerer in der beruflichen Ausbildung – Konsequenzen für die Berufsvorbereitung und Berufsgrundbildung. In: Schlag, Thomas u. a.: Von der Schule … in den Beruf. Berufliche Bildung und Integration junger Menschen. Bad Boll: Evangelische Akademie Bad Boll 2005, S. 98–11

Nickolaus, Reinhold: Kommunikative Strukturen und Sozialformen des Unterrichts – Zentrale Steuerungsgrößen der inneren Schulentwicklung?. In: Van Buer, Jürgen; Wagner, Cornelia (Hrsg.): Qualität von Schule. Ein kritisches Handbuch. Frankfurt: Peter Lang 2007, S. 427–436

Nickolaus, R. : Didaktische Präferenzen in der beruflichen Bildung und ihre Tragfähigkeit. In: Nickolaus, R.; Pätzold, G. (Hrsg.): Lehr-Lernforschung in der gewerblich-technischen Berufsbildung. Stuttgart: Franz Steiner Verlag (Zeitschrift für Berufs- und Wirtschaftspädagogik, Beiheft 25), 2011, S. 159–173

Nickolaus, R.: Schwierigkeitsbestimmende Merkmale von Aufgaben und deren didaktische Relevanz. In: Braukmann, U.; Dilger, B.; Kremer, H.: Wirtschaftspädagogische Handlungsfelder. Detmold: Eusl-Verlagsgesellschaft 2014; S. 285–303

Nickolaus, R.; Abele, St.: Eingangsvoraussetzungen von Auszubildenden und ihre Bedeutung für die Kompetenzentwicklung. In Lehren und Lernen. Zeitschrift für Schule und Innovation aus Baden-Württemberg. 43 Jg. H. 4, 2017

Nickolaus, Reinhold; Abele, Stefan; Gschwendtner, Tobias: Nitschke, Alex; Greiff, S.: Fachspezifische Problemlösefähigkeit als zentrale Kompetenzdimension beruflicher Handlungskompetenz – Modellierung, erreichte Niveaus und relevante Einflussfaktoren in der gewerblich-technischen Berufsausbildung. In: Zeitschrift für Berufs- und Wirtschaftspädagogik, 2012 (in Druck)

Nickolaus, Reinhold; Bickmann, J.: Kompetenz- und Motivationsentwicklung durch Unterrichtskonzeptionsformen. In: Die berufsbildenden Schule, 54. Jg. (2002), H. 7–8, S. 236–243

Nickolaus, Reinhold; Gschwendtner, Tobias; Geißel, Bernd: Entwicklung und Modellierung beruflicher Fachkompetenz in der gewerblich-technischen Grundbildung. In: ZBW 2008, Bd. 104, S. 48–73

Nickolaus, Reinhold; Heinzmann, Horst; Knöll, Bernd: Ergebnisse empirischer Untersuchungen zu Effekten methodischer Grundentscheidungen auf die Kompetenz- und Motivationsentwicklung in gewerblich-technischen Berufsschulen. In: Zeitschrift für Berufs- und Wirtschaftspädagogik (ZBW), Jg. 101 (2005) H. 1, S. 58–78

Nickolaus, Reinhold; Knöll, Bernd; Geschwendtner, Tobias: Methodische Präferenzen und ihre Effekte auf die Kompetenz- und Motivationsentwicklung – Ergebnisse aus Studien in anforderungsdifferenten elektrotechnischen Ausbildungsberufen in der Grundbildung. In: Zeitschrift für Berufs- und Wirtschaftspädagogik, 2006, H4, S. 552–577

Nickolaus, R.; Mokhonko, S.; Behrendt, S.; Vetter, D.; Meliani, K.: Die Entwicklung allgemeiner und berufsfachlicher Kompetenzen von Jugendlichen mit und ohne Migrationshintergrund im Übergangsystem unter den Bedingungen individueller Förderung. In: Unterrichtswissenschaft, H. 1, 2018, S. 61–84

Nickolaus, R.; Nitzschke, A.; Maier, A.; Schnitzler, A.; Velten, St.; Dietzen, A.: Einflüsse schulischer und betrieblicher Ausbildungsqualitäten auf die Entwicklung des Fachwissens und die fachspezifische Problemlösekompetenz. In Zeitschrift für Berufs- und Wirtschaftspädagogik, Band 111, H. 3, S. 333–358, 2015

Nickolaus, Reinhold; Riedl, Alfred; Schelten, Andreas: Ergebnisse und Desiderata zur Lehr-Lernforschung in der gewerblich-technischen Berufsausbildung. In: ZBW 2005, Bd. 101, H. 4, S. 507–532

Nickolaus, Reinhold; Riedl, Alfred; Schelten, Andreas: Ergebnisse und Desiderata zur Lehr-Lernforschung in der gewerblich-technischen Berufsausbildung. In: Zeitschrift für Berufs- und Wirtschaftspädagogik (ZBW), Jg. 101 (2005), H. 4, S. 507–532

Nickolaus, R.; Rosendahl, J.; Gschwendtner, T.; Geißel, B.; Straka, G.A.: Erklärungsmodelle zur Kompetenz- und Motivationsentwicklung bei Bankkaufleuten, Kfz-Mechatronikern und Elektronikern. In: Seifried, J.; Wuttke, E.; Nickolaus, R.; Sloane, P. (Hrsg.): Lehr-Lern-Forschung in der kaufmännischen Berufsbildung – Ergebnisse und Gestaltungsaufgaben. Zeitschrift für Berufs- und Wirtschaftspädagogik (ZBW), Beiheft 23. Stuttgart: Steiner, 2010, S. 73–87

Nickolaus, Reinhold; Schnurpel, Ursula: Innovations- und Transfereffekte von Modellversuchen in der beruflichen Bildung. Bd. 1. Bundesministerium für Bildung und Forschung (BMBF) (Hrsg.), Bonn 2001

Nickolaus, Reinhold; Schumm, Winfried; Pfister, Eckard L.: Selbstgesteuertes Lernen in der Metallausbildung – Ergebnisse, Erfahrungen und Konsequenzen eines Modellversuchs. Esslingen: DEUGRO 1990, (Stuttgarter Beiträge zur Berufs- und Wirtschaftspädagogik; Bd. 12)

Nickolaus, R.; Seeber, S.: Berufliche Kompetenzen: Modellierungen und diagnostische Verfahren. In: A. Frey; U. Lissmann; B. Schwarz (Hrsg.), Handbuch berufspädagogischer Diagnostik 2013, S. 166–195. Weinheim: Beltz

Niegemann, Helmut u. a.: Lernen mit arbeitsanalogen Lernaufgaben zur Kostenrechnung. In: Beck; Dubs 1998, S. 80–99

Norwig, K.; Petsch, C.; Nickolaus, N.: Förderung lernschwacher Auszubildender – Effekte des berufsbezogenen Strategietrainings (BEST) auf die Entwicklung der bautechnischen Fachkompetenz. In: Zeitschrift für Berufs- und Wirtschaftspädagogik (ZBW), H. 2, 2010, S. 220–239

Norwig, K.; Ziegler, B.; Kugler, G.; Nickolaus, R.: Förderung der Lesekompetenz mittels Reciprocal Teaching - auch in der beruflichen Bildung ein Erfolg? In: Zeitschrift für Berufs- und Wirtschaftspädagogik (ZBW), Jg. 109 (2013), H. 1, S. 67–93

Oser, Fritz: Ethos – die Vermenschlichung des Erfolgs. Zur Psychologie der Berufsmoral von Lehrpersonen. Opladen: Leske + Budrich 1998 (Schule und Gesellschaft; Bd. 16)

Oser, F.; Hascher, T.; Spychinger, M.: Lernen aus Fehlern. Zur Psychologie des „negativen“ Wissens. In: Althof, W. (Hrsg.): Fehlerwelten. Vom Fehlermachen und Lernen aus Fehlern. Opladen, 1999, S. 11–41

Pätzold, Günter (Hrsg.): Berufsschuldidaktik in Geschichte und Gegenwart. Richtlinien, Konzeptionen, Reformen. Bochum: Brockmeyer 1992 (Dortmunder Beiträge zur Pädagogik; Bd. 1

Pätzold, Günter; Klusmeyer, Jens; Wingels, Judith; Lang, Martin: Lehr-Lern-Methoden in der beruflichen Bildung. Eine empirische Untersuchung in ausgewählten Berufsfeldern. Oldenburg: BIS (Bibliotheks- und Informationssystem der Universität Oldenburg), 2003, (Beiträge zur Berufs- und Wirtschaftspädagogik Bd. 18)

Pahl, Jörg-Peter; Ruppel, Alfred: Bausteine beruflichen Lernens im Bereich Technik. Teil1: Unterrichtsplanung und didaktische Elemente. Alsbach; Bergstrasse: Leuchtturm-Verlag 2001(1993) (Schriftenreihe Erziehen – Beruf – Wissenschaft; Bd. 13)

Pahl, Jörg-Peter: Bausteine beruflichen Lernens im Bereich Technik. Teil 2: Methodische Konzeptionen für den Lernbereich Technik. Alsbach; Bergstrasse: Leuchtturm-Verlag 2002 (1998) (Schriftenreihe Erziehen – Beruf – Wissenschaft; Bd. 14)

Peterßen, Wilhelm H.: Lehrbuch Allgemeine Didaktik. München: Ehrenwirth 1983

Peterßen, Wilhelm H.: Lehrbuch Allgemeine Didaktik. 3. überarb. und erw. Auflage, München: Ehrenwirth 1992

Peterßen, Wilhelm H.: Handbuch Unterrichtsplanung. Grundfragen, Modelle, Stufen, Dimensionen. München: Ehrenwirth 3. (erw. u. aktualisierte) Auflage 1988

Petsch, Cordula; Norwig, Kerstin; Nickolaus, Reinhold: (Wie) Können Auszubildende aus Fehlern lernen? Eine empirische Interventionsstudie in der Grundstufe Bautechnik. In: 25. Beiheft der Zeitschrift für Berufs- und Wirtschaftspädagogik, 2011, S. 129–146

Petsch, Cordula; Norwig, Kerstin; Nickolaus, Reinhold: Individuelle Förderung in der beruflichen Grundbildung. Das berufsbezogene Strategietraining BEST. In: Die berufsbildende Schule, 2012 (in Druck)

Petsch, C.; Norwig, K.; Nickolaus, R.: Kompetenzförderung leistungsschwächerer Jugendlicher in der beruflichen Bildung - Förderansätze und ihre Effekte. In: Zeitschrift für Erziehungswissenschaft, 17 Jg., Sonderheft 22, 2014, S. 81–101

Petsch, C.; Norwig, K., Nickolaus, R. (2015). Berufsfachliche Kompetenzen in der Grundstufe Bautechnik - Strukturen, erreichte Niveaus und relevante Einflussfaktoren. In. A. Rausch (Hrsg.): Konzepte und Ergebnisse ausgewählter Forschungsfelder der beruflichen Bildung. Festschrift für Detlef Sembill (S. 59–88). Baltmannsweiler: Schneider Verlag Hohengehren

Plöger, Wilfried: Allgemeine Didaktik und Fachdidaktik. München: Fink 1999

Popp, Walter: Kommunikative Didaktik. Soziale Dimensionen des didaktischen Feldes. Weinheim-Basel: Beltz 1976

Prenzel, Manfred u. a.: Selbstbestimmt motiviertes und interessiertes Lernen in der kaufmännischen Erstausbildung. In: Beck; Heid 1996, S. 109–127

Prenzel, Manfred; Drechsel, Barbara; Kramer, Klaudia: Lernmotivation im Kaufmännischen Unterricht: Die Sicht von Auszubildenden und Lehrkräften. In: Beck; Dubs 1998, S. 169–187

Rahmenlehrplan für den Ausbildungsberuf Kaufmann / Kauffrau für audiovisuelle Medien. Beschluss der KMK vom 27.3.1998

Rauner, Felix: Gestaltungsorientierte Berufsbildung. In: Dedering, Heinz: Handbuch zur arbeitsorientierten Bildung. München, Wien: Oldenbourg 1996, S. 411–430

Rauner, Felix: Elektrotechnik Grundbildung. Überlegungen zur Techniklehre im Schwerpunkt Elektrotechnik der Kollegschule. Soest: Soester Verlagsgesellschaft 1986

Rauner, Felix: Elektrotechnik-Grundbildung. Zu einer arbeitsorientierten Gestaltung von Lehrplänen im Berufsfeld Elektrotechnik. In: Lipsmeier, Antonius; Rauner, Felix (Hrsg.): Beiträge zur Fachdidaktik Elektrotechnik, Stuttgart: Holland + Josenhans 1996 (b), S. 86–102

Rebmann, Karin: Fachdidaktik Wirtschaft und Verwaltung. In: Bonz, Bernhard ; Ott, Bernd: Fachdidaktik des beruflichen Lernens. Stuttgart: Steiner 1998, S. 133–150

Reetz, Lothar: Beruf und Wissenschaft als organisierende Prinzipien des Wirtschaftslehre-Curriculums. In: Zeitschrift für Berufs- und Wirtschaftspädagogik. Wiesbaden: Steiner, 1976 (Die Deutsche Berufs- und Fachschule; Jg. 72, (1976), S. 803–818

Reetz, Lothar: Wirtschaftsdidaktik. Eine Einführung in Theorie und Praxis wirtschaftsberuflicher Curriculumentwicklung und Unterrichtsgestaltung. Bad Helbrunn/OBB.: Klinkhardt 1984

Reetz, Lothar: Zur Bedeutung der Schlüsselqualifikationen in der Berufsbildung. In: Reetz, L.; Raitmann, T: Schlüsselqualifikationen. Dokumentation des Symposiums in Hamburg. „Schlüsselqualifikationen – Fachwissen in der Krise?“ Hamburg: Feldhaus 1990

Reich, Kersten: Theorien der Allgemeinen Didaktik. Zu den Grundlinien didaktischer Wissenschaftsentwicklung in der Bundesrepublik Deutschland und in der Deutschen Demokratischen Republik. Stuttgart: Klett 1977

Reinberg, Alexander: Der qualifikatorische Strukturwandel auf dem deutschen Arbeitsmarkt. Entwicklungen, Perspektiven, Bestimmungsgründe. In: Mitteilungen aus der Arbeitsmarkt- und Berufsforschung, 32. Jg. (1999), S. 434–443

Reinisch, Holger; Struve, Klaus: Was können wir aus der Geschichte beruflicher Arbeit und berufsbezogener Didaktik lernen? Zur Bedeutung einer historischen Analyse / Synthese der gegenständlichen Dimensionen ökonomischer und gewerblich-technischer Bildung. In: Eckert, Manfred; Horlebein, Manfred; Lisop, Ingrid u. a. (Hrsg.): Bilanzierungen. Schulentwicklung, Lehrerbildung und Wissenschaftsgeschichte im Feld der Wirtschafts- und Berufspädagogik. Frankfurt am Main: GAFB – Verlag 2002, S. 99–150

Reinisch, Holger: Fünfhundert Jahre Traktat über die doppelte Buchführung von Luca Pacol. In: Zeitschrift für Wirtschaft und Erziehung 46. Jg. (1994) Bd. 9, S. 287–292

Reinisch, Holger: Probleme „lernfeldorientierte" Curriculumentwicklung und- Implementation. Eine historisch- systematische Analyse aus wirtschaftspädagogischer Sicht. In: Huisinga, Richard; Lisop, Ingrid; Speier, H. D. (Hrsg.): Lernfeldorientierung – Konstruktion und Unterrichtspraxis. Frankfurt a. M.: GAFB-Verl. 1999, S. 85–119

Reinisch, Holger: Von didaktischen Matrizen, Strukturgittern und Lernfeldern – Anmerkungen zum didaktisch-curricularen Diskurs in der Berufs- und Wirtschaftspädagogik. In: Bredow, Antje; Dobischat, Rolf; Rottmann, Joachim (Hrsg.): Berufs- und Wirtschaftspädagogik von A-Z: Grundfragen, Kernfragen und Perspektiven. Baltmannsweiler: Schneider Verlag Hohengehren 2003 (Diskussion Berufsbildung Bd. 4), S. 135–151

Reinmann-Rothmeier, Gabi; Mandl, Heinz: Unterrichten und Lernumgebungen gestalten. Forschungsbericht Nr. 40. Institut für Pädagogische Psychologie und Empirische Pädagogik, Universität München, 1999

Reiss, K.; Sälzer, Ch.; Schiepe-Tiska, A.; Klieme, E.; Köller, O. (Hrsg.): PISA 2015. Eine Studie zwischen Kontinuität und Innovation. Waxmann, Münster 2016

Renkl, Alexander: Träges Wissen. Wenn erlerntes nicht genutzt wird. In: Psychologische Rundschau, Jg. 47 (1996) 1, S. 78–92

Rheinberg, Falko; Krug, Siegbert: Motivationsförderung im Schulalltag. 2. überarbeitete und erweiterte Auflage. Göttingen u. a: Hogrefe 1999

Riedl, Alfred: Didaktik der beruflichen Bildung. 2. Aufl., Stuttgart: Steiner 2011

Riedl, Alfred: Verlaufsuntersuchung eines handlungsorientierten Elektropneumatik-Unterrichts und Analyse einer Handlungsaufgabe. Frankfurt/M.: Peter Lang 1998

Riesenbieter, Bernd; Brandes, Uwe; Tramm, Tade: Geschäftsprozessorientierung und Fachsystematik am Beispiel der Modellierung des Lernfeldes 6. In. Gramlinger, Franz; Steinemann, Sandra; Tramm, Tade (Hrsg.): Lernfelder gestalten – miteinander lernen – Innovationen vernetzen. Beiträge der 1. CULIK Fachtagung. Paderborn: Eusl-Verlagsgesellschaft 2004, S. 147–157

Rose, Heinz; Thomas, Werner (Hrsg.): Unterrichtsmethodik Elektrotechnik. Berufstheoretischer Unterricht. 2., stark bearb. Aufl. Berlin: VEB Verlag Technik 1986

Roth, Heinrich: Pädagogische Psychologie des Lehrens und Lernens. 14. Auflage. Hannover, Berlin, Darmstadt, Dortmund: Schroedel 1973

Ruhmke, Bettina: Der Einsatz handlungsorientierter Lernarrangements zur Förderung von Sozialkompetenz in der kaufmännischen Berufsausbildung. Dissertation Universität Hamburg 1998

Schäfer, Karl-Hermann; Schaller, Klaus: Kritische Erziehungswissenschaft und kommunikative Didaktik. 2. erw. Aufl. Heidelberg: Quelle & Meyer 1973

Schäfer, Karl-Hermann; Schaller, Klaus: Kritische Erziehungswissenschaft und kommunikative Didaktik. 3. Aufl. Heidelberg: Quelle & Meyer 1976

Schanz, Heinrich (Hrsg.): Berufs- und wirtschaftspädagogische Grundprobleme. Baltmannsweiler: Schneider Verlag Hohengehren 2001 (Berufsbildung konkret; Bd. 1)

Scheja, S.: Motivation und Motivationsunterstützung. Eine Untersuchung in der gewerblich-technischen Ausbildung. Hamburg: Kova? (Schriftenreihe Schriften zur pädagogischen Psychologie, Bd. 42), 2009

Schelten Andreas: Berufsmotorisches Lernen in der Berufsbildung. In. Bonz, Bernhard (Hrsg.): Didaktik der beruflichen Bildung. Baltmannsweiler: Schneider Verlag Hohengehren 2001 (Berufsbildung konkret; Bd. 2), S. 135–151

Schelten, Andreas: Einführung in die Berufspädagogik. 4. neu bearb. Aufl. Stuttgart: Steiner 2010

Schelten, Andreas: Grundlagen der Arbeitspädagogik. 4. neubearb. und erw. Aufl. Stuttgart: Steiner 2005

Schelten Andreas; Riedl, Alfred: Lernprozesse beim Wissenserwerb in handlungsorientiertem Steuerungsunterricht. Entwurf DFG – Forschungsantrag. München Stand 18.06.1999

Schelten, Andreas; Riedl, Alfred; Geiger, Robert: Lehr-Lernprozesse in einer konstruktivistischen Lernumgebung für Steuerungstechnikunterricht, DFG Abschlussbericht. München 2003

Schilling, Ernst-Günter: Didaktisch-curriculare Strukturierung eines Schwerpunktes Maschinenbautechnik. Alsbach: Leuchtturm-Verlag, 1981 (Schriftenreihe Erziehen- Beruf- Wissenschaft; Bd. 5)

Schlömer-Helmerking, Rainer: Lernziel Sozialkompetenz: Ein Bildungskonzept für die Erstausbildung in den industriellen Metallberufen. Frankfurt a. M.: Lang 1996

Schmidt, Klaus-Helmut: Psychologische Grundlagen sensomotorischer Arbeitstätigkeiten. In: Kleinbeck, Uwe; Rutenfranz, Joseph (Hrsg.): Arbeitspsychologie. Göttingen u. a.: Hogrefe 1987 (Enzyklopädie der Psychologie: Themenbereich D, Praxisgebiete: Ser. 3, Wirtschafts- Organisations- und Arbeitspsychologie; Bd. 1), S. 260–303

Schmiel, Martin: Einführung in fachdidaktisches Denken. München: Kösel 1978

Schumann, S; Eberle, F.; Oepke, M.: Integrierte Förderung kognitiver und nichtkognitiver Bildungsziele im Projekt „Anwendungs- und problemorientierter Unterricht (APU)". In: Zeitschrift für Berufs- und Wirtschaftspädagogik. Band 105, 2009, H. 2, S. 221–242

Schulz, Wolfgang: Die lehrtheoretische Didaktik oder: Didaktisches Handeln im Schulfeld Modellskizze einer professionellen Tätigkeit. In: Gudjons, H; Teske, R., Winkel, R. (Hrsg.): Didaktische Theorien, Hamburg: Bergmann+Helbig Verlag 1986, S. 29–45

Schulz, Wolfgang: Unterrichtsplanung. 2. Aufl. München u. a. 1980

Seeber, Susan: Ansätze zur Modellierung beruflicher Fachkompetenz in kaufmännischen Ausbildungsberufen. In: Zeitschrift für Berufs- und Wirtschaftspädagogik. Band 104 (2008), H. 1, S. 74–97

Seifried, Jürgen: Schüleraktivitäten beim selbstorganisierten Lernen. In: Zeitschrift für Erziehungswissenschaft, 7. Jg. (2004), H. 4, S. 569–584

Seifried, Jürgen: Sichtweisen auf die methodische Gestaltung von Unterricht. In: Zeitschrift für Berufs- und Wirtschaftspädagogik. Band 102 (2006), H. 4, S. 578–596

Seifried, J.; Sembill D.: Empirische Erkenntnisse zum handlungsorientierten Lernen in der kaufmännischen Bildung. In: Lehren und Lernen. H. 98, 2010, S. 61–67

Sekretariat der Ständigen Konferenz der Kultusminister der Länder in der Bundesrepublik Deutschland (Hrsg.): Handreichungen für die Erarbeitung von Rahmenlehrplänen der Kultusministerkonferenz (KMK) für den berufsbezogenen Unterricht in der Berufsschule und ihre Abstimmung mit Ausbildungsordnungen des Bundes für anerkannte Ausbildungsberufe. 2000 T:/B1/KMK-BESCHLUSS/HANDREICHUNGEN

Selig. R.: Auswirkungen von innerer Differenzierung auf die Motivation und Lernleistung von erwachsenen Schülern. Eine empirische Untersuchung im Englischunterricht der Fachschule für Technik. Berlin 2015

Sembill, Detlef: Grundlagenforschung in der Berufs- und Wirtschaftspädagogik und ihre Orientierungsleistung für die Praxis – Versuch einer persönlichen Bilanzierung und Perspektiven. In: Nickolaus, Reinhold; Zöller, Arnulf (Hrsg.): Perspektiven der Berufsbildungsforschung. Orientierungsleistungen der Forschung für die Praxis. Ergebnisse des AGBFN-Expertenworkshops vom 15. bis 16. März 2006 im Rahmen der Hochschultage Berufliche Bildung in Bremen. Bielefeld: Bertelsmann Verlag 2007

Sembill, Detlef: Problemlösefähigkeit, Handlungskompetenz und emotionale Befindlichkeit. Göttingen u. a.: Hogrefe 1992

Sembill, Detlef: Prozessanalysen Selbstorganisierten Lernens. Abschlussbericht AZ. Se 5734/4-2 an die Deutsche Forschungsgemeinschaft im Rahmen des Schwerpunktprogramms „Lehr-Lern-Prozesse in der kaufmännischen Erstausbildung". Bamberg 2004

Sembill, Detlef u. a.: Prozessanalysen Selbstorganisierten Lernens. In: Beck; Dubs 1998, S. 75–79

Sesink, Werner: Fachdidaktik Wirtschaftswissenschaft. Studienbuch. München Wien: Oldenburg 1994

Severing, E.: Lernen im Arbeitsprozess: eine pädagogische Herausforderung. In: GdWZ Heft 1, 14. Jg. Februar 2003, S. 1–4

Siebert, Horst: Pädagogischer Konstruktivismus. Eine Bilanz der Konstruktivismusdiskussion für die Bildungspraxis. Neuwied: Luchterhand 1999

Sloane, Peter F. E.: Lernfelder als curriculare Vorgabe. In: Bonz 2001, S. 187–203

Sloane, Peter F. E.; Twardy, Martin; Buschfeld, Detlef: Einführung in die Wirtschaftspädagogik. 2. erw. Aufl. Paderborn: Eusl-Verlagsgesellschaft 2004

Sommer, Karl-Heinz (Hrsg.): Didaktisch-organisatorische Gestaltungen vorberuflicher und beruflicher Bildung. Esslingen: DEUGRO 1998 (Stuttgarter Beiträge zur Berufs- und Wirtschaftspädagogik; Bd. 22)

Sommer, Karl-Heinz (Hrsg.): Selbstgesteuertes Lernen in der Metallausbildung – Ergebnisse, Erfahrungen und Konsequenzen eines Modellversuchs. Esslingen: DEUGRO 1998 (Stuttgarter Beiträge zur Berufs- und Wirtschaftspädagogik; Bd. 12)

Sommer, Karl-Heinz; Fix, Wolfgang: Juniorenfirmen als betriebspädagogisches Forschungsprojekt. In: Sommer, Karl-Heinz (Hrsg.): Berufliche Bildungsmaßnahmen bei veränderten Anforderungen. Esslingen: DEUGRO 1989, (Stuttgarter Beiträge zur Berufs- und Wirtschaftspädagogik Bd. 10), S. 165–186

Speth, Hermann: Theorie und Praxis des Wirtschaftslehreunterrichts. Eine Fachdidaktik. Rinteln: Merkur Verlag 8. Auflage, 2004

Spöttl, G.: Industrie 4.0 – Auswirkungen auf Aus- und Weiterbildung in der M+E Industrie. Universität Bremen, 2016

Stark, Robin u. a.: Komplexes Lernen in der kaufmännischen Erstausbildung: Kognitive und motivationale Aspekte. In: Beck; Heid 1996, S. 23–36

Straka, Gerald u. a.: Motiviertes selbstgesteuertes Lernen in der kaufmännischen Erstausbildung – Entwicklung und Validierung eines Zwei-Schalen-Modells. In: Beck, Klaus; Heid, Helmut 1996, S. 150–162

Straka, Gerald A.; Lenz, Katja: Was trägt zur Entwicklung von Fachkompetenz bei? In: Schweizerische Zeitschrift für kaufmännisches Bildungswesen Jg. 97 (2003), S. 54–67

Straka, Gerald A.; Macke, G.: Lern-Lehr-Theoretische Didaktik. Münster u. a.: Waxmann 2002

Straka, Gerald A.; Lern-lehr-theoretische Grundlagen der beruflichen Bildung. In: Bonz, Bernhard (Hrsg.): Didaktik und Methodik der Berufsbildung. Baltmannsweiler: Schneider Verlag Hohengehren 2009 (Berufsbildung Konkret Bd. 10) S. 6-32

Straßer, Peter: Können erkennen – reflexives Lehren und Lernen in der beruflichen Benachteiligtenförderung. Entwicklung, Erprobung und Evaluation eines reflexiven Lehr-Lerntrainings. Dissertation der Universität Hannover. Bielefeld: Bertelsmann Verlag 2008

Tausch, Reinhard; Tausch, Anne- Marie: Erziehungspsychologie. Psychologische Prozesse in Erziehung und Unterrichtung. 7. Aufl. Göttingen: Verlag für Psychologie Hogrefe 1973

Tenberg, Ralf: Lernstrategien von Auszubildenden: Der komplexe Schlüssel zum selbstregulierten Lernen. In: Nickolaus, Reinhold/Schanz, Heinrich (Hrsg.): Didaktik der gewerblich-technischen Berufsbildung. Baltmannsweiler: Schneider Verlag Hohengehren 2008 (Diskussion Berufsbildung Bd. 9), S. 61-85

Tenberg, Ralf: Schülerurteile und Verlaufsuntersuchung über einen handlungsorientierten Metalltechnikunterricht. Frankfurt/. U. a.: Peter Lang 1997

Terhart, E.: Lehr-Lernmethoden. Eine Einführung in Probleme der methodischen Organisation von Lehren und Lernen. Weinheim / München 1997

Twardy, Martin (Hrsg.): Kompendium Fachdidaktik Wirtschaftswissenschaften. Düsseldorf: Verlagsanstalt Handwerk, 1983, 3 Bde. (Wirtschafts-, Berufs- und Sozialpädagogische Texte; Bd. 3 (Teil I – III)

Twellmann, Walter (Hrsg.): Handbuch Schule und Unterricht. Düsseldorf: Pädagogischer Verlag Schwann 1981 (Schule und Unterricht unter dem Aspekt der Didaktik unterrichtlicher Prozesse; Bd. 4.1)

Uphaus, Josef: Mechatroniker(in): ein moderner Ausbildungsberuf entsteht. In: Berufsbildung H. 57, Jg. 53 (1999), S. 35–38

Vetter, D.; Mokhonko, S.; Méliani, K.; Nickolaus, R.: Lernmotivation im Übergangssystem – Entwicklungen und Erklärungsansätze am Beispiel des berufsfachlichen Unterrichts. In: Zeitschrift für Berufs- und Wirtschaftspädagogik 2018 (im Druck)

Vögele, Michael: Computerunterstütztes Lernen in der Beruflichen Bildung. Frankfurt a. M. u. a.: Lang 2003

Wandeler, C.A.; Lopez, S.J.; Baeriswyl, F.J: Hope, mental health and competency development in the workplace. In: Empirial Research in Vocational Education and Training. Vol 3(2), 2011, S. 129-146

Waveren, van L.; Nickolaus, R.: Struktur- und Niveaumodell des Fachwissens bei Elektronikern für Automatisierungstechnik. In: JOTED, Band 3, H. 2, 2015

Weinert, Franz E.: Lehr- Lernforschung an einer kalendarischen Zeitwende: Im alten Trott weiter oder Aufbruch zu neuen wissenschaftlichen Horizonten? In: Unterrichtswissenschaft, 28. Jg. (2000) 1, S. 44–48

Winkel, Rainer: Die kritisch-kommunikative Didaktik. In: Gudjons, H; Teske, R., Winkel, R. (Hrsg.): Didaktische Theorien, Hamburg: Bergmann+Helbig 1986, S. 79–93

Winkel, Rainer: Die kritisch-kommunikative Didaktik. Westermanns Pädagogische Beiträge 32, 1980, S. 200–204

Wülker, Wilfried: Differenzielle Effekte von Unterrichtskonzeptionsformen in der gewerblichen Erstausbildung in Zimmererklassen – eine empirische Studie. Aachen: Shaker 2004, zugl. Hannover, Univ., Diss. 2003, (Stuttgarter Beiträge zur Berufs- und Wirtschaftspädagogik, Bd. 26)

Wuttke, Eveline: Schweigen ist Silber, Reden ist Gold? Analyse der Qualität und Wirkung von Unterrichtskommunikation in schülerzentrierten Sequenzen. In: Gonon, Philipp u. a. (Hrsg.): Kompetenz, Kognition und neue Konzepte der beruflichen Bildung. Wiesbaden: VS Verlag für Sozialwissenschaften; 2005 (Schriftenreihe der Sektion Berufs- und Wirtschaftspädagogik der DFGE), S. 147–159

Wuttke, Eveline: Unterrichtskommunikation und Wissenserwerb. Frankfurt a. M. u. a.: Peter Lang, 2005

Wyrwal, M.; Zinn, B. (2016): Förderung von Lernenden im technischen Unterricht an Werkreal- und Gemeinschaftsschulen. Journal of Technical Education (JOTED), Jg. 4 (1), S. 13–35

Zabeck, Jürgen: Schlüsselqualifikationen – Zur Kritik einer didaktischen Zielformel. In: Wirtschaft und Erziehung Jg. 41 (1989), H. 3, S. 77–86

Zabeck, Jürgen: Didaktik der Berufserziehung. Heidelberg: Esprint Verlag 1984 (Schriftenreihe Wirtschaftsdidaktik. Bd. 6)

Zabeck, Jürgen: Wissenschaftsorientiertheit als bildungstheoretische und bildungspolitische Kategorie. In: Die deutsche Berufs- u. Fachschule Jg. 69, H. 8, 1973, S. 563–577

Zimmer, Alf C.: Der Erwerb komplexer motorischer Fertigkeiten. In: Hoyos, Carl Graf; Zimolong, Bernhard (Hrsg.): Ingenieurpsychologie. Göttingen u. a.: Hogrefe, 1990 (Enzyklopädie der Psychologie: Themenbereich D, Praxisgebiete: Ser. 3, Wirtschafts-Organisations- und Arbeitspsychologie; Bd. 2), S. 148–177

Zinke, G.; Schenk, H.; Wasiljew, E. : Berufsfeldanalyse zu industriellen Elektroberufen als Voruntersuchung zur Bildung einer möglichen Berufsgruppe. Abschlussbericht. In: BIBB (Hrsg.): Wissenschaftliche Diskussionspapiere. Heft 155. Bonn, 2014

# Sachwortverzeichnis